Angelika Eckstein

Vegan backen

Angelika Eckstein

Vegan backen

Kuchen, Torten & mehr
Vollwertige Rezepte

pala
verlag

Inhalt

Liebe Leserin, lieber Leser, ... 7

Wer will guten Kuchen backen 10
    Mehlig und pulvrig fein 10
    Salzig 16
    ... und süß 16
    Ölig 19
    ... und wässrig 20
    Fruchtig 22
    Nussig und mehr 23

Werkstatt Backstube 26
    Werkzeug 26
    Handarbeit 28

Backen und hübsch garnieren 36
    Garprobe 36
    Abkühlen lassen 36
    Kuchen quer teilen, füllen und garnieren 37

Hinweise zu den Rezepten 40
    Abkürzungen 40
    Planen 40
    Zutaten einkaufen 40
    Mengenangaben 41
    Backformen und Backbleche 42
    Backtemperaturen und Backzeiten 42

Rezepte

Obstkuchen und Strudel vom Blech 45

Obstkuchen in runder Backform 69

Obsttorten mit gebackener Füllung 99

Andere Torten mit gebackener Füllung 123

Geschichtete Obsttorten 137

Inhalt

Andere geschichtete Torten 155
Blechkuchen 169
Trockene Kuchen aus der Form 195
Portionen und Portiönchen 219

Die Autorin 251
Rezeptverzeichnis 252

Liebe Leserin, lieber Leser,

in diesem Backbuch finden Sie eine Fülle vollwertiger Kuchenrezepte mit rein pflanzlichen Zutaten – ohne Milch und Milchprodukte wie Butter, Sahne, Quark und Joghurt, ohne Eier und ohne Honig. Vegan backen ist nicht komplizierter und manchmal sogar weniger kompliziert als Backen gängiger Art.

Lassen Sie sich überraschen und verwöhnen von der Vielfalt der rein pflanzlichen Backstube, von köstlichen Rezepten für Torten, Kuchen und allerlei süßes Kleingebäck.

Süße Unschuld ...

Süßen Kuchen und Torten wohnt ein kraftvolles Geheimnis inne. Backen hatte immer schon magische Aspekte. Der ewige Kreislauf der Natur vom Keimen des Samens in der Erde über das Reifen und das Absterben der Pflanze bis zu ihrer Wiedergeburt macht das von Bäckerhand geschaffene Werk zum Sinnbild des Wirkens der Naturkräfte und zum Sinnbild des Lebens. In gebackenem Brot und Kuchen konzentriert sich die ganze Kraft der Frucht – die Fülle reifen Getreides, reifer Nüsse, aromatischen Obstes. Süßes Backwerk und Brot, die Vielfalt in Form und Zutaten, die Kreativität beim Backen machen diese Kraft sinnlich erfahrbar. Sie feiern die Natur und sie feiern das Leben.

Vielleicht ist Kuchen der Inbegriff des Schlaraffenlandes schlechthin. Die Süße dieses Landes versöhnt und wirkt wiederbelebend, Kraft seiner Süße ist ein Neubeginn möglich. Überall auf der Welt ist das Paradies, das Schlaraffenland, das Kuchenland, unschuldig und süß, zart und weich. Nie hätte Dracula Blut gekostet, hätte sein Tantchen ihn zum Kaffeeklatsch geladen.

... hat Macht

Zugleich aber ist dieses Kuchenland immer auch radikales Wunschbild einer den bestehenden Zuständen entgegengesetzten Welt. Hier herrschen Achtsamkeit, ein neues Verhältnis zur Natur, eine neue Ökonomie. Und was könnte unschuldiger und zugleich mächtiger sein als eine liebevolle vegane Süßigkeit? Unwiderstehlich erobert Kuchen Herzen im Sturm, Soldaten werden zu Kindern und Kinder zu Soldaten. »Sie haben kein Brot? Sollen sie doch Kuchen essen!«, dieser der Königin Marie Antoinette zugeschriebene Ausspruch entflammte in der Französischen Revolution tausendfach Herzen in *Liberté, Égalité, Fraternité*. Das vermag Kuchen! Er bringt Menschen zum Lächeln, er rettet und verzaubert das Leben. Süße Unschuld hat Macht!

Das Schönste und Spannendste aber ist, dass hierfür niemand leiden muss, dass wir Milch und Eier ebenso wie ihre pflanzlichen Ersatzprodukte wie Margarine oder Eiersatz ganz einfach nicht brauchen, um köstlichste Kuchen zu backen. Süßes, gewaltsam erworben, der Liebe zu dienen, ist hoffnungslose Liebesmüh. Süßes dagegen, achtsam erworben, der Liebe zu dienen, macht die Welt ein bisschen besser. Süße Unschuld vermag alles!

Die Rezepte nennen zum größten Teil auch Arbeitsschritte, die Zutaten wie Nüsse, Mandeln oder Obst auf ihren Backeinsatz vorbereiten. So werden beispielsweise vorbereitende Schritte wie Rösten und Blanchieren, Reiben und Hacken von Mandeln und Nüssen genannt. Wenn Ihnen eine hilfreiche Seele diese Vorbereitungen abnimmt oder Sie die fertig vorbereiteten Zutaten – etwa gemahlene, gehackte oder blättrig geschnittene Mandeln und Nüsse – im Laden kaufen, geht das Backen richtig flott. Spannend und kreativ ist auch die Verwendung von Ölen und reinen Pflanzenfetten – hier sind vor allem die einfache Handhabung und der nussige, warme Geschmack exzellenter Öle zu nennen. Wer lieber Pflanzenmargarine statt Öl verwendet, kann dies natürlich problemlos tun. Einen Hinweis hierzu finden Sie auf Seite 41.

Wer will guten Kuchen backen ...

Was macht einen guten Kuchen aus? Wem immer Sie beim Backen wirklich guter Kuchen zusehen – sei es der Mutter und Großmutter oder dem Zuckerbäcker am Ende der Welt – zweierlei werden Sie unabhängig von Kultur und Lebensphilosophie stets feststellen: Eine gute Bäckerin und ein guter Bäcker arbeiten mit guten Zutaten und mit Achtsamkeit.

Neben Ihrer Liebe und Ihrer Energie sind es die richtigen Zutaten und das Wissen um die richtigen Techniken, die entscheidend für das Gelingen des Backens sind. Bei der Wahl der Zutaten kann es spannend sein, möglichst viel über Eigenschaften und Verwendung, über Herkunft, Anbaubedingungen und Herstellungsweise herauszufinden. Dieses Wissen hilft Ihnen, aus den unterschiedlichen Zutaten mit ihrer jeweils ganz eigenen Geschichte und ihren jeweils ganz eigenen Charakteristika etwas gänzlich Neues entstehen zu lassen – neu, in sich harmonisch und vollkommen. Wissen weitet Ihr Gefühl für Stimmigkeit.

Und sehr wichtig: Seien Sie nicht betrübt, wenn es Ihnen nicht möglich ist, die besten Zutaten für Ihr Gebäck zu bekommen. Achtsamkeit und Liebe beim Backen eines Kuchens können sogar leere Hüllen zu neuem Leben erwecken.

Die Begriffe »Rührmasse« und »Teig« in der Bäckerei
»Rührmassen« nennt man Mischungen aus Mehl, Zucker, Fett, Flüssigkeit und anderen Zutaten, die man vor allem durch Rühren herstellt. Rührmassen sind meist recht feucht, ihre Konsistenz ist weich und die Massen fließen mehr oder weniger zäh vom Rührgerät. Die Konsistenz als Definitionskriterium, ob etwas »Masse« genannt wird oder »Teig«, ist wichtiger als die Art der Zutaten. So nennt man Masse beispielsweise auch eine Mischung aus zerkleinerten Nüssen und Kernen, flüssigem Zucker und Fett. Die klassischen mehlhaltigen Rührmassen – beispielsweise für Marmorkuchen oder Sandkuchen – kennt man auch unter dem Begriff Rührteig.
Hefeteig, Mürbeteig oder Strudelteig sind Vertreter aus der Gruppe der Teige. Ein Teig wird charakteristischerweise vor allem geknetet und im Gegensatz zu den meisten Rührmassen nur wenig gerührt.

Mehlig und pulvrig fein

Getreidemehl
Zum Kuchenbacken eignen sich die sogenannten backfähigen Mehle besonders gut. Backfähige Mehle werden aus Weizen, Dinkel, Kamut und Roggen gemahlen. Erst die charakteristischen Eigenschaften dieser Mehle machen Rührmassen,

Hefe- und Strudelteige zu dem, was sie sind. Die Weizen-, Kamut- und Dinkeleiweiße bilden nämlich beim Kneten und Rühren zusammen mit Wasser ein Teiggerüst, das dem Kuchen Halt und typische Form gibt. In der süßen Bäckerei werden deshalb vor allem diese backfähigen Mehle verwendet.

Vollkornmehle binden zehn bis zwanzig Prozent mehr Wasser als weiße Mehle, weil Vollkornmehle neben der wasserbindenden Stärke – anders als weiße Mehle – wasserbindende Ballaststoffe wie Kleie enthalten.
Je feiner ein Vollkornmehl gemahlen wurde, desto schneller saugt es die Flüssigkeit auf. Wenn Sie Vollkornmehle vor der Verwendung sieben, also Kleie zurückhalten, binden die Mehle weniger Flüssigkeit – und zwar umso weniger, je mehr Kleie Sie aussieben. Bitte berücksichtigen Sie beide Faktoren – feiner oder gröber gemahlen, viel oder wenig gesiebt –, wenn Sie Ihr Mehl mit Wasser oder anderen Flüssigkeiten versetzen. Gehen Sie anfangs am besten schlückchenweise vor, bis Sie ein Gefühl für die jeweils beste Konsistenz eines Teiges oder einer Masse entwickelt haben. Teige und Rührmassen mit Vollkornmehlen dürfen und sollten nach Zugabe der Flüssigkeiten feuchter sein als solche mit weißen Mehlen und – das gilt besonders für Hefe-, Mürbe- und Strudelteige – ein wenig ruhen, weil sie – wie beschrieben – zum einen mehr wasserbindende Teilchen enthalten, und diese zum anderen auch einige Zeit brauchen, bis sie das Wasser aufgesaugt haben. Daran sollten Sie denken, damit Ihr Gebäck schön aufgehen und saftig feinporig werden kann.
Verwenden Sie möglichst frisch gemahlene Mehle. Mahlen Sie Ihr Getreide hierfür am besten erst kurz vor der Verwendung – entweder im Naturkostladen oder mit einer Haushaltsgetreidemühle. Gemahlenes Getreide ist schutzlos gegenüber allen Umwelteinflüssen und verliert rasch an wertvollen Inhaltsstoffen.
Das Backen mit weißen Mehlen bedeutet leichtfertig verschwendete Energie und achtlosen Umgang mit der Natur.

Damit aus **Hefeteigen** und **Rührmassen** lockere Gebäcke mit feinen Poren und einer stabilen, aber nachgiebigen Struktur werden, sollte mindestens die Hälfte des verwendeten Mehls Weizen-, Dinkel- oder Kamutmehl sein. Für den Rest kann man auch andere Mehle wie Hirse-, Reis-, Mais-, Roggen-, Buchweizen-, Amarant-, Quinoa- und Pfeilwurzelmehl nehmen.
    Strudelteige lassen sich am besten verarbeiten, wenn ihr Mehlanteil nur aus Dinkel- oder Weizenmehl besteht, weil nur die Dinkel- und Weizeneiweiße den Strudelteig so elastisch machen, dass er sich hauchdünn ausziehen lässt.
    Aus **Mürbeteigen** bäckt man Kuchenböden oder -hüllen, die vor allem schön knusprig, mürbe und fest sein sollen. Hierzu braucht es kein elastisches Teigge-

rüst, sodass ein Mürbeteig im Mehlanteil bis zu siebzig Prozent andere Mehle enthalten kann – und mindestens dreißig Prozent Weizen- oder Dinkelmehl.

Roggenmehl findet in der süßen Bäckerei vor allem für einige Lebkuchenteige Verwendung.

Pfeilwurzelmehl

Aus den Wurzeln der Pfeilwurz, einer tropischen Staude, deren hoch wachsende Blätter an Pfeile erinnern, lässt sich durch ein einfaches Verfahren das Pfeilwurzelmehl, auch Arrowroot oder Marantastärke genannt, gewinnen. Nach der Ernte werden die Wurzeln zerkleinert und zu feuchtem Brei verrieben. Mit kaltem Wasser wäscht man anschließend die Wurzelstärke aus dem Brei. Sie setzt sich auf dem Grund des Waschgefäßes ab und ist nach dem Trocknen als schneeweißes feines Pulver verwendbar. Speisestärken aus Mais, Weizen oder Kartoffeln sind meist stark verarbeitete Produkte, die zum Teil durch chemische Extraktion gewonnen und gebleicht werden.

Pfeilwurzelmehl ist geschmacksneutral und **bindet Flüssigkeiten** ab einer Temperatur von fünfundsechzig Grad. Ein gestrichener Esslöffel Pfeilwurzelmehl – etwa zehn Gramm – bindet zweihundert Gramm Wasser, Saft oder Getreidedrink. Rühren Sie das Pulver hierfür kalt mit etwas von der Flüssigkeit an, die Sie eindicken möchten. Bringen Sie die restliche Flüssigkeit zum Kochen, quirlen Sie das angerührte Pfeilwurzelmehl in die Flüssigkeit und lassen Sie das Ganze vor dem Abkühlen kurz – nicht länger als ein bis zwei Minuten – aufkochen. Nehmen Sie die Masse vom Feuer, sobald sie glasig wird. Ist Ihnen die Sauce oder Creme zu dick geraten, helfen ein wenig zusätzlich eingerührte Flüssigkeit und wenn nötig nochmaliges Erhitzen. Rühren Sie noch etwas Pfeilwurzelmehl in wenig Flüssigkeit an und mischen Sie es gründlich mit Ihrer Speise, wenn diese zu dünn ist. Damit das zusätzliche Pfeilwurzelmehl quillt, müssen Sie die Speise nochmals aufkochen.

Pfeilwurzelmehl nimmt bei Zufuhr von Hitze auch **in Rührmassen** Feuchtigkeit auf. Es quillt, bildet jedoch kein grobporiges Kuchengerüst – wie es beispielsweise einen Hefekuchen aus Weizenmehl auszeichnet –, weil ihm hierfür die starken Eiweiße fehlen. Eine Rührmasse mit Pfeilwurzelmehl wird deshalb sehr feinporig und zart. Ist der Anteil des Pfeilwurzelmehls zu hoch oder die Flüssigkeitsmenge zu gering, kann ein recht trockener Kuchen entstehen, weil das Pfeilwurzelmehl so viel Feuchtigkeit an sich bindet, dass zu wenig davon für Saft und Kraft des Kuchens bleibt.

Kakao und mit Kakao

Kakao ist eine Himmelsspeise. Die Samen des tropischen Kakaobaumes schenken uns eine Aromafülle, die ihresgleichen sucht. Ein Mangel an Achtsamkeit und Gerechtigkeit jedoch nimmt Kakao all seine Lebensenergie. Weder Menschen noch Natur sollten für Kakaoprodukte leiden, weshalb man möglichst fair gehandelte Ware aus biologischer Erzeugung kaufen sollte.

Wenn Sie keinen Kakao und keine Kakaoprodukte verwenden möchten, probieren Sie die Rezepte einfach mit Carobpulver. Ihr Kuchen wird sicherlich ebenso gut gelingen und schmecken.

Kakaopulver ist wesentliche Zutat vieler gebackener Süßigkeiten. Gerösteten, geschälten und anschließend unter Wärme fein gemahlenen Kakaosamen wird die Hälfte ihres Fettes, die Kakaobutter, abgepresst – nach Mahlen und Sieben des Restes bleibt Kakaopulver übrig. Stark entöltes Kakaopulver ist hellbraun und herb im Geschmack. Es enthält noch mindestens acht Prozent Kakaobutter. Schwach entöltes Kakaopulver ist dunkelbraun. Mindestens zwanzig Prozent Kakaobutter verleihen ihm sein mildes und volles Aroma. Diese dunkle Köstlichkeit ist die Grundlage bester Schokoladenmasse. Damit sich das Kakaopulver gleichmäßig verteilt, sollte es einer Masse stets durch ein Sieb beigegeben werden.

Schokoladen und Kuvertüren sind Mischungen aus Kakaomasse und Kakaobutter sowie Zucker.

Schokolade enthält meist weniger Kakaobestandteile und mehr Zucker als Kuvertüre. Sie ist im geschmolzenen Zustand sehr dickflüssig und im Gegensatz

Für ein **heißes Wasserbad** zum Schmelzen von Kuvertüre füllen Sie Wasser in einen Topf, der entweder so groß ist, dass Sie ein zweites kleineres Gefäß – beispielsweise einen kleinen steilwandigen Topf, Krug oder eine Tasse – mit der Kuvertüre hineinstellen können, oder so groß, dass Sie eine Schüssel mit gewölbtem Boden, gefüllt mit der Kuvertüre, halb in den Topf einhängen können. Geben Sie nur so viel Wasser in den Topf, dass es im ersten Fall maximal dreiviertelhoch am hineingestellten Gefäß steht oder im zweiten Fall den Boden der eingehängten Schüssel gerade nicht erreicht. Erhitzen Sie das Wasser und lassen Sie die Kuvertüre unter Rühren schmelzen. Achten Sie darauf, dass kein Wasser – nicht einmal ein einziger Tropfen – in die Kuvertüre gelangt. Wasserkontakt schockt die Kuvertüre so sehr, dass sie sofort fest und grießig wird und sich nicht mehr verarbeiten lässt. Essen können Sie geschockte Kuvertüre aber immer noch – ein Trost – einfach so aus dem Topf. Lassen Sie Kuvertüre möglichst nicht ohne Wasserbad auf der Herdplatte schmelzen – höchstens sehr behutsam und auf kleinster Flamme, was bei einem Gasherd noch am einfachsten ist –, weil es der Kuvertüre auf der Platte viel zu heiß wird und sie im Topf leicht verbrennt.

zu Kuvertüre weniger gut zum Überziehen von Kuchen und Torten geeignet. Gibt man geschmolzener Schokolade jedoch etwas Fett bei – am besten Kakaobutter, Kokosöl oder Kokosfett – lässt sie sich wie Kuvertüre verwenden.

Gute **Kuvertüre** ist die zart schmelzende Verbindung von Kakaomasse, Kakaobutter und Zucker, als einziges Fett enthält sie Kakaobutter. Sie sollte perlmutterartig muschelig brechen und eine samtige Oberfläche haben. Kuvertüre hat einen höheren Kakaobuttergehalt als Schokolade, was sie im geschmolzenen Zustand dünnflüssiger macht und besonders geeignet zum Überziehen von Torten und Gebäck werden lässt. Damit sie jedoch nach dem Überziehen wieder ihre ursprüngliche feste und samtige Konsistenz aufweist, muss sie nach dem Schmelzen im heißen Wasserbad zunächst temperiert werden. Bei anderer Verwendung, zum Beispiel als Zusatz zu Teigen, Massen oder Cremes, braucht Kuvertüre nur geschmolzen zu werden.

Zum **Temperieren** wird die zerkleinerte Kuvertüre im Wasserbad (siehe Seite 13) auf fünfundvierzig bis fünfzig Grad erwärmt. Das ist jene Temperatur, bei der die Kakaobutterkristalle schmelzen und die Kuvertüre ihre Bindung verliert. Heißer sollte die Masse nicht werden, um Geschmacksveränderungen zu vermeiden. Anschließend wird die geschmolzene Kuvertüre im kalten Wasserbad gerührt, bis sie auf etwa sechsundzwanzig Grad abgekühlt ist. Durch das Abkühlen bleiben die Fettkristalle beim endgültigen Erstarren gleichmäßig in der Masse verteilt, wodurch die matt glänzende Oberfläche entsteht. Sobald die Temperatur erreicht ist, wird die Kuvertüre im heißen Wasserbad sofort wieder auf die Verarbeitungstemperatur von etwa zweiunddreißig Grad erwärmt.
Lässt man Kuvertüren und Schokoladen schmelzen und ohne Temperieren erstarren, setzt sich die Kakaobutter als grauer Film auf der Oberfläche ab. Dieser Fettreif verschwindet durch Schmelzen und erneutes Temperieren.

Agar-Agar
Agar-Agar ist ein natürliches Geliermittel – es bindet Flüssiges bis zur schnittfesten Konsistenz – aus den Zellwänden verschiedener Rotalgen, das in Ostasien seit Jahrhunderten in der Küche verwendet wird. Die Algen wachsen frei oder kultiviert im Meer. Nach der Ernte werden sie heißem Wasser und häufig zusätzlichen Extraktionsmitteln ausgesetzt, die das Agar-Agar aus den Zellwänden lösen. Die gelöste Flüssigkeit wird filtriert und anschließend getrocknet. Traditionell gewinnt man Agar-Agar, indem man die Pflanzen kocht und die entstehende Flüssigkeit filtriert. Diese wird anschließend wiederholt gefroren und getrocknet. Das Endprodukt ist in Form von Flocken oder Stangen eine wichtige Zutat für Obst- und Gemüsekanten, Lebensmittel in Japan und Korea. Hierzulande ist Agar-

Merken Sie, dass Ihre Agar-Agar-Speise **zu fest** wird, rühren Sie einfach noch etwas Flüssigkeit in die gelierende Masse. Nochmaliges Aufkochen ist meist nicht nötig. Entsprechend können Sie unter **zu flüssige** Speisen problemlos noch etwas Agar-Agar geben – rühren Sie hierfür die Hälfte oder ein Drittel der Menge der bereits verwendeten Menge Pulver in wenig Flüssigkeit an, rühren Sie diese unter die handwarme – zu flüssige – Masse und lassen Sie die Masse nochmals aufkochen.

Agar meist als gelblich weißes Pulver erhältlich. Achten Sie auf reines ungebleichtes Agar-Agar ohne Zusätze wie Stärke oder Zucker.

Mit Agar-Agar gelingen Gelees, Cremes, Fruchtsaucen, Pudding oder Kuchenguss. Damit es seine Gel bildende Wirkung entfaltet, müssen Sie das Pulver aufkochen. In siedendem Wasser löst es sich leicht, in kaltem Wasser quillt es. Am besten rühren Sie das Agar-Agar mit einem kleinen Teil der Flüssigkeit an, die gelieren soll. Bringen Sie die restliche Flüssigkeit zum Kochen, mischen Sie dann das angerührte Agar-Agar darunter und lassen Sie das Ganze kurz aufkochen. Die Flüssigkeit geliert beim Abkühlen unter vierzig Grad. Wird die Masse nochmals erhitzt, verflüssigt sie sich wieder und geliert beim Abkühlen erneut. Dieser Vorgang kann wiederholt werden.

Eine halb feste Masse gelingt mit etwa eineinhalb leicht gehäuften Teelöffeln Agar-Agar pro Liter Flüssigkeit, für ein schnittfestes Ergebnis sollten Sie zweieinhalb bis drei Teelöffel pro Liter berechnen. Ein mittelgroßer gestrichener Teelöffel Agar-Agar fasst etwa drei Gramm Pulver.

Beachten Sie, dass säurereiche Flüssigkeiten wie Zitrussäfte und fettreiche Flüssigkeiten und Massen die Bindefähigkeit des Agar-Agars verringern. Verwenden Sie in diesen Fällen mehr Agar-Agar. Pektinreiches – natürlich gelierendes – Obst wie Äpfel unterstützen hingegen die gelierende Wirkung des Pulvers, sodass Sie weniger Agar-Agar benötigen.

Die Gel bildende Wirkung des Agar-Agars ist je nach Hersteller unterschiedlich stark. Richten Sie sich bei der Dosierung deshalb auch nach den Angaben des Herstellers und probieren Sie verschiedene Mengen, um die jeweils optimale Konsistenz herauszufinden. Dabei hilft eine Gelierprobe: Wenn ein Teelöffel Agar-Agar-Flüssigkeit auf einem kalten Teller innerhalb von zwei bis drei Minuten geliert, wird Ihre Flüssigkeit einigermaßen fest werden.

Salzig ...

Salz rundet den Geschmack süßen Gebäcks ab. Beim Hefe- und Strudelteig festigt Salz das Teiggerüst, das sich beim Kneten des Teiges bildet.

Unraffiniertes und möglichst naturbelassenes Salz wie **Meersalz** oder reines **Steinsalz** ist am besten zum Backen geeignet. Wählen Sie Salz ohne Zusätze isolierten und industriell gewonnenen Jods und Fluors, weil diese Zusätze das Gleichgewicht des natürlichen Salzes stören.

Wenn Meerwasser in der Sonne verdunstet, bleibt Meersalz – lebendiges Salz aus dem Meer – zurück. Es enthält je nach Herkunft neben Natriumchlorid weitere Mineralsalze und dabei genau jene einzigartige, im Moment erstarrte Salzzusammensetzung, die das Meerwasser am Verdunstungsort zum Zeitpunkt der Salzernte gerade aufwies. Sonnengetrocknetes Meersalz wird nach der Ernte lediglich gemahlen und nicht raffiniert. Ebenfalls nicht raffiniert, weil von Natur aus rein, sind viele Sorten Steinsalz.

Damit sich Meersalz oder gröberes Steinsalz beim Kneten und Rühren gut löst, sollte man es vor der Verwendung im Mörser fein zerreiben.

... und süß

Süßes Empfinden vermag Balance zu schaffen. Am lebendigsten schenken uns dieses Empfinden getrocknete oder eingedickte süße Pflanzensäfte. **Vollrohr-** und **Vollpalmzucker, Agavendicksaft, Ahornsirup** oder **Reissirup, Birnen-, Apfel-** oder **Datteldicksaft** sind solch pflanzennahe Süßungsmittel.

Der lebendigen Süßigkeit dieser wenig verarbeiteten Pflanzenkonzentrate steht die leblose Süße denaturierter Substanzen gegenüber, zu deren Herstellung die zuckerhaltigen Pflanzensäfte und die entstehenden Zuckerkristalle chemisch gereinigt und gebleicht werden. Der Bezug zur Zucker spendenden Pflanze geht dabei verloren. Haushaltszucker aus Zuckerrüben ist ein solchermaßen verarmter Stoff. Der konventionelle Anbau zuckerhaltiger Gräser und Rüben erfordert darüber hinaus große Mengen chemischen Düngers sowie giftige Herbizide und Pestizide. Um der traurigen Zuckergier willen wird die Natur zerstört. Auch im Hinblick auf die blutige Geschichte des Zuckers sollten wir seiner Macht achtsam begegnen.

Vollrohrzucker und Vollpalmzucker

Vollrohzucker gewinnt man aus Zuckerrohr, einem Sumpfgras, das bis zu sieben Meter hoch werden kann. Es liebt die warmen Tropen und Subtropen und erfriert bei Temperaturen unter zwanzig Grad. Die Pflanze kann zwanzig Jahre alt werden, wobei sie aus ihrem Wurzelstock immer wieder neu treibt. Im Erwerbsanbau wird mitunter auch jedes Jahr neu gepflanzt. Die Zuckerrohrstängel können bis zu sieben Zentimeter dick werden und enthalten ein weiches zuckerhaltiges Gewebe, das man sehr gut roh verzehren kann. Zur Gewinnung des Vollrohrzuckers werden die Stängel kalt gepresst, heraus fließt der weißliche Rohpresssaft, der geschmacklich einem verdünnten Traubensaft ähnelt. Dieser Presssaft wird anschließend unter Wärme eingedickt, getrocknet und gesiebt. So entsteht kristalliner Vollrohrzucker.

Vollrohrzucker ist ein gänzlich anderer Stoff als der sogenannte »braune Zucker« oder Rohrohrzucker. Brauner Zucker ist raffinierter Zucker mit nachträglich beigemischter Melasse, für Rohrohrzucker wird in der Raffinerie einfach die letzte Verarbeitungsstufe weggelassen.

Vollrohrzucker hat eine angenehm milde Süße, die hervorragend mit Getreide harmoniert. Seine Energie ist weniger aggressiv als die des raffinierten weißen Zuckers. Damit sich der Vollrohrzucker beim Kneten und Rühren gut löst, sollten Sie ihn vor seiner Verwendung im Mörser pulverfein zerreiben.

Vollpalmzucker wird auf ähnliche Weise wie Vollrohrzucker aus zuckerhaltigen Säften abgeschnittener Blütenstände verschiedener Palmen gewonnen. Er eignet sich ebenso gut wie Vollrohrzucker zum Backen. Vollpalmzucker ist in Eine-Welt-Läden erhältlich.

Agavendicksaft

Agavendicksaft wird aus dem zuckerhaltigen Saft verschiedener Agaven gewonnen. Agaven sind perfekt an das heiße und trockene Klima ihrer Heimat Mittelamerika angepasst. Sie gedeihen, wo Getreide, Gemüse und Obst ohne Hilfe nicht wachsen. Agaven sind grüne Oasen in der Wüste. Sie blühen einmal in ihrem Leben und sterben danach. Schneidet man die Blütenstandsknospe ab, sammelt sich in der dadurch entstandenen Vertiefung zuckerhaltiger Saft, der über drei bis vier Monate hinweg täglich abgezapft werden kann.

Der Pflanzensaft wird unter Wärme eingedickt. Der Dicksaft enthält noch etwa fünfundzwanzig Prozent Wasser, ist dünnflüssig, gut löslich und schmeckt sehr süß. Trotz seiner Süßkraft besitzt Agavensirup eine milde Leichtigkeit, die gut zu Weizen, Dinkel und Obst passt. Eine kleine Schöpfkelle eignet sich hervorragend, um den Sirup ohne Malheur aus dem Glas zu schöpfen.

Ahornsirup

Seit Menschen in Kanada die Süßkraft dieses Baumsaftes entdeckten, ist Ahornsirup in Nordamerika ein beliebtes Süßungsmittel. Zeitig im Jahr, wenn es nachts noch friert und die Temperaturen tagsüber etwas über null Grad liegen, werden die Ahornbäume angebohrt, worauf der Saft zu fließen beginnt. Die Erntezeit

Wer will guten Kuchen backen ...

dauert drei bis sechs Wochen, ein ausgewachsener Baum – nur Bäume mit einem Durchmesser von wenigstens zwanzig Zentimetern werden angebohrt – liefert bis zu fünfundvierzig Liter Saft – einen Liter Sirup. Ist der Umgang mit den Bäumen von Achtsamkeit geprägt, kann ein Zuckerahornbaum zweihundertfünfzig Jahre alt werden. Der Einsatz von Vakuumpumpen zur Erhöhung der Saftausbeute ist dagegen eine Qual für den Baum.

Der Baumsaft wird in offenen Pfannen über Feuer oder in großen Kesseln zu Sirup eingedickt. Je mehr sich die Ernteperiode dem Ende zuneigt, desto dunkler wird der Sirup und desto karamellartiger schmeckt er. Dunkler Sirup entsteht auch beim achtlosen Zapfen. Hochwertiger Ahornsirup ist mildaromatisch und bernsteinfarben. Sein warmes Aroma harmoniert besonders gut mit warmen Getreidearten wie Dinkel, Hafer oder Hirse, mit Baumobst wie Äpfeln und Birnen sowie mit Nüssen und Mandeln.

Reissirup

Reissirup ist ein Süßungsmittel aus Naturreis. Diese Herkunft verleiht ihm einen ureigenen Bezug zu Getreidespeisen. Zur Herstellung wird Reis mehrere Stunden gegart und anschließend fermentiert. Dabei wandelt sich die Reisstärke in Maltose um, einen wenig süß schmeckenden Zucker. Der flüssige Reisbrei wird gefiltert und die Flüssigkeit unter Wärme eingedickt.

Reissirup hat ein vollblumiges feines Karamellaroma und süßt angenehm mild. Er passt gut zu Nüssen und Mandeln, zu stärkereichem süßem Obst wie Bananen oder zu Nuss- und Getreidedrinks wie Hafer-, Reis- oder Mandeldrink. Reissirup ist zähflüssig und lässt sich wie Agavendicksaft am besten mit einer kleinen Schöpfkelle dem Glas entnehmen. Damit sich der Reissirup besser löst, kann man ihn vor seiner Verwendung im Glas im warmen Wasserbad leicht erwärmen und verflüssigen.

Birnendicksaft und Apfeldicksaft

Anders als der Saft einer Agave oder eines Zuckerahornbaumes, der sich zwar ebenfalls roh verzehren lässt, seine ganz eigene Qualität aber erst durch Wärme entwickelt, sind Früchte im möglichst wenig verarbeiteten Zustand am besten. Sollen Birnen und Äpfel einen Kuchen jedoch vor allem mit ihrem natürlichen Zucker bereichern, sind Birnen- oder Apfeldicksaft ebenso wie Dattelsirup aus gepressten frischen Datteln gute Möglichkeiten. Obstdicksäfte sind neben Malz- und Getreidesirup derzeit auch die einzigen naturnahen Süßungsmittel, deren Ausgangsprodukte – erntefrisches Obst – auch im kälteren Mitteleuropa gedeihen. Ein Liter Obstdicksaft erfordert etwa sieben – je nach Sorte auch mehr – Liter Obstsaft. Während Birnen- und Apfeldicksaft früher im Haushalt durch offenes

Einkochen der Obstsäfte gewonnen wurden – mit dem Ergebnis eines fast schwarzen Sirups – entstehen in der modernen Lebensmittelverarbeitung unter Vakuumverdampfung hellere Obstdicksäfte mit fruchtigem Aroma. Unter Vakuum verdampft das Wasser bei sehr viel niedrigeren Temperaturen, wodurch viele Mineralstoffe des Apfel- oder Birnensaftes erhalten bleiben. Birnen- und Apfeldicksaft passen gut zu frischen Früchten und lassen sich in fließender Konsistenz ebenso gut wie Agavendicksaft zum Süßen von Rührmassen und Hefeteig verwenden.

Ölig ...

Fettreiche Pflanzensamen und stärkereiches Getreide ergänzen sich aufs Beste. Fett verhilft Aromen zu mehr Geltung. Es lässt Gebäck weniger rasch austrocknen, der Kuchen bleibt länger weich und saftig.

Pflanzenöle werden aus fetthaltigen Früchten und Samen gewonnen. Ölhaltige Pflanzen gedeihen in warmen und sonnenbeständigen Gebieten besonders gut. Sehr schonend entlockt man den Samen und Früchten ihr Öl durch kalte oder warme Pressung. Hohe Temperaturen und chemische Lösungsmittel treiben zwar die letzten Tropfen Öl aus Samen und Früchten, entziehen dem Öl jedoch jegliche Lebensenergie. Auf chemischem Wege macht man so gewonnenes nicht verzehrbares Öl anschließend verzehrbar. Beste Öle sind stets unraffiniert.

- Mildes Sonnenblumenöl eignet sich besonders gut zum Backen. Konventionelles **Sonnenblumenöl** benötigt sehr viel Energie bei der Herstellung, weil Sonnenblumen für hohe Erträge gute Böden und Düngung verlangen. Biologisch angebaute Sonnenblumen bleiben vom Kunstdünger verschont, weshalb sie mengenmäßig geringere Erträge liefern, die qualitativ jedoch weit über denjenigen konventioneller Sonnenblumen liegen. Auch **Maiskeimöl,** mildes **Rapsöl** und **Palmöl** passen zu süßem Gebäck. Vor allem gerührte Massen und intensiv geknetete Teige gelingen mit diesen bei Raumtemperatur flüssigen oder streichfähigen Ölen gut. Für Mürbeteig eignen sich am besten festere Fette wie ungehärtetes **Kokosfett, Palmöl** und **Kokosöl.**
- Hitzestabile feste Fette wie ungehärtetes Kokosfett oder Palmkernfett verhindern, dass der Kuchen beim Backprozess auf dem Backblech oder in der Form anhaftet. Ein kleines Stück Fett, halb in etwas Backpapier gewickelt, wird zu diesem Zweck auf dem Backblech oder der Innenseite der Kuchenform verrieben. Den meisten bei Raumtemperatur flüssigen Ölen wird es direkt auf dem Metall des Bleches oder der Form zu heiß, weshalb man sie besser nicht zum Fetten verwenden sollte.

Palmkernfett wird aus den Fruchtkernen, **Palmöl** aus dem Fruchtfleisch der Früchte der tropischen Ölpalme, **Kokosöl** aus dem getrockneten Kernfleisch der Kokosnuss gepresst.
Kokosfett ist geruchs- und geschmacksneutrales Kokosöl, das zu diesem Zweck mit heißem Wasserdampf oder chemisch behandelt wurde. Diese Verarbeitung hat auch Palmkernfett hinter sich, nachdem es durch Pressen oder mit einem Lösungsmittel aus den zerkleinerten Samen gelöst wurde. Kokosöl dagegen ist unraffiniertes Kokosfett mit einem herrlichen Kokosaroma. Raffiniertes wie unraffiniertes Kokosöl und Palmkernfett sind bei Raumtemperatur streichfähig bis schnittfest. Palmöl entsteht durch Pressen des Fruchtfleisches der Palmenfrüchte, das abfließende unraffinierte Öl ist orangerot gefärbt. Bei Temperaturen unter dreißig Grad ist es fest bis streichfähig und gelblich. Es hat einen angenehmen Geschmack.

- **Aromaintensive Öle** sind immer dann perfekt zum Backen, wenn ihr Geruch und Geschmack mit den übrigen Aromen harmonieren und die Fett spendende Pflanze einen natürlichen Bezug zum verwendeten Getreide, zu beigegebenen Gewürzen, Samen oder Nüssen hat. Kokosöl für ein Kokosgebäck oder Mohnöl für einen Kuchen mit Mohn sind solche Öle. Für pikantes Gebäck – kaum jedoch für Süßigkeiten – eignen sich auch aromatisches Olivenöl und Sesamöl hervorragend.
- **Erdnussöl** kann auf über zweihundert Grad erhitzt werden, ohne dass es braun wird, zu rauchen beginnt und sich zersetzt. Deshalb eignet es sich neben Kokosfett und Palmkernfett besonders gut zum Backen von Krapfen, Berlinern und ähnlichem Fastnachtsgebäck.
- Beim Backen entstehen im Inneren und an der Oberfläche eines Gebäcks Temperaturen von etwa neunzig Grad. Deshalb eignen sich hitzeempfindliche Öle wie Kürbiskernöl und Leinöl kaum zum Backen.

... und wässrig

Rührmassen, Hefe- und Strudelteige benötigen Flüssiges für ihre charakteristische Beschaffenheit, und auch Mürbeteige kommen nicht ganz ohne **Wasser** aus.

Neben reinem Wasser finden möglichst frisch gepresste Säfte, Getreidedrinks wie Hafer- oder Reisdrink, Apfelessig oder destilliertes Wasser mit reinen Blütenessenzen wie Rosenwasser oder Orangenblütenwasser – einige Tropfen Rosen- oder Orangenblütenöl pro Liter Wasser – in der süßen Backstube Verwendung.

Mandelmilch
100 g Mandeln
200 – 400 g Wasser (für mehr oder weniger konzentrierte Mandelmilch)

- Mandeln so lange in kaltem Wasser einweichen oder in heißem Wasser blanchieren, bis sich die Mandeln aus den braunen Häuten drücken lassen. Mandeln abziehen und fein mahlen.
- Mandelmehl mit dem Wasser verquirlen und zugedeckt mindestens eine Stunde stehen lassen. Wenn Sie die Mandeln im Mörser verreiben, geben Sie das Wasser am besten schon währenddessen bei.
- Mandelmasse durch ein Tuch seihen sowie drücken oder durch ein feines Sieb passieren. Streichen Sie die feine Mandelcreme ab, die sich außen am Tuch oder Sieb bildet, und geben Sie die Creme in die durchgeseihte Mandelmilch.

Flüssigkeiten sollten Sie kalt gehenden Hefeteigen und Mürbeteigen kalt, warm gehenden Hefeteigen und den meisten Rührmassen raumtemperiert zugeben. Strudelteige schätzen Temperaturen um vierzig Grad.

Getreidedrinks stellt man her, indem man die Getreidekörner je nach Art grob oder fein zerkleinert, das Mehl oder Schrot in Wasser einweicht und abseiht und die Flüssigkeit anschließend aufkocht. Vor oder nach dem Abfiltern des dünnflüssigen Mehl- oder Schrotbreis kann es je nach Getreidedrink zur natürlichen – in der modernen Lebensmitteltechnologie gezielt kontrollierten – teilweisen Fermentation der gelösten Stärke kommen. Die Stärke wird auf diese Weise in kleinere Zuckermoleküle gespalten, derentwegen Hafer- und vor allem Reisdrink leicht süß schmecken. Lebensmittelhersteller mischen die Getreideflüssigkeit anschließend meist noch mit etwas Pflanzenöl und Meersalz. Getreidedrinks harmonieren aufgrund ihrer milden Süße und ihrer Getreidebasis ausgezeichnet mit süßem Gebäck. Achten Sie auf möglichst reine Getreidedrinks ohne Zusatzstoffe wie Konservierungsmittel, Aromastoffe und künstliches oder nichtpflanzliches Lecithin, wenn Sie Getreidedrinks kaufen und nicht selbst herstellen möchten.

Zu nuss- und mandelhaltigen Kuchen passt die Aromafülle einer **Mandel-** oder **Kokosmilch** besonders gut. Mandel- und Kokosmilch können Sie einfach selbst herstellen (siehe Kasten oben und Seite 22).

Waschen Sie **Zitronen, Orangen und andere Zitrusfrüchte** mit heißem Wasser, bevor Sie das Obst entsaften, um die Schalenwachse abzulösen, die Ihrem frisch gepressten Saft eine leichte Bitternis verleihen könnten. Das gilt auch für unbehandelte Zitronen aus dem Hausgarten Ihrer italienischen Mama.

Kokosmilch
250 g Kokosnuss
200 – 400 g Wasser (für mehr oder weniger konzentrierte Kokosmilch)
- Kokosnuss fein raspeln.
- Kokosraspel im Wasser aufkochen, einige Minuten köcheln und abkühlen lassen.
- Kokosmasse durch ein Tuch seihen sowie drücken oder durch ein feines Sieb passieren. Streichen Sie die feine Kokoscreme ab, die sich außen am Tuch oder Sieb bildet, und geben Sie die Creme in die durchgeseihte Kokosmilch.
- Getrocknete Kokosraspel sollten Sie vor dem Aufkochen mindestens vier Stunden quellen lassen.

Fruchtig

Die Frucht ist eigentliches Ziel allen Wachsens und ein Geschenk der Natur, deren vollkommene Schönheit uns im Schauen, Berühren, Riechen und Schmecken sinnliche Freude schenkt. Einzig aus Sonnenlicht, Wasser und Mineralstoffen bringen Pflanzen ihre Früchte hervor. Der Kreislauf der Natur ist ein Wunder, dem wir als Teile dieses Ganzen achtsam begegnen sollten.

Achten Sie stets auf erntefrisches, aromatisches und süßes Obst, und bevorzugen Sie regionale oder auch einmal wenig verbreitete Sorten. Vielleicht tragen Sie so dazu bei, dass eine alte Obstsorte vor dem Vergessen bewahrt wird. Kaufen Sie tropische Früchte wie Bananen oder Mangos ebenso wie Nüsse und Kerne wie Kokosnüsse und Kaschunüsse, Vollrohr- und Vollpalmzucker, Kakao und Öle wie Kokos- und Palmöl möglichst aus fairem Handel und behandeln Sie diese Ge-

Entscheiden Sie selbst, ob Sie Kernobst wie Äpfel oder Birnen und Steinobst wie Aprikosen oder Pfirsiche **schälen** möchten **oder nicht.** Die Koch- und Backzeiten ungeschälter Früchte sind – wenn überhaupt – nur minimal länger als diejenigen geschälter Früchte. Geschälte Früchte sind sanft und mild, ohne ihr Äußeres jedoch schutzlos gegenüber Licht und Sauerstoff, je nach Sorte werden sie deshalb rasch trocken und braun. Manchmal ist das Äußere einer Frucht so schön, dass Sie es ihr vielleicht auch aus diesem Grunde lassen möchten. Die Farbstoffe aus den Schalen mancher Obstsorten wandern beim Kochen und Backen ins Innere der Frucht, wodurch ein zartgelbes Stück Apfel mit rötlicher Schale möglicherweise eine rosafarbene Tönung bekommt. Es ist spannend und immer wieder überraschend, wie sich Früchte durch die Einflüsse von Wärme und anderen Faktoren verändern.

schenke der Natur in Anbetracht ihrer Herkunft und Geschichte, ihrer weiten Reise und dem damit verbundenen hohen Energie- und Zeitaufwand so umsichtig wie möglich. Im Ursprungsland getrocknete Tropenfrüchte haben ein unvergleichlich volles Aroma. Die Anreise tropischen Frischobstes mit dem Flugzeug – vielleicht weil das Frischobst die derzeit möglichen Transportbedingungen im Schiffs-Container nicht übersteht – und die damit einhergehende Zerstörung der Natur stehen nicht im richtigen Verhältnis zum Genussmittel Kuchen.

Wenn Ihnen keine frischen Früchte zur Verfügung stehen, können Sie Ihren Kuchen auch mit Obstkompott aus dem Glas wie eingekochten Kirschen, Zwetschgen, Pfirsichen oder Preiselbeeren backen.

Nussig und mehr

Mohn

Schmerzlinderung, Schlaf und Rausch bringt der Milchsaft des unreifen Mohns. Die Samenvielzahl in jeder Kapsel, sein Wohlgeschmack und seine Nahrhaftigkeit ließen Mohn zum Symbol für Fruchtbarkeit und Glück werden. Mohnkapseln und Getreideähren sind untrennbare Gefährten.

> **Mohn** guter Qualität ist stahlblau, schwarze Körner deuten auf ranzige Ware, braune auf unreife Ware hin. Frisch gestoßener oder gemahlener Mohn ergibt die besten Kuchen und Torten. Wer regelmäßig Mohn im Haushalt verwendet, sollte die Anschaffung einer kleinen Mohnmühle erwägen. Gut gemahlener Mohn sollte nicht zu stark glänzen und kleben. Noch besser als das Aroma frisch gemahlenen Mohns ist dasjenige frisch gestoßenen Mohns. Hierfür wird der ungemahlene Mohn zehn bis fünfzehn Minuten in heißem Wasser gebrüht und anschließend in einem Mörser mit einer Reibkeule zerstoßen. Wer keine Mohnmühle und keinen Mörser besitzt, kann auch ungemahlenen Mohn verwenden, der dann allerdings fünfzehn bis zwanzig Minuten gekocht werden muss.

Neben den Samen findet auch das **Öl des Mohns** in der Backstube Verwendung. Kalt gepresstes Mohnöl ist hellgelb, es schmeckt und riecht mild neutral und intensiviert auf subtile Weise das Aroma der übrigen Zutaten.

Mohnsamen wirken nicht berauschend wie der Milchsaft des grünen Mohns.

Ein warmes **Röstaroma** bekommen alle Nüsse und Kerne, wenn man sie vor dem Zerkleinern ohne Fett in einer Pfanne auf dem Herd oder auf dem Backblech im Ofen bei mittlerer Temperatur röstet. Möchte man Haselnüsse von ihrer braunen Haut befreien, ist das Rösten der Nüsse die beste Methode. Mit einem Küchentuch lassen sich die gerösteten Häute von den Nüssen reiben.

Mandeln, Nüsse und Kerne

Mandeln, Haselnüsse und Walnüsse, Pistazien, Pinienkerne, Kaschunüsse und Kokosnüsse sind Geschenke aus dem Reich der Bäume. Gehackt, gerieben, geraspelt oder in dünne Blättchen geschnitten, kommen sie in der Backstube zum Einsatz.

Frische, gerade geknackte Nüsse haben das beste Aroma. **Haselnüsse, Walnüsse** und **Pistazien** knackt und zerkleinert man deshalb möglichst kurz vor ihrer Verwendung. Das Öffnen der Nussschalen ist ein sinnliches Vergnügen. Frische Nüsse und Kerne geben keinen Laut von sich, wenn man sie schüttelt, ältere Exemplare dagegen sind klapprige Gesellen. Sind sie erst einmal geknackt und zerkleinert, verlieren Nüsse und Kerne schnell an Leben spendender Energie.

Pinienkerne reifen paarweise von einer harten Schale umgeben in den Schuppen der Pinienzapfen heran. Sie können Mandeln ersetzen.

Auch **Kaschunüsse** (Cashewnüsse) haben ein sehr mildes cremiges Aroma, das hervorragend mit süßem Obst wie reifen Bananen oder Mangos harmoniert. Kaschunüsse kommen immer geschält in den Handel. Ihre Samenhäute enthalten ein hautreizendes Öl, das man vor dem Schälen durch Erhitzen austreibt.

Das weiße Nährgewebe der **Kokosnuss** ist feuchter als andere Nüsse und Kerne. Getrocknete Kokosraspel oder -flocken lassen sich einfach selbst herstellen, indem man das frische Innere der Nuss beliebig raspelt und in dünner Lage trocknen lässt.

Für manche Gebäcke ist die braune Samenhaut der Mandelkerne zu bitter, deshalb entfernt man sie besser. Das geht am besten, indem man die Mandeln in heißes Wasser legt, bis sich die Samenhäute etwas aufplustern. Die hellen **Mandeln** lassen sich dann leicht *aus den Häuten drücken.* Das Aroma geschälter Mandeln ist feinsüß und weicher als das der ungeschälten Kerne. Möchte man abgezogene Mandeln halbieren, weicht man sie so lange in kaltem Wasser ein, bis sich die Hälften voneinander lösen.

Marzipan

Rosaroter Blütenduft und süßes Tropengras schenken uns das Marzipan. Ursprünglich aus dem Orient stammend, ist Marzipan schon seit Jahrhunderten bekannt. Zur Herstellung von Marzipanrohmasse werden die gebrühten, geschälten und verlesenen süßen Mandeln im feuchten, etwas gequollenen Zustand grob zerkleinert, mit Zucker vermischt – Marzipanrohmasse enthält einen Teil Zucker und zwei Teile Mandeln – und fein zerrieben, wobei die Masse weder zu fein noch zu grob und auch nicht ölig werden darf. Anschließend wird die Mandelpaste im Wasserbad oder in dampfbeheizten, offenen Kesseln unter ständigem Rühren erhitzt, bis die gewünschte Konsistenz erreicht ist. Unter Zugabe von feinstem Zuckerpuder wird Marzipanrohmasse zu Marzipan. Häufig verleiht Rosenwasser der Masse ihre Duftigkeit.

> *Marzipan* sollte man stets auf Zuckerpuder oder Papier ausrollen, niemals auf Mehl, da es durch Beigabe von Mehl leichter verdirbt. Aufgrund seines Zuckergehaltes zieht Marzipan Wasser an, eingedeckte Backwaren werden rasch feucht und sollten deshalb nicht im Kühlschrank gelagert werden.

Maronen

Die herzförmigen Maronen sind die besten unter den Esskastanien – weil aromaintensiv und gut zu schälen. Frische Früchte glänzen und liegen schwer in der Hand, es gibt sie meist von September bis März. Das gelbweiße mehlige Innere der Maronen ist von einer braunen Samenhaut und von einer hellbraunen, leicht gestreiften, lederartigen Schale umgeben, die beide vor dem Verzehr entfernt werden müssen. Hitze sprengt die Schalen auf. Erst durch Kochen oder Rösten entfaltet sich außerdem das angenehm süße Bouquet der Maronen zur vollen Gänze. In Portugal, Spanien oder Frankreich, in Südtirol und ganz besonders auf Korsika verwendet man das nussige Maronenmehl gerne zum Backen traditionsreicher Spezialitäten. Esskastanienbäume sind Brot- und Kuchenbäume.

Kastanienmehl ist beispielsweise in italienischen Lebensmittelgeschäften erhältlich.

Werkstatt Backstube

Werkzeug

Neben einem Backofen braucht man in der Backstube helfendes Werkzeug, welches das Backen einfacher und teilweise erst möglich macht. Ein Überblick:

- elektrische Geräte: Herd(platte), Kühlschrank, Handrührgerät
- mechanische oder elektrische Küchenwaage: möglichst feine Grammgenauigkeit; Messgenauigkeit der Waage mit abgepacktem Getreide in Kilo-, Halbkilo- oder Viertelkilopackungen überprüfen und abgestimmt auf die eventuell ungenaue Messung einsetzen; eine elektrische Waage, die sich mit Hilfe eines Tastendrucks auf null zurückstellen lässt, erleichtert das Zuwiegen.
- Messbecher
- Mörser mit Reibkeule: möglichst robust und standfest; mit großer Reibhöhle; aus Stein oder Keramik; je schwerer der Mörser und die Reibkeule sind, desto leichter geht das Zerkleinern.
- Mühlen: Nussmühle, Mohnmühle, Getreidemühle
- Nussöffner
- Hackmesser: für Schokolade, Kuvertüre, Nüsse und Kerne
- Wiegemesser: für Nüsse und Kerne
- grobe Raffel: zum Reiben von festem Fett oder Marzipan
- feine Raffel: zum fein Reiben
- Zitruspresse
- Küchentücher
- Mehlsieb: Siebe mit unterschiedlicher Maschenweite
- Passiersieb: zum Abseihen und Passieren
- Schüsseln: weite Rührschüssel, Teigschüssel aus schwerer Keramik oder Metall, standfest, reichlich Fassungsvermögen
- Rührbesen: zum Rühren und Mischen, wenig elastisch, Besen aus Rohr oder Holz
- Schneebesen: zum Schaumigrühren; weiter Durchmesser, gute Drahtfülle, elastisch, nicht zu nachgiebig
- Rührlöffel: aus Holz, mit und ohne Loch
- Backbrett
- Teigkarte oder Teigschaber: aus Holz, Metall oder Kunststoff; zum Hacken und Mischen von Teigen; zum Herausholen einer Masse oder eines Teiges aus der Rührschüssel; zum portionsweisen Teilen eines Teiges
- Rollholz: aus Holz oder Marmor; möglichst schwer und leicht laufend
- Teigrädchen oder Zackenrädchen: zum Schneiden und Ausradeln von Teigstücken

Werkstatt Backstube

- Ausstecher: rund, oval, spitzoval, herzförmig, sternförmig; glatt oder gerillt
- Backpinsel: aus Silikon; Achtung – »Naturborsten« sind keine Pflanzenfasern, sondern Tierhaare!
- Backpapier: ungebleicht
- Trockenerbsen: zum Blindbacken
- Backformen: Springformen zum seitlichen Öffnen, mit verschiedenen Einsätzen und unterschiedlichen Durchmessern; Obstkuchenformen (Pieformen), rund, glatt oder gerippt, flach oder tief, mit unterschiedlichen Durchmessern; Gugelhupfform (Napfkuchenform), mit unterschiedlichen Durchmessern; Kranzkuchenform; Kastenform, gegebenenfalls ausziehbar; Schiffchen und Tortelettförmchen, flach oder tief, glatt oder gerippt.

Backformen aus Aluminium leiten die Wärme besonders gut. Sie müssen ebenso wie Backformen aus Weißblech sehr pfleglich behandelt werden, weil sie leicht zu verbiegen sind. Den Wunsch nach sehr guter Wärmeleitfähigkeit und gutem Backergebnis erfüllen auch Backformen mit Emailleglasur. Da es sich bei Emaille um ein Glas handelt, erfordern diese Formen ebenfalls einen sehr achtsamen Umgang. Backformen aus Weißblech werden auch mit Teflon- oder Silikonbeschichtung angeboten. Mit Silikon beschichtete Formen verteilen die Wärme ebenso wie Aluminium sehr gleichmäßig und ermöglichen so ein gleichmäßiges Backen. Neben Backformen aus Metall gibt es Formen aus flexiblem Kunststoff, die hitzebeständig sind und vor dem Backen nicht eingefettet werden müssen.

- Backbleche: in Länge und Breite den Backraum ausfüllend, mit niedrigem und hohem Rand, eine Seite abgeschrägt
- Backrahmen: beiderseits ausziehbar
- Hitzeschutzhandschuhe, Topflappen
- Holzstäbchen, hölzerne Stricknadel: für die Garprobe
- Kuchengitter: mit Füßchen, rund oder rechteckig
- Florentinerkamm: zum Strukturieren von Kuvertüre und Creme
- Dressiersack: aus Baumwolle, kochfest und imprägniert
- Dekortüllen: verschiedene Lochdurchmesser, Sterntülle, Rosentülle; am besten aus Metall
- Tortenmesser: zum Schneiden von Tortenböden und Tortenstücken, mit glatter Klinge
- Sägemesser: zum Schneiden von Hefegebäck und Rührkuchen
- Kuchenpalette: zum Anheben von Gebäck, zum Bestreichen und Glasieren
- Wasserbad: zum Schmelzen und Temperieren von Kuvertüre; zum cremig Rühren über Dampf

Handarbeit

Hefeteig

Eigentlich kann beim Backen mit Hefe nichts schiefgehen.

Ein Hefeteig entwickelt sich am besten bei **Raumtemperatur.** Stellen Sie deshalb Mehl, Zucker, Sirup oder Dicksaft, Öl, Hefe, Salz, Gewürze und weitere Zutaten rechtzeitig bereit, damit sich diese Zutaten bestmöglich akklimatisieren. Flüssigkeiten wie Wasser, Saft, Hafer- oder Reisdrink erwärmen Sie leicht, bis sie lauwarm sind.

Im **Vorteig** wird die Hefe mit Flüssigkeit, etwas Mehl und Zucker, Dicksaft oder Sirup aufgeschlämmt. Dadurch verteilt sich die Hefe beim weiteren Rühren und Kneten gleichmäßig im Teig. Der Vorteig sollte so lange ruhen, bis sich Bläschen an seiner Oberfläche zeigen und er deutlich gewachsen ist. Das geht bei Raumtemperatur an einem zugfreien Ort – Windstille gewährleistet ein Küchentuch über der Schüssel – meist recht flott, funktioniert aber auch bei niedrigen Temperaturen und selbst im Kühlschrank. Es kann in diesem Fall aber mehrere Stunden dauern, bis Bläschen zu sehen sind. Wenn Sie den Vorteig mit etwas Mehl bestäuben – die dünne Mehlschicht hält die laue Wärme im Vorteig – erkennen Sie anhand der Rissbildung in der pulvrigen Schicht, dass Ihr Vorteig zur weiteren Teigbereitung bereit ist.

Zum fertigen Vorteig gibt man die restlichen Zutaten. Geben Sie das Salz erst nach dem restlichen Mehl zum Teig, weil es die gärende Wirkung der Hefe hemmt. Diese Beeinträchtigung ist durchaus erwünscht, weil so die Hefe auch später noch treibt und sich nicht bereits am Anfang gänzlich verausgabt. Achten Sie jedoch darauf, das Salz nicht direkt mit Hefe oder Vorteig in Kontakt zu bringen.

Ein Hefeteig benötigt viel Flüssigkeit und **Knetenergie** Ihrerseits für die glatte und seidige Konsistenz, die er einmal haben wird. Geben Sie genügend Flüssigkeit zu und kneten, drücken und schlagen Sie den Teig so lange, bis er sich nicht mehr klebrig anfühlt. Keine Sorge, wenn der Teig am Anfang sehr feucht und zäh ist und klebrig »batzige« Teigklumpen zwischen Ihren Fingern hängen. Haben Sie Vertrauen und geben Sie in diesem Teigstadium kein weiteres Mehl zu, um das vermeintliche Zuviel an Flüssigkeit auszugleichen – dies können Sie später immer noch tun, wenn sich die Konsistenz des Teiges wirklich nicht ändern sollte – in den allermeisten Fällen wird sie das jedoch tun. Je länger Sie nämlich Ihren Teig bearbeiten, desto geschmeidiger wird er werden und sich am Ende glatt und matt glänzend vom Schüsselrand oder von der Arbeitsfläche lösen. Seine Klebrigkeit wird sich unter Ihren Händen in eine wunderbar weiche Anschmiegsamkeit verwandeln. Mit der Zeit werden Sie sicher das richtige Gefühl für Ihren Teig entwickeln.

Frische Hefe und Trockenbackhefe
Frische Hefe fühlt sich glatt, elastisch und seidig an, ihre Farbe ist gleichmäßig hellgrau und sie bröckelt mit muschelartigem Bruch. Nur frische Hefe ist triebkräftig und riecht typisch nach Hefe. Alte oder kranke Hefe treibt den Teig nicht mehr. Trockene Bröckchen, dunkle Ränder oder eine schmierige Oberfläche kennzeichnen solch eine Hefe. Ein angebrochener Hefewürfel bleibt im Kühlschrank einige Tage frisch, wobei es nicht zu feucht sein sollte, damit die Hefe nicht schimmelt.
Statt frischer Hefe können Sie auch **Trockenbackhefe** nehmen. Sie kann wie frische Hefe verwendet werden. Ein handelsübliches Päckchen Trockenbackhefe reicht für ein halbes Kilogramm Mehl und einen normalen Hefeteig mit mäßig viel Zucker, Fett oder Trockenobst. Ein leichter Hefeteig mit sehr wenig Zucker und Fett oder ein Hefeteig, der lange ruhen darf, gelingt auch mit einer geringeren Menge Trockenbackhefe.
Frische Hefe lässt sich aufgrund ihrer Würfelform und ihres Gewichts von etwa vierzig Gramm einfacher dosieren als Trockenbackhefe – drei Viertel eines Würfels sind etwa dreißig Gramm, ein halber Würfel zwanzig Gramm.

Nach dem Kneten sollten Sie Ihrem Teig nochmals eine Ruhepause gönnen, bevor Sie ihn ausrollen und auf ein Backblech legen oder in eine Kuchenform füllen. Er sollte in dieser Zeit deutlich wachsen. Besonders feinporig wird Ihr Kuchen werden, wenn Sie den Teig während der Ruhezeit – wenn er schon etwas gewachsen ist – einmal kurz durchkneten und ihn anschließend nochmals ruhen lassen. Dieser Schritt ist in den Backanleitungen genannt. Wenn Sie sich nicht so viel Zeit nehmen möchten, können Sie auf diesen Zwischenschritt verzichten und Ihren Teig nur einmal so lange gehen lassen, bis er sich deutlich vergrößert hat. Er wird trotzdem gelingen und sicherlich ausgezeichnet schmecken. Beim Ruhen schätzt ein gekneteter Teig gleiche Bedingungen wie ein Vorteig und verhält sich wie dieser – wenn es kühl ist, dauert das Wachsen nur etwas länger, funktioniert aber ebenfalls. Dieses Verhalten können Sie nutzen, wenn Sie Ihren Teig am Abend fertig geknetet haben und erst am nächsten Morgen backen möchten – lassen Sie den Teig einfach abgedeckt im Kühlschrank ruhen. Nehmen Sie den Teig am nächsten Morgen aus dem Kühlschrank und warten Sie mit der weiteren Teigbearbeitung so lange, bis sich der Teig bei Raumtemperatur wieder aufgewärmt hat.
   Denken Sie an die Triebkraft der Hefe, wenn Sie einem Teig etwas mehr Fett oder Süßungsmittel zugeben. Ein **schwerer Hefeteig** mit höheren Anteilen Öl und Zucker, Sirup oder Dicksaft oder auch mit vielen Sultaninen oder anderem Trockenobst benötigt mehr Zeit zum Gehen. Wenn Sie möchten, können Sie einen solchen Teig mit etwas mehr Hefe zubereiten.

Werkstatt Backstube

Frische Hefe wird in Würfeln von zweiundvierzig Gramm angeboten. Diese Menge entspricht einem Zwölftel der in Bäckereien üblicherweise verwendeten Hefequader von fünfhundert Gramm und erklärt sich durch praktisches Handwerk und Tradition: Denn bevor es Läden mit Kühlregalen gab, kaufte man die Hefe für die Hausbäckerei beim Bäcker, der hierfür einen seiner großen Hefequader dreimal längs und viermal quer in zwölf – aufgerundet – jeweils zweiundvierzig Gramm schwere Würfel teilte.

Mürbeteig

Mürbeteig ist ein unkomplizierter Teig. Er ist rasch gemacht und als Boden oder Hülle eines Obstkuchens in kurzer Zeit ausgekühlt und zum Essen bereit. Wagen Sie das Backen mit Mürbeteig – die folgenden Hinweise sollten Sie nicht davon abhalten und ändern nichts an der eingangs genannten Tatsache. Nur eines – bleiben Sie cool!

Mürbeteig benötigt nur sehr **wenig Flüssigkeit.** Meist genügen drei bis vier Esslöffel Wasser, Saft oder Getreidedrink pro zweihundertfünfzig Gramm Mehl für einen geschmeidigen Teig, der sich gut verarbeiten lässt. Geben Sie die Flüssigkeit am besten teelöffelweise bei. Zu viel Flüssigkeit macht den Teig zäh, und ein zäher Teig reißt beim Ausrollen leicht ein.

Auch zu warme Zutaten können einen Mürbeteig zäh und brüchig machen. Mehl, Zucker und vor allem Fett und Flüssigkeit sollten Sie deshalb stets **gut gekühlt** verwenden. Bearbeiten Sie den Teig so kurz wie möglich mit Ihren Händen, damit er nicht zu warm wird. Wärme lässt das Fett schmelzen, das daraufhin von den Mehlteilchen aufgesogen wird. Das Fett kann die einzelnen Mehlteilchen nicht mehr aneinanderbinden, und der Teig wird brüchig. In diesem Fall kann es manchmal helfen, den Teig vor dem Ausrollen im Kühlschrank durchzukühlen. Zu kalt darf der Teig aber auch nicht sein, denn auch in diesem Fall reißt er leicht.

Mischen Sie Mehl, Zucker und Fett mit einer Gabel, einer Teigkarte oder einem kalten Messer in der Schüssel oder auf der Arbeitsfläche zu mittelgroßen Bröseln, die Sie anschließend – gegebenenfalls unter Zugabe von etwas Flüssigkeit – zu einer geschmeidigen Masse zusammenwirken und verkneten. **Kneten** Sie den Teig wirklich nur **ganz kurz,** weil die Getreideeiweiße sonst zusammen mit der Flüssigkeit ein zähes Klebergerüst bilden. Bei einer gleichmäßigen, nicht zu groben Bröselmasse brauchen Sie keine Angst vor der folgenden Handarbeit zu haben – das Zusammenwirken geht ganz einfach.

Zwischen zwei Lagen Backpapier – notfalls auch zwischen Frischhaltefolie oder in einem aufgeschnittenen Gefrierbeutel – lässt sich Mürbeteig am besten **ausrollen.** Bemehlen Sie den Teig beim Ausrollen möglichst nicht oder kehren Sie

Der **Mehlanteil** eines Mürbeteigs kann größtenteils aus sehr fein gemahlenem Hirse-, Reis-, Mais-, Roggen-, Buchweizen-, Amarant- oder Quinoamehl bestehen. Diese Mehle sollten aber höchstens siebzig Prozent des Mehlanteils ausmachen, der Rest sollte sehr fein gemahlenes Weizen- oder Dinkelmehl sein, damit der Teig nach dem Backen nicht so leicht zerbröselt. Sie können das Mehl auch zur Hälfte durch fein gemahlene Mandeln oder Nüsse ersetzen.

Zum Süßen eines Mürbeteiges eignet sich am besten sehr fein gemahlener und gegebenenfalls gesiebter Vollrohrzucker, weil er das Backergebnis besonders mürbe und knusprig macht. Sie können einen Mürbeteig aber natürlich auch mit Sirup oder Dicksaft süßen. In diesen Fällen benötigen Sie eventuell etwas weniger Flüssigkeit als mit Vollrohrzucker. Vollrohrzucker löst sich am besten und verhilft zu einem zart mürben Gebäck, wenn Sie ihn pulverfein gemahlen unter das Mehl mischen.

das Streumehl vor dem Backen sehr gründlich von der Unterseite des Teiges ab, weil der Teig beim Backen sonst Blasen werfen könnte.

Stechen Sie flächige Mürbeteigplatten mehrmals mit einer Gabel ein, sobald Sie Kuchenform oder Blech mit dem Teig ausgekleidet haben, damit sich beim Backen keine Teigblasen bilden.

Mürbeteig sollte vor dem Backen einige Zeit im Kühlen ruhen, damit die Mehlteilchen zunächst etwas Feuchtigkeit, aber noch kein flüssiges Fett aufsaugen. Fett ist umso flüssiger, je wärmer es ist. Erst im heißen Ofen darf das Fett die feuchten Mehlteilchen sanft umhüllen, wodurch das Gebäck seine typische Mürbe erhält.

Blindbacken
Möchten Sie Mürbeteig mit feuchtem Obst belegen oder mit einer Creme füllen, behält oder entwickelt der Teig trotz des feuchten Belags seine Knusprigkeit, wenn Sie ihn fünf bis fünfzehn Minuten – je nach Dicke und Verwendung – ohne Belag, also blind, vorbacken. Legen Sie den Teig hierfür in die Form oder auf das Blech und stechen Sie ihn mehrmals mit einer Gabel ein. Damit der hohe Rand eines ungefüllten Kuchens während des Vorbackens nicht zusammensackt, legen Sie am besten eine Lage Backpapier auf den Teig und füllen die Form teigrandvoll mit getrockneten Hülsenfrüchten wie getrockneten Erbsen oder Bohnen. Entfernen Sie Hülsenfrüchte und Backpapier nach der Hälfte der Vorbackzeit und backen Sie den Teig noch einige Minuten unbedeckt. Lassen Sie Ihren Teig nicht zu braun werden. Die Hülsenfrüchte können Sie für das Vorbacken immer wieder verwenden.

Mürbeteig ist **rasch fertig gebacken.** Achten Sie beim Backen möglichst auf die Farbe des Gebäcks und weniger auf die angegebene Backzeit. Dünne unbedeckte Mürbeteige bräunen nach wenigen Minuten, und zu brauner Mürbeteig schmeckt bitter. Nehmen Sie fertig gebackenen Mürbeteig möglichst rasch aus der Form oder vom Blech, um ihn vor möglichem Nachdunkeln auf dem noch heißen Metall zu bewahren.

Rührmasse

Rührmassen – umgangssprachlich bekannt unter der Bezeichnung Rührteig – bekommen ihre lockere Krume durch eingerührte Luft, beim Backen entstehenden Wasserdampf und Gasbläschen aus Backpulver und Natron.

Rührmassen werden gerührt und meist nicht mit den Händen geknetet. Rührknetteig ist eine Variante der Rührmasse, die man nach dem Rühren abschließend knetet. Auch spezielle Massen wie die Lebkuchenmasse werden sowohl gerührt als auch mit den Händen gewirkt.

Rührmassen benötigen meist eine etwas längere Backzeit, sind dafür jedoch rasch und unkompliziert zubereitet.

Stellen Sie alle Zutaten griffbereit zurecht. Die Zutaten für eine Rührmasse sollten **Raumtemperatur** haben, weil sich dann die einzelnen Komponenten am besten miteinander verbinden. Richtig warm sollten die Zutaten dagegen nicht sein, weil eine zu warme Masse Luftbläschen nicht halten kann und Triebmittel – Backpulver und Natron – zu früh wirken. Lassen Sie also – wenn Sie festes Fett durch Wärme und zähflüssigen Sirup oder Dicksaft im warmen Wasserbad verflüssigt haben – Fett und Sirup auf Raumtemperatur abkühlen, bevor Sie mit dem Backen beginnen.

Es vereinfacht das Arbeiten ungemein, wenn Sie alle **vorbereitenden Tätigkeiten** wie Mahlen, Zerkleinern und Entsaften vor dem Zusammenrühren der Zutaten abschließen. Die Rezepte in diesem Buch gehen meist von unzerkleinerten Zutaten aus, die Vorbereitungsschritte sind jeweils in der Backanleitung angegeben. Ausnahmen sind das Mahlen von Getreide und Gewürzen – die hierfür nötigen Mahlarbeiten in Getreidemühle und Mörser stehen nicht in der Backanleitung.

Zum Zusammenrühren der Masse brauchen Sie mindestens zwei Schüsseln, einen Schneebesen, einen Rührlöffel, -besen oder ein Handrührgerät, eine Küchenwaage und ein Mehlsieb.

Fetten Sie Ihre Backform ein und streuen Sie die Form gut mit Streumehl, ausgesiebter Kleie, Vollkornsemmelbröseln, Nuss- oder Mandelmehl aus. Den Boden – und mit etwas Geschick auch den Rand – einer runden Springform können Sie auch mit zurechtgeschnittenem Backpapier belegen – Kreis für den

Boden, Streifen für den Rand. Wenn Sie nur den Boden der Springform mit Papier belegen, sollten Sie den Ring etwas fetten und am besten noch mit Streumehl bestäuben. Stellen Sie die vorbereitete Form an ein kühles Plätzchen.

Heizen Sie Ihren Backofen rechtzeitig vor, damit Sie die fertige Rührmasse möglichst rasch nach dem Einfüllen in die Form in den Backofen stellen können.

Eine Rührmasse entsteht aus zwei Mischungen – einer Ölmischung und einer Mehlmischung –, die man zusammenrührt. Das geht rasch von der Hand, wenn Sie als Erstes die Schüssel für die **Mehlmischung** auf die Waage stellen und Zutaten für diese Mischung wie Mehle, gemahlene Nüsse oder Mandeln, Kakao, Carob, Zucker, Salz, Backpulver, Natron und Gewürze nacheinander zuwiegen. Wenn Sie die einzelnen Zutaten dabei durch ein Sieb geben, lassen sie sich anschließend besonders locker und gleichmäßig – beispielsweise mit einer Gabel – vermengen. Nehmen Sie die Schüssel mit der fertigen Mehlmischung von der Waage und stellen Sie stattdessen die Rührschüssel für die **Ölmischung** darauf. Wiegen Sie die Zutaten – Wasser, Säfte, Sirup, Dicksäfte und Öle – für diese flüssige Mischung ähnlich wie für die Mehlmischung nacheinander zu. Verquirlen Sie die flüssigen Zutaten und schlagen Sie mit einem Schneebesen ordentlich viel Luft in die Ölmischung – so lange, bis eine schaumige Masse entstanden ist, die zumindest einen Teil der hineingequirlten Luftbläschen für kurze Zeit hält. Sie können sich hierfür auch eines Handrührgerätes bedienen. Eine weite Rührschüssel bietet genügend Platz und ermöglicht Ihnen ausreichend raumgreifendes Rühren.

Sieben Sie anschließend die Mehlmischung portionsweise über die Ölmischung und verrühren Sie beides mit einem Rührbesen oder einem Rührlöffel zu einer Masse, die weder zu fest – der Kuchen könnte bröselig und trocken werden – noch zu flüssig – der Kuchen könnte feuchte Streifen bekommen – ist. Ein Rührlöffel mit Loch gleitet leichter durch die Masse als ein Rührlöffel ohne Loch und verhindert, dass die hineingequirlte Luft wieder entweicht. Wenn Sie Zutaten wie grob gehackte Nüsse oder Mandeln, Schokoladenstückchen, Sultaninen und anderes zerkleinertes Trockenobst, gezuckerte Fruchtschalen oder geriebenes Obst und Gemüse wie Äpfel oder Karotten verwenden, geben Sie diese abwechselnd mit einem kleinen Rest der Mehlmischung zum Schluss dazu. Die Mischungen sollten gut verbunden sein, die Masse sollte locker, aber nicht richtig schaumig sein. Die Masse hat meist die richtige Konsistenz, wenn sie zäh reißend vom Löffel fällt. Beachten Sie, dass Rührmassen mit Vollkornmehl zunächst etwas flüssiger sein dürfen – und sollten – als solche mit weißem Mehl, weil Vollkornmehl mehr Wasser bindet. Weil es das allerdings ein wenig zeitverzögert tut, ist es ratsam, anfangs nur einen Teil der wässrigen Zutaten wie Wasser und Saft in der Ölmischung zu verquirlen und den Rest dieser Flüssigkeiten beim Zusammenrühren der beiden Mischungen portionsweise und mit Gefühl zuzugeben (siehe auch

> **Weinsteinbackpulver, Natron und Zitronensaft**
> Weinsteinbackpulver besteht aus Natron (Natriumhydrogencarbonat), Weinstein, dem Salz der Weinsteinsäure (Kaliumhydrogentartrat), und Stärke. Natron vermag Kohlendioxid entstehen zu lassen. Weinstein liefert die hierzu nötige Säure. Es lagert sich bei der Weinherstellung in den Fässern ab. Die Stärke dient als Trennmittel und bindet Feuchtigkeit.
> Unter Einfluss von Wärme, Feuchtigkeit und Säure entsteht aus dem Backpulver gasförmiges Kohlendioxid, das die Masse lockert. Obwohl die volle Triebwirkung des Backpulvers erst im Ofen bei höheren Temperaturen abläuft, sollten Sie die fertige Rührmasse möglichst gleich backen. Lassen Sie die fertige Rührmasse – wenn es nicht anders möglich ist – wirklich nur kurz und kühl, beispielsweise im Kühlschrank, ruhen. Bereits in der Masse zerfällt nämlich ein Teil des Backpulvers und fehlt dann im Ofen für den eigentlichen Trieb.
> Der Zusatz von Natron (Natriumhydrogencarbonat) zu Weinsteinbackpulver bedeutet stärkere Triebkraft. Die Zugabe von etwas frischem Zitronensaft in den Rezepten mit Natron bedeutet Säure und mildert den Laugengeschmack des Natrons. Eine kleine Menge Zitronensaft reicht aus. Verwenden Sie möglichst frisches Backpulver und vermengen Sie Backpulver und Natron gut mit dem Mehl in der Mehlmischung, damit Ihr Kuchen schön aufgeht.

Seite 41). Wenn Sie unsicher sind, ob die Masse die richtige Konsistenz hat, können Sie die Masse vor dem Einfüllen in die Backform kurz ruhen und quellen lassen und danach gegebenenfalls noch etwas Flüssigkeit zugeben. Lassen Sie die Masse aber wirklich nur kurz – und an einem kühlen Plätzchen – ruhen, weil Backpulver und Natron ihre treibenden Kräfte teilweise schon vor dem Backen entfalten. Wenn Sie die Masse zu lange – und vor allem zu warm – ruhen lassen, kann es sein, dass Ihr Kuchen im Backofen nicht mehr richtig hochgeht. Bevor Ihnen allerdings die Konsistenz Ihrer Masse zu viel Sorge bereitet, sollten Sie Ihren Kuchen besser rasch in den Ofen schieben. Eine Rührmasse verträgt etwas zu viel oder zu wenig Flüssigkeit oder Mehl meist ganz gut.

    Stellen Sie einen Kuchen in einer flachen Form wie einer Springform **in die Mitte Ihres Ofens** und einen Kuchen in einer hohen Form wie einer Gugelhupfform **in den unteren Bereich Ihres Ofens.** Als Merkregel gilt, dass man einen Kuchen aus Rührmasse immer so im Ofen platzieren sollte, dass sich die Mitte des Kuchens in der Mitte des Ofens befindet.

    Öffnen Sie die Backofentüre während der ersten Hälfte der Backzeit nicht. Ihr Kuchen ist während dieser Zeit im Wachsen begriffen und sehr empfindlich gegenüber Erschütterung und Zugluft.

    Prüfen Sie mit der **Hölzchenprobe,** ob Ihr Kuchen gar ist (siehe Seite 36).

Werkstatt Backstube

Lassen Sie den fertig gebackenen Kuchen kurz in der Form **abdampfen,** bis er sich etwas gesetzt hat. Je nach Art wird der Kuchen etwas in sich zusammensinken, und es bildet sich manchmal ein kleiner Spalt zwischen Kuchen und Form. Stürzen Sie den Kuchen sehr vorsichtig auf ein Kuchengitter, stellen Sie ihn gegebenenfalls wieder aufrecht und lassen Sie ihn anschließend vollständig auskühlen (siehe auch Seite 36). Wenn Sie ganz sicher gehen möchten, dass Ihnen Ihr Kuchen beim Stürzen aus der Form nicht zerbricht – das kann je nach Backform, Sorgfalt beim Einfetten und Ausstreuen der Backform und Kuchenmasse manchmal passieren –, lassen Sie den Kuchen in der Form abkühlen und stürzen Sie ihn, wenn er lauwarm ist.

Backen und hübsch garnieren

Garprobe

Mit der **Hölzchenprobe** lässt sich einfach feststellen, ob ein Kuchen gar ist. Der Kuchen ist fertig gebacken, wenn ein spitzes Holzstäbchen, beispielsweise eine Stricknadel aus Holz, das man an der dicksten Stelle in den Kuchen sticht und wieder herauszieht, trocken und ohne Teigreste zum Vorschein kommt.

Ein weiteres Zeichen für einen fertig gebackenen Kuchen ist ein kleiner **Spalt,** der sich zwischen Kuchen und Form zu bilden beginnt.

Hefegebäck, das auf dem Blech gebacken wird, ist gar, wenn es beim **Klopfen** auf die Ober- oder Unterseite hohl klingt.

Abkühlen lassen

Nur in Ausnahmefällen sollte ein Kuchen auf dem Backblech oder in der Form vollständig abkühlen.

Rührmassen sollten vor dem Stürzen etwas in der Form abdampfen, damit sie mehr Halt bekommen und weniger leicht auseinanderbrechen. Anschließend werden sie vorsichtig aus der Form auf ein Kuchengitter mit Füßchen gestürzt. Solch ein Kuchengitter lässt die Luft unter dem Kuchen zirkulieren und den Kuchen gleichmäßig auch von unten her auskühlen. Gugelhupf-, Kasten- oder Kranzkuchen stellen Sie am besten gleich nach dem Stürzen aufrecht auf das Gitter. So behalten diese formschönen Kuchen ihr hübsches Aussehen. Kuchen, den Sie in einer Springform gebacken haben und nach dem Auskühlen noch füllen möchten, lassen Sie am besten kopfüber liegend auf dem Gitter auskühlen, insbesondere dann, wenn der Kuchen in der Mitte hoch aufgegangen ist. Durch den Kopfstand wird die Oberseite des Kuchens fast so flach wie seine Unterseite und lässt sich hervorragend mit Obst oder Creme belegen.

Blechkuchen kühlt schneller ab als Kuchen aus Gugelhupf-, Kasten- oder Springform, weshalb er – vor allem wenn er nach dem Backen aufgrund eines dicken, weichen oder sehr saftigen Belags noch sehr instabil ist – auf dem Blech liegen bleiben darf, bis er stabil genug ist, um den Transfer auf ein Kuchengitter zum vollständigen Abkühlen zu überstehen. Wird der Blechkuchen gleich nach dem Auskühlen gegessen, können Sie ihn auf dem Blech liegen lassen und auf diesem in Stücke schneiden. Damit übrige Stücke ihr gutes Aroma behalten, sollten sie jedoch nicht auf dem Blech liegend aufbewahrt werden.

Backpapier, das Sie vor dem Backen in die Form oder auf das Blech gelegt haben, sollte nach dem Backen möglichst sofort vom Kuchen gezogen werden, weil es mit abnehmender Kuchenhitze zunehmend stärker am Kuchen haftet. Pinseln Sie das Papier mit etwas kaltem Wasser ein, wenn es sich nur schwer vom Kuchen trennen möchte.

Mürbeteig, der nach dem Abkühlen gefüllt oder belegt und nicht mehr gebacken wird, sollte gleich nach dem Backen vorsichtig aus der Springform gelöst werden, weil er durch die Hitze des Metalls leicht nachdunkelt. Auch wenn er in einer Backform aus Kunststoff gebacken wurde, sollten Sie ihn möglichst gleich nach dem Backen aus der Form nehmen, damit er nichts von seiner mürben Knusprigkeit verliert.

Kuchen quer teilen, füllen und garnieren

Vor dem Teilen und Füllen sollte ein Kuchen stets vollständig auskühlen und gegebenenfalls auch erst einen Tag nach dem Backen geteilt und gefüllt werden, da sich frisch gebackene Rührmassen – sie sind meist die Grundlage für einen gefüllten Kuchen oder eine Torte – schwer schneiden lassen.

Um einen runden Kuchen, der in einer Springform gebacken wurde, ein- oder mehrmals, je nach gewünschter Höhe, **quer durchzuschneiden,** verwenden Sie am besten ein langes scharfes Sägemesser. Halten Sie mit einer Hand gegen den Kuchen und drehen Sie ihn, während Sie ihn rundherum ein- und schließlich durchschneiden. Wenn Sie kein langes Messer zur Verfügung haben, schneiden Sie den Kuchen rundherum mit einem kleinen, scharfen, spitzen Messer etwa einen Zentimeter tief ein, legen einen ausreichend langen Bindfaden in den Einschnitt und ziehen die Fadenenden über Kreuz übereinander, sodass sich der Faden quer durch den Kuchen schneidet.

Die am wenigsten schöne Kuchenlage – meist die Kuchendecke, weil sie rissig oder uneben ist – ergibt den Tortenboden, wobei sie kopfüber zum Liegen kommt.

Für mehr Feuchtigkeit und um das Aroma zu unterstreichen, können Sie die einzelnen Lagen eines Kuchens beliebig mit Flüssigkeit **tränken,** wobei Sie maßvoll vorgehen und jeweils einen Randstreifen von einem Zentimeter Breite ungetränkt lassen sollten, damit Ihnen die Kuchenlagen nicht auseinanderfallen. Die oberste Kuchenlage sollten Sie nicht tränken. Die Flüssigkeit sollte nicht zu süß sein.

Die Kuchenlagen werden **nacheinander belegt oder bestrichen** – wobei jeweils ein Randstreifen von einem Zentimeter Breite frei bleiben sollte – und Kante auf Kante aufeinandergelegt. Also unterste Kuchenlage belegen oder bestreichen, nächste Lage passgenau auflegen, ebenfalls belegen oder bestreichen und so fortfahrend weiterarbeiten, bis Sie die oberste Kuchenlage aufgelegt haben.

Wenn Sie verhindern möchten, dass eine Obst- oder Cremefüllung in die Poren der aufgeschnittenen Kuchenlage eindringt, pinseln Sie die Kuchenlagen erst mit etwas glatt gerührter Konfitüre ein und streichen Sie dann die Obst- oder Cremefüllung darüber.

Wenn Sie Ihrer mehrschichtigen Torte aus weichen Kuchenlagen einen stabilen Boden geben möchten, backen Sie einfach einen zusätzlichen **Mürbeteigboden** (siehe Seite 138), pinseln diesen mit einer passenden Konfitüre ein und verwenden ihn als erste Schicht Ihrer Torte.

Torten **mit dicker Füllschicht in Stücke zu schneiden,** benötigt viel Fingerspitzengefühl. Auch dicke oder feste Kuchenlagen, beispielsweise aus knusprigem Mürbeteig oder mit einer kompakten Mandelkrokantmasse belegt wie beim Bienenstich, lassen sich – auf einer weichen Obst- oder Cremefüllung liegend – nur schwer schneiden. Insbesondere sehr weiche Füllungen neigen bei zu hohem Druck von oben zum Verrutschen und verlassen infolgedessen seitlich den Kuchen. In solchen Fällen sollten Sie die Kuchendecklage vor dem Aufsetzen auf die Füllschicht in zwölf bis sechzehn Portionsstücke – je nach Wunsch und Größe des Kuchens – schneiden, diese vorsichtig auf die gefüllte Kuchenlage setzen und etwas andrücken.

Nach dem Füllen können Sie Oberseite und Rand des Kuchens mit Füllcreme bestreichen oder mit einem **Spritzmuster** aus Füllcreme verzieren.

Auch eine **Glasur** passt meistens gut. Hierfür bestreichen Sie Ihren Kuchen zunächst dünn mit glatt gerührter, durch Erwärmen gut streichfähiger Konfitüre wie Aprikosenkonfitüre und lassen die Konfitüreschicht etwas antrocknen. Die Konfitüre ebnet den Untergrund für die Glasur und hilft die Saftigkeit des Kuchens zu bewahren. Die Glasur, beispielsweise eine Kuvertüre- oder Obstsaftglasur, sollte dickflüssig, jedoch nicht zäh sein. Gießen Sie die Glasur auf die Kuchenmitte, halten Sie den Kuchen – den Sie vorher auf einen großen Teller gelegt haben – leicht schräg und lassen Sie die Glasur gleichmäßig rundherum über den Kuchen und am Rand herunterlaufen. Nehmen Sie ein breites Messer oder eine Kuchenpalette und streichen Sie die ablaufende Glasur am Kuchenrand hoch. Auf der Oberseite des Kuchens sollten Sie die Glasur möglichst nicht verstreichen, sondern nur durch Schräghalten und Drehen des Kuchens verteilen. Lassen Sie die Glasur vor dem Anschneiden des Kuchens gut trocknen und schützen Sie Ihren Kuchen vor Zugluft.

Möchten Sie einen glasierten Kuchen garnieren, sollte die Glasur etwas antrocknen, jedoch nicht zu trocken sein, weil sie der Garnitur in diesem Fall nicht genügend Halt bietet. Hübsche **Garnituren** ergeben sich beispielsweise mit glasierten Mandeln, Walnüssen oder Haselnüssen, mit selbst geröstetem Mandel-

Backen und hübsch garnieren

oder Haselnusskrokant, mit gehackten oder gemahlenen Pistazien, mit gesiebtem Kakao- oder Carobpulver, mit selbst hergestellten Kuvertüreröllchen, -fächern, -blättern oder -spritzmustern, mit Marzipanfiguren oder mit gezuckerten Blüten oder Blütenblättern wie Veilchen oder Rosenblättern. Auch frisches Beerenobst wie Himbeeren, Brombeeren, Heidelbeeren, geviertelte oder fächerartig geschnittene Erdbeeren und frische entsteinte und sorgfältig abgetrocknete Kirschen eignen sich gut – wie allgemein alle weichen Obstsorten, die als Ganzes verwendet werden. Frische Blüten, frisches Obst und Kompottobst sollten Sie stets gut trockengetupft und abgetropft auf dem Kuchen platzieren. Von Natur aus festes Obst wie Äpfel, Früchte, die klein geschnitten werden und ungeschützt deshalb rasch ihre Energie verlieren, oder Obst, das in geschnittenem Zustand rasch seine frische Farbe verliert, sollten Sie möglichst nicht oder nur in gedämpftem Zustand zum Garnieren verwenden.

Den glasierten, mit Creme oder Konfitüre **bestrichenen Rand** Ihres Kuchens können Sie nach Belieben mit blättrig geschnittenen, eventuell leicht gerösteten Mandeln oder Haselnüssen, mit Kokosraspeln, Mandel- oder Haselnusskrokantstückchen oder mit Schokoladenlocken bewerfen. Der Kuchen wird hierfür etwas schräg gehalten. Beim Andrücken leisten ein breites Messer und eine Kuchenpalette gute Dienste.

39

Hinweise zu den Rezepten

Abkürzungen

EL	= Esslöffel mit einem Fassungsvolumen von zehn bis fünfzehn Millilitern
TL	= Teelöffel mit einem Fassungsvolumen von drei bis fünf Millilitern
g	= Gramm
kg	= Kilogramm
cm	= Zentimeter

Planen

Sie können in Ruhe backen, wenn Sie Ihr Vorhaben rechtzeitig gedanklich planend beginnen. **Lesen** Sie sich das Rezept vor dem Backen ganz bis zum Ende durch, damit Sie wissen, wie Sie die Zutaten vorbereiten werden. Überlegen Sie sich rechtzeitig, welche Zutaten Sie besorgen müssen und welches **Werkzeug** und welche Geräte Sie zum Vorbereiten und Mischen der Zutaten benötigen – fragen Sie Ihre Nachbarin, ob sie die ausgeliehene Nuss- oder Mohnmühle noch benötigt, und lassen Sie sich diese geben, wenn Sie Mandeln, Nüsse oder Mohn mahlen möchten. Stellen Sie dieses Werkzeug und diese Geräte auf Ihrer Arbeitsfläche zurecht.

Zutaten einkaufen

Alle Zutaten erhalten Sie im gut sortierten Naturkostladen, beim Biobauern, auf dem Wochenmarkt oder im Weltladen. Bei verarbeiteten Zutaten wie Bitterschokolade oder Bitterkuvertüre sind stets Produkte mit ausschließlich pflanzlichen Bestandteilen gemeint, im Fall von Bitterschokolade also eine Schokolade, die beispielsweise nur aus Kakaomasse, Kakaobutter, Zucker und gemahlener Vanille besteht und keine nichtpflanzlichen Bestandteile wie Milch- und Sahnepulver oder Honig enthält. Lesen Sie im Zweifelsfall am besten die Zutatenliste oder fragen Sie direkt beim Hersteller nach.

Mengenangaben

- Wenn nicht anders angegeben, sind **Esslöffel** und **Teelöffel** beim Abmessen stets gestrichen gefüllt.
- Mengenangaben für **Gewürze** dürfen Sie als grobe Richtwerte verstehen. Verändern Sie Mengen und Kompositionen nach Belieben. Beste Gewürze frisch im Mörser gerieben wirken und entfalten sich viel intensiver und lebendiger als fertige Gewürzpulver. Sind sie erst einmal gerieben, gemahlen oder gestoßen, verströmen Gewürze rasch all ihr Aroma und ihre heilkräftige Energie. Bewahren Sie möglichst viel Pflanzenenergie und legen Sie selbst Hand an Ihre Gewürzzubereitung – der Himmel auf Erden sowohl für Ihre Nase als auch für Ihren Kuchen.
- Im Gegensatz zu Flüssigkeitsmengen, Mehl-, Öl- und Sirupmengen können Sie die Menge des verwendeten **Vollrohrzuckers** verringern oder bis zu einem gewissen Grad erhöhen, ohne dass sich die Konsistenz der Masse oder des Teiges stark verändert. Eine Rührmasse mit Sirup oder ein mit Sirup gesüßter Hefeteig wird durch zusätzlichen Vollrohrzucker **süßer**.
- Wenn Sie Vollrohrzucker statt Sirup verwenden möchten, benötigen Sie gegebenenfalls bis zu dreißig Prozent mehr Flüssigkeit. Wenn Sie Sirup statt Vollrohrzucker verwenden möchten, benötigen Sie umgekehrt bis zu dreißig Prozent weniger Flüssigkeit.
- Gehen Sie bei den **Flüssigkeitsmengen** für eine Rührmasse zunächst stets von derjenigen Mengenangabe aus, die in der Zutatenliste vor der Klammer steht. Lautet die Angabe beispielsweise »**360 (– 500) g Wasser (eventuell etwas weniger oder mehr)**« mit dem Hinweis, zunächst die Hälfte des Wassers mit weiteren flüssigen Zutaten wie Öl und Sirup zu verquirlen, nehmen Sie die Hälfte von 360 Gramm, also 180 Gramm. Erst wenn Sie feststellen, dass Ihre Masse mehr benötigt, geben Sie weitere Flüssigkeit zu. Je nachdem wie fein Sie Ihr Getreide gemahlen und anschließend gesiebt haben, wird Ihre Masse mehr oder weniger Flüssigkeit benötigen. Sehr fein gemahlenes und anschließend mehrfach gesiebtes Mehl bindet weniger Flüssigkeit als gröber gemahlenes Mehl, das anschließend nicht gesiebt wurde.

Pflanzenmargarine statt Öl
Wenn Sie lieber mit Pflanzenmargarine statt mit Öl backen, sollten Sie die im Rezept angegebene Ölmenge bei Verwendung von Margarine um etwa zwanzig Prozent erhöhen. Statt hundert Gramm Sonnenblumenöl nehmen Sie also etwa hundertzwanzig Gramm Pflanzenmargarine.

Backformen und Backbleche

Blechkuchen passen auf ein handelsübliches Backblech in Standardgröße (etwa 36 cm × 43 cm groß). Für höhere Blechkuchen, beispielsweise Hefegebäck mit dickem, eventuell saftigem Belag, eignet sich besonders gut ein Backblech mit hohem Rand (2 cm bis 4 cm hoch), das an einer Längsseite zum besseren Entnehmen des Kuchens abgeschrägt ist. Auf einem Backblech lassen sich problemlos auch kleinere Mengen für einen kleineren Blechkuchen backen. Rollen Sie hierfür den Teig in der gewünschten Größe aus und legen Sie ihn so auf das Blech, dass sein Rand bestmöglich am Blechrand anliegt. Für einen kleinen Blechkuchen ist ein verstellbarer rechteckiger Tortenrahmen, den Sie auf das Blech und um den Kuchen legen können, wodurch Ihr verkleinerter Blechkuchen mehr Halt bekommt, besonders praktisch.

Selbstverständlich können Sie für **Gugelhupf-, Springform- oder Kastenkuchen** auch größere oder kleinere als die angegebenen Backformen verwenden, sollten allerdings einrechnen, dass sich dann die Backzeiten und gegebenenfalls auch die Backtemperaturen ändern. Wenn Sie Ihren Kuchen beispielsweise in einer großen statt in einer kleinen Springform backen, wird Ihr Kuchen flacher werden und eine kürzere Backzeit und gegebenenfalls eine etwas höhere Backtemperatur benötigen.

Gugelhupf- oder Napfkuchenformen besitzen in der Mitte einen Schornstein, der ein gleichmäßiges Durchbacken des hohen Kuchens gewährleistet. Trotzdem benötigt eine Masse, die Sie in einer Gugelhupfform statt in einer großen – und flachen – Springform backen, gegebenenfalls etwas länger, bis sie gar ist.

Füllen Sie eine Kuchenform nie randvoll, damit der Kuchen genügend Platz zum Aufgehen hat. Das ist der Fall, wenn Sie die Form zu etwa drei Vierteln füllen.

Überprüfen Sie in jedem Fall rechtzeitig mit der Hölzchenprobe, ob Ihr Kuchen durchgebacken ist – bei einer größeren Form als angegeben oder bei kleinen Portionsformen, wenn Sie diese anstelle einer Spring-, Gugelhupf- oder Kastenform verwenden – eventuell bereits nach der Hälfte der angegebenen Backzeit.

Backtemperaturen und Backzeiten

Die Temperaturen gelten für einen **Elektrobackofen mit Ober- und Unterhitze.** Bei anderen Arten der Hitzezufuhr richten Sie sich bitte nach den Herstellerangaben für Ihren Ofen. Bei den meisten Backöfen weicht die Temperatur, die man am Regler einstellt, von der tatsächlichen Temperatur im Ofeninneren ab. Ein Backofenthermometer, das man ins Ofeninnere legt, verschafft Klarheit hinsichtlich des eigenen Ofens und hilft dabei, den Ofen kennenzulernen und bestmöglich einzusetzen. So könnten Sie beispielsweise herausfinden, dass Ihr Ofen für eine tatsächliche Temperatur von 180 °C eine Reglereinstellung von 170 °C benötigt.

Obstkuchen und Strudel vom Blech

Wiener Apfelstrudel

Für den Strudelteig:
250 g Dinkelvollkornmehl, sehr fein gemahlen
¼ TL feines Meersalz
30 g Sonnenblumenöl (2 EL)
10 g Apfelessig (1 EL)
125 g warmes Wasser (40 °C)

Zum Bestreichen des Teiges:
40 g Sonnenblumenöl (2 ½ EL)

Zum Ausrollen:
50 g Dinkelvollkornmehl

Für die Füllung:
100 g Sultaninen
100 g Mandeln
2 kg säuerliche Äpfel
20 g Zitronensaft (2 EL)
1 TL gemahlener Zimt
½ TL abgeriebene Zitronenschale
20 g Rum (2 EL)
40 g Sonnenblumenöl (2 ½ EL)
100 g Vollkornsemmelbrösel

Zum Bestreichen des Strudels:
40 g Sonnenblumenöl (2 ½ EL)

Kokos- oder Palmkernfett für das Backblech

- Backblech gut einfetten.
- Die Zutaten **für den Teig** sollten Raumtemperatur haben.
- Mehl in eine Schüssel sieben, mit Salz mischen und mit den flüssigen Teigzutaten zu einem Teigkloß mischen. Den Teigkloß etwa fünf Minuten lang kneten, bis er eine glatte, seidige, eher weiche Konsistenz hat. Die Oberfläche sollte leicht glänzen.
- Den Teig auf einer glatten Arbeitsfläche rollend zu einer Kugel formen, mit etwas Öl bepinseln und – in einer angewärmten Schüssel mit einem Küchen-

Obstkuchen und Strudel vom Blech

tuch bedeckt – an einem warmen Ort mindestens eine halbe Stunde ruhen lassen. Hervorragend ruht der Teig auch unter einem feuchten heißen Topf.

- Sultaninen **für die Füllung** heiß waschen und abtropfen lassen.
- Mandeln blättrig schneiden.
- Äpfel nach Belieben schälen, vierteln, entkernen, in feine Scheiben schneiden oder hobeln und mit dem Zitronensaft beträufeln.
- Gewürze und Rum untermischen.
- Mandeln und Sultaninen mit den Apfelscheiben mischen.
- Öl erhitzen, Semmelbrösel dazugeben und unter Rühren hellbraun rösten. Achtung, das geht sehr schnell – Pfanne frühzeitig vom Feuer nehmen!
- Ein Küchentuch (mindestens 50 mal 70 Zentimeter groß) auf der Arbeitsfläche ausbreiten und gut mit Streumehl bedecken. Den Teig auf das Tuch legen, bemehlen und sehr dünn ausrollen, bis er das Tuch bedeckt. Bei Bedarf nachmehlen. Handrücken einölen, mit dem Handrücken unter den Teigrand fahren und den Teig rundum vorsichtig nach außen ziehen – so dünn wie möglich.
- Backofen auf 200 °C vorheizen.
- Die Hälfte der Bröselmischung unter die Apfelfüllung heben.
- Zwei Drittel bis drei Viertel der Teigplatte mit der restlichen Bröselmischung bestreuen. Apfelmischung darauf verteilen, rechts und links jeweils zwei Zentimeter Teigfläche frei lassen. Die restliche Teigfläche mit etwas Öl einpinseln.
- Seitliche Teigränder mit Hilfe des Tuches über die Füllung klappen. Strudel von der mit Füllmasse bestrichenen Seite her mit Hilfe des Tuches aufrollen. Das geht am besten, indem man das Tuch an den Ecken etwas hochhebt und straff spannt – während sich der Strudel langsam von selbst einrollt, immer das gespannte Tuch über der sich bildenden Strudelrolle mitführen.
- Den fertigen Strudel mit Hilfe des Tuches auf das Backblech legen. Die Naht liegt unten. Mit der Hälfte des Öls bepinseln.
- Den Strudel zehn Minuten anbacken, mit etwas Öl bepinseln, Backofen auf 190 °C herunterschalten und 30 bis 40 Minuten fertig backen. Eventuell fünf Minuten vor Ende der Backzeit nochmals mit etwas Öl bepinseln – das macht den Strudel besonders knusprig.

Hauchdünn strudeln

Je elastischer der Strudelteig ist, desto besser gelingt das Ausziehen des Teiges. Elastisch wird ein Teig durch den Getreidekleber (Gluten) des Weizen- oder Dinkelmehls. *Dinkelmehl* ist ein (kleber-)stärkeres Mehl als normales Weizenmehl und deshalb besser zum Strudeln geeignet. Wenn Sie Ihren Teig mit *Hartweizenmehl* – wie für Nudeln – bereiten, gelingt das Ausziehen noch besser. Der Strudel wird besonders gut, je dünner Sie den Teig ziehen. Wenn es mit dem Ausziehen nicht klappen will, rollen Sie den Teig einfach so dünn wie möglich aus. Strudel schmecken warm und kalt.

Obstkuchen und Strudel vom Blech

Birnen-Backpflaumen-Strudel

Für den Strudelteig:
250 g Dinkelvollkornmehl, sehr fein gemahlen
¼ TL feines Meersalz
30 g Sonnenblumenöl (2 EL)
10 g Apfelessig (1 EL)
125 g warmes Wasser (40 °C)

Zum Bestreichen des Teiges:
40 g Sonnenblumenöl (2 ½ EL)

Zum Ausrollen:
50 g Dinkelvollkornmehl

Für die Füllung:
120 g Backpflaumen
Wasser zum Einweichen der Pflaumen
4 große weiche Datteln
50 g Walnüsse
50 g Mandeln
1 kg süße Birnen
20 g Zitronensaft (2 EL)
½ TL gemahlener Zimt
½ TL gemahlener Anis
100 g Vollkornsemmelbrösel
40 g Sonnenblumenöl (2 ½ EL)

Zum Bestreichen des Strudels:
40 g Sonnenblumenöl (2 ½ EL)

Kokos- oder Palmkernfett für das Backblech

- Backblech gut einfetten.
- Backpflaumen in einer Schüssel knapp mit Wasser bedecken und sechs bis zwölf Stunden einweichen lassen. Weiche Backpflaumen benötigen weniger Zeit.
- Die Zutaten **für den Teig** sollten Raumtemperatur haben.

Obstkuchen und Strudel vom Blech

- Mehl in eine Schüssel sieben, mit Salz mischen und mit den flüssigen Teigzutaten zu einem Teigkloß mischen. Den Teigkloß etwa fünf Minuten lang kneten, bis er eine glatte, seidige, eher weiche Konsistenz hat. Die Oberfläche sollte leicht glänzen.
- Den Teig auf einer glatten Arbeitsfläche rollend zu einer Kugel formen, mit etwas Öl bepinseln und – in einer angewärmten Schüssel mit einem Küchentuch bedeckt – an einem warmen Ort mindestens eine halbe Stunde ruhen lassen. Hervorragend ruht der Teig auch unter einem feuchten heißen Topf.
- **Für die Füllung** die Backpflaumen entkernen und klein schneiden.
- Datteln entkernen und in Streifen schneiden.
- Walnüsse und Mandeln grob hacken.
- Birnen nach Belieben schälen, vierteln, entkernen, feinblättrig schneiden und mit dem Zitronensaft beträufeln.
- Pflaumen, Datteln und Gewürze zu den Birnen geben und mischen.
- Ein Küchentuch (mindestens 50 mal 70 Zentimeter groß) auf der Arbeitsfläche ausbreiten und gut mit Streumehl bedecken. Den Teig auf das Tuch legen, bemehlen und sehr dünn ausrollen, bis er das Tuch bedeckt. Bei Bedarf nachmehlen. Handrücken einölen, mit dem Handrücken unter den Teigrand fahren und den Teig rundum vorsichtig nach außen ziehen – so dünn wie möglich.
- Backofen auf 200 °C vorheizen.
- Knapp die Hälfte der Brösel unter die Birnenfüllung heben.
- Die Teigplatte mit dem Öl bepinseln und zwei Drittel bis drei Viertel der Teigplatte mit den restlichen Bröseln bestreuen.
- Birnenmischung auf den Bröseln verteilen, rechts und links jeweils zwei Zentimeter Teigfläche frei lassen. Walnüsse und Mandeln auf das Obst streuen.
- Seitliche Teigränder mit Hilfe des Tuches über die Füllung klappen. Strudel von der mit Füllmasse bestrichenen Seite her mit Hilfe des Tuches aufrollen. Das geht am besten, indem man das Tuch an den Ecken etwas hochhebt und straff spannt – während sich der Strudel langsam von selbst einrollt, immer das gespannte Tuch über der sich bildenden Strudelrolle mitführen.
- Den fertigen Strudel mit Hilfe des Tuches auf das Backblech legen. Die Naht liegt unten. Mit der Hälfte des Öls bepinseln.
- Strudel zehn Minuten anbacken, mit etwas Öl bepinseln, Backofen auf 190 °C herunterschalten und 30 bis 40 Minuten fertig backen. Sobald der Strudel beginnt, bräunlich zu werden, nach Belieben mehrmals mit etwas Öl bepinseln.

Marillenstrudel

Für den Strudelteig:
200 g Dinkelvollkornmehl, sehr fein gemahlen
¼ TL feines Meersalz
30 g Sonnenblumenöl (2 EL)
10 g Zitronensaft (1 EL)
100 g warmes Wasser (40 °C)

Zum Bestreichen des Teiges:
40 g Sonnenblumenöl (2 ½ EL)

Zum Ausrollen:
50 g Dinkelvollkornmehl

Für die Füllung:
250 g Tofu, gut abgetropft
100 g Sonnenblumenöl
150 g Vollrohrzucker, fein gemahlen und gesiebt
¼ TL feines Meersalz
½ TL abgeriebene Zitronenschale
½ TL frisch gemörserter Safran in 2 TL Wasser gelöst
½ TL gemahlene Vanille
200 g Weizenvollkorngrieß
750 g süße Marillen (Aprikosen)
200 g Haferdrink (eventuell etwas mehr)
80 g Vollkornsemmelbrösel

Zum Bestreichen des Strudels:
40 g Sonnenblumenöl (2 ½ EL)

Kokos- oder Palmkernfett für das Backblech

- Backblech gut einfetten.
- Tofu **für die Füllung** cremig pürieren, mit einer Gabel fein zerdrücken oder durch ein Sieb streichen. Sechzig Gramm Öl, Zucker, Salz und Gewürze schaumig rühren. Öl in die Tofucreme rühren, Grieß einrühren und zwei Stunden quellen lassen.
- Die Zutaten **für den Teig** sollten Raumtemperatur haben.

Obstkuchen und Strudel vom Blech

- Mehl in eine Schüssel sieben, mit Salz mischen und mit den flüssigen Teigzutaten zu einem Teigkloß mischen. Den Teigkloß etwa fünf Minuten lang kneten, bis er eine glatte, seidige, eher weiche Konsistenz hat. Die Oberfläche sollte leicht glänzen.
- Den Teig auf einer glatten Arbeitsfläche rollend zu einer Kugel formen, mit etwas Öl bepinseln und – in einer angewärmten Schüssel mit einem Küchentuch bedeckt – an einem warmen Ort mindestens eine halbe Stunde ruhen lassen. Hervorragend ruht der Teig auch unter einem feuchten heißen Topf.
- Marillen vierteln und entsteinen.
- Haferdrink unter die Grießmasse mischen. Die Masse sollte weich und streichbar sein. Sollte die Masse sehr fest und trocken sein, noch etwas Haferdrink untermischen.
- Ein Küchentuch (mindestens 50 mal 70 Zentimeter groß) auf der Arbeitsfläche ausbreiten und gut mit Streumehl bedecken. Den Teig auf das Tuch legen, bemehlen und sehr dünn ausrollen, bis er das Tuch bedeckt. Bei Bedarf nachmehlen. Handrücken einölen, mit dem Handrücken unter den Teigrand fahren und den Teig rundum vorsichtig nach außen ziehen – so dünn wie möglich.
- Backofen auf 200 °C vorheizen.
- Die Teigplatte mit dem restlichen Öl bepinseln und längs ein Drittel der Teigplatte mit den Bröseln bestreuen. Zuerst die Grießmasse, dann die Marillen auf die Brösel geben, rechts und links jeweils zwei Zentimeter Teigfläche frei lassen.
- Seitliche Teigränder mit Hilfe des Tuches über die Füllung klappen. Strudel von der mit Füllmasse bestrichenen Seite her mit Hilfe des Tuches aufrollen. Das geht am besten, indem man das Tuch an den Ecken etwas hochhebt und straff spannt – während sich der Strudel langsam von selbst einrollt, immer das gespannte Tuch über der sich bildenden Strudelrolle mitführen.
- Den fertigen Strudel mit Hilfe des Tuches auf das Backblech legen. Die Naht liegt unten. Mit der Hälfte des Öls bepinseln.
- Strudel zehn Minuten anbacken, mit etwas Öl bepinseln, Backofen auf 180 °C herunterschalten und den Strudel 30 bis 40 Minuten fertig backen. Sobald der Strudel beginnt, bräunlich zu werden, nach Belieben mehrmals mit etwas Öl bepinseln.

Apfelstreuselkuchen

Für den Rührknetteig:
350 g Weizenvollkornmehl, fein gemahlen
100 g Hafervollkornmehl, fein gemahlen oder feine Haferflocken
250 g Tofu, gut abgetropft
100 g Haferdrink
100 g Sonnenblumenöl
75 g Agavendicksaft
1 TL gemahlene Vanille
½ TL feines Meersalz
2 EL Weinsteinbackpulver

Für die Creme:
125 g Haferdrink
¼ TL feines Meersalz
125 g Hafersahne (siehe Seite 133)
30 g Agavendicksaft (2 – 3 EL)
40 g Weizenvollkornmehl, sehr fein gemahlen (5 – 6 EL)
1 TL abgeriebene Orangenschale
2 TL gemahlener Zimt
½ TL geriebener Ingwer

Für die Streusel:
100 g Haselnüsse
75 g Weizenvollkornmehl, fein gemahlen
100 g Vollrohrzucker, fein gemahlen und gesiebt
½ TL gemahlene Vanille
½ TL gemahlener Zimt
90 g Sonnenblumenöl

Für den Belag:
100 g getrocknete Aprikosen
Wasser zum Einweichen der Aprikosen
1 kg Äpfel
20 g Zitronensaft (2 EL)

Kokos- oder Palmkernfett für das Backblech

Obstkuchen und Strudel vom Blech

- Getrocknete Aprikosen in einer Schüssel knapp mit Wasser bedecken und sechs bis zwölf Stunden einweichen lassen. Weiche oder kleine Aprikosen benötigen weniger Zeit.
- Backblech einfetten.
- **Für die Creme** Haferdrink mit Salz bis knapp unter den Siedepunkt erhitzen. Hafersahne und Dicksaft in einem anderen Topf erwärmen und verrühren, das Mehl über die Hafersahne-Dicksaft-Mischung sieben und zusammen mit den Gewürzen unterrühren.
- Heißen Haferdrink unter ständigem Rühren zur Mehlmischung geben und die Masse kochen, bis sie dick wie Pudding ist. Unter Rühren abkühlen lassen.
- Haselnüsse **für die Streusel** ohne Fett in einer Pfanne rösten, bis sie duften. Abkühlen lassen und mahlen.
- Nüsse, Mehl, Zucker und Gewürze in einer Schüssel mischen, das Öl über die Mischung träufeln und alles mit den Fingern zu Streuseln verkneten. Streusel bis zur Verwendung in den Kühlschrank stellen.
- **Für den Belag** die Äpfel vierteln, entkernen, in drei bis fünf Millimeter dicke Scheiben schneiden und mit dem Zitronensaft mischen.
- Eingeweichte Aprikosen klein schneiden und mit den Äpfeln mischen.
- **Für den Teig** die Mehle miteinander mischen.
- Tofu cremig pürieren, mit einer Gabel fein zerdrücken oder durch ein Sieb streichen. Haferdrink, Öl, Dicksaft, Vanille und Salz in die Tofucreme rühren.
- Die Hälfte des Mehls über die Tofucreme sieben und mit dem Rührlöffel oder den Knethacken des Handrührgerätes verrühren.
- Das restliche Mehl mit dem Backpulver mischen und mit den Händen rasch unter den Tofuteig kneten, bis der Teig eine glatte geschmeidige Konsistenz hat. Zu einem Teigkloß formen.
- Teigkloß in die Mitte des Backbleches legen, etwas flachdrücken, so gut wie möglich ausrollen und mit den Händen an die Kanten und in die Ecken des Bleches drücken.
- Backofen auf 200 °C vorheizen.
- Abgekühlte Creme auf den Teig streichen, die Apfelmischung auf der Creme verteilen und die Streusel über die Äpfel streuen.
- Kuchen 30 bis 35 Minuten backen.
- Aus dem Ofen nehmen, kurz abdampfen lassen, auf einem Kuchengitter auskühlen lassen und in Stücke schneiden.

Obstkuchen und Strudel vom Blech

Mirabellenstreusel

Für die Rührmasse:
360 g Dinkelvollkornmehl, fein gemahlen
100 g Buchweizenmehl, fein gemahlen
40 g Pfeilwurzelmehl (4 ½ EL)
2 EL Weinsteinbackpulver
½ TL feines Meersalz
½ TL gemahlene Vanille
300 (– 350) g Apfelsaft (eventuell etwas weniger oder mehr)
10 g Zitronensaft (1 EL)
80 g Agavendicksaft
150 g Sonnenblumenöl

Für den Belag:
1,5 kg Mirabellen

Für die Streusel:
50 g Mandeln
100 g feine Haferflocken
100 g Dinkelvollkornmehl, fein gemahlen
150 g Vollrohrzucker, fein gemahlen und gesiebt
¼ TL feines Meersalz
1 TL gemahlener Zimt
130 g Sonnenblumenöl

Kokos- oder Palmkernfett für das Backblech

- Backblech einfetten.
- Mandeln **für die Streusel** fein mahlen.
- Haferflocken, Mehl, Mandeln, Zucker, Salz und Zimt in einer Schüssel mischen. Öl über die Mischung träufeln und alles mit den Fingern zu Streuseln verkneten. Streusel bis zur Verwendung in den Kühlschrank stellen.
- **Für die Rührmasse** Dinkel- und Buchweizenmehl, Pfeilwurzelmehl, Backpulver, Salz und Vanille in eine Schüssel sieben und mit einer Gabel mischen.
- Mirabellen **für den Belag** halbieren, gegebenenfalls vierteln und entsteinen. Die aufgeschnittenen Früchte möglichst kurz stehen lassen, sie werden schnell braun.
- Backofen auf 190 °C vorheizen.

54

- Die Hälfte des Apfelsaftes, Zitronensaft, Dicksaft und Öl in einer großen Rührschüssel verquirlen.
- Mehlmischung esslöffelweise über die Ölmischung sieben und cremig verrühren. Restlichen Apfelsaft bei Bedarf abwechselnd mit der Mehlmischung zur Masse geben. Zügig mischen, die Masse sollte locker bleiben und ziemlich zähreißend vom Löffel fallen. Nicht schaumig schlagen.
- Das Backblech mit der Masse bestreichen, dabei zum Rand etwas hochstreichen.
- Die Mirabellen mit den Schnittflächen nach oben auf die Masse legen und mit den Streuseln bestreuen.
- Kuchen etwa 40 Minuten backen.
- Aus dem Ofen nehmen, kurz abdampfen lassen, auf einem Kuchengitter auskühlen lassen und in Stücke schneiden.

Obstkuchen und Strudel vom Blech

Aprikosenkuchen mit Marzipan

Für den Rührknetteig:
50 g Mandeln
250 g Weizenvollkornmehl, fein gemahlen
150 g Tofu, gut abgetropft
50 – 100 g Apfelsaft
10 g Zitronensaft (1 EL)
50 g Agavendicksaft
150 g Sonnenblumenöl
3 TL Weinsteinbackpulver
¼ TL feines Meersalz
½ TL gemahlene Vanille

Für die Creme:
50 g Marzipanrohmasse
40 g Weizenvollkornmehl, sehr fein gemahlen (5 – 6 EL)
¼ TL feines Meersalz
250 g Reisdrink
1 TL gemahlene Vanille

Für den Belag:
800 g süße Aprikosen

Zum Bestreichen und Bestreuen:
50 g Mandeln
100 g Aprikosenkonfitüre

Kokos- oder Palmkernfett für das Backblech

- Backblech einfetten.
- Marzipanrohmasse **für die Creme** fein reiben.
- Für die Creme Mehl mit Salz klümpchenfrei in den kalten Reisdrink rühren, unter ständigem Rühren erwärmen, aufkochen lassen und wenige Minuten köcheln lassen. Marzipan und Vanille in die warme Creme rühren und unter Rühren abkühlen lassen.
- Nach Belieben Aprikosen **für den Belag** schälen: Hierzu die Häute kreuzweise einschneiden und die Früchte in heißem Wasser blanchieren, bis sich die Häu-

Obstkuchen und Strudel vom Blech

te an den Einschnitten etwas heben. Früchte kurz in kaltes Wasser tauchen. Die Häute lassen sich dann abziehen. Aprikosen halbieren und entkernen.
- Backofen auf 200 °C vorheizen.
- Mandeln **für den Teig** fein mahlen und mit dem Mehl mischen.
- Tofu cremig pürieren, mit einer Gabel fein zerdrücken oder durch ein Sieb streichen. Fünfzig Gramm Apfelsaft, Zitronensaft, Dicksaft und Öl in die Tofucreme rühren.
- Die Hälfte der Mehlmischung über die Tofucreme sieben und mit dem Rührlöffel oder den Knethacken des Handrührgerätes verrühren.
- Die restliche Mehlmischung mit Backpulver, Salz und Vanille mischen und mit den Händen rasch unter den Tofuteig kneten, bis der Teig eine glatte geschmeidige Konsistenz hat. Nach Bedarf restlichen Apfelsaft unterkneten. Zu einem Teigkloß formen.
- Teigkloß in die Mitte des Backbleches legen, etwas flachdrücken, so gut wie möglich ausrollen und mit den Händen an die Kanten und in die Ecken des Bleches drücken.
- Die Marzipancreme auf den Teig streichen und die Aprikosenhälften mit den Schnittflächen nach unten auf die Creme legen.
- Kuchen 30 bis 40 Minuten backen.
- Aus dem Ofen nehmen, kurz abdampfen lassen und auf einem Kuchengitter auskühlen lassen.
- Mandeln zum Bestreuen blättrig schneiden.
- Aprikosenkonfitüre erwärmen, glatt rühren und auf den noch heißen Kuchen streichen. Mit den Mandeln bestreuen.

Obstkuchen und Strudel vom Blech

Kirschkuchen mit Guss

Für den Hefeteig:
20 g frische Hefe
220 g lauwarmer Haferdrink
40 g Agavendicksaft (3 – 4 EL)
375 g Weizenvollkornmehl, fein gemahlen
40 g Sonnenblumenöl (2 ½ EL)
½ TL feines Meersalz
1 TL gemahlene Vanille

Für den Belag:
1,5 kg Kirschen
70 – 80 g feine Haferflocken

Für den Guss:
80 g Haselnüsse
300 g geschälte reife Banane
20 g Zitronensaft (2 EL)
300 g Haferdrink
50 – 100 g Agavendicksaft
100 g Sonnenblumenöl
200 g Weizenvollkornmehl, sehr fein gemahlen

Zum Bestreichen und Bestreuen:
80 g Haselnüsse
40 g Agavendicksaft (3 – 4 EL)

Kokos- oder Palmkernfett für das Backblech

- Backblech einfetten.
- Haselnüsse für den Guss und zum Bestreuen ohne Fett in einer Pfanne rösten, bis sie duften. Abkühlen lassen und fein hacken.
- Die Zutaten **für den Teig** sollten Raumtemperatur haben.
- In einer großen Rührschüssel die Hefe in etwas lauwarmem Haferdrink auflösen, mit dem restlichen Haferdrink, etwas Dicksaft und 100 Gramm Mehl zu einem Vorteig verrühren. Vorteig mit etwas Mehl bestäuben und mit einem Küchentuch bedeckt 20 bis 30 Minuten an einem warmen Ort gehen lassen.

58

- Restliches Mehl über den Vorteig sieben, restlichen Dicksaft, Öl, Salz und Vanille dazugeben und verrühren. Den Teig auf der Arbeitsfläche kräftig mit den Händen kneten, bis er nicht mehr klebrig ist und sich glatt und geschmeidig von der Arbeitsfläche löst.
- Teig zu einem Kloß formen und in der Schüssel mit einem Küchentuch bedeckt an einem warmen Ort etwa 30 Minuten gehen lassen, bis sich das Volumen verdoppelt hat und sich Poren an der Oberfläche zeigen.
- Kurz durchkneten, damit die Gase entweichen, und ein weiteres Mal etwa 30 Minuten gehen lassen.
- Abschließend nochmals kurz und kräftig durchkneten. Teig auf der bemehlten Arbeitsfläche ausrollen und auf das Backblech legen. Am Rand etwas hochdrücken.
- Kirschen **für den Belag** entsteinen und gut abtropfen lassen.
- Backofen auf 190 °C vorheizen.
- Bananen **für den Guss** mit einer Gabel fein zerdrücken und mit Zitronensaft, Haferdrink, Dicksaft nach Belieben und Öl cremig verrühren. Haselnüsse untermischen. Mehl esslöffelweise über die Creme sieben und klümpchenfrei verrühren.
- Teigplatte mehrmals mit einer Gabel einstechen und mit den Haferflocken bestreuen. Kirschen gleichmäßig auf der Teigplatte verteilen und den Guss über die Kirschen streichen.
- Kuchen 35 bis 45 Minuten backen.
- Aus dem Ofen nehmen, kurz abdampfen lassen und auf einem Kuchengitter auskühlen lassen. Den noch heißen Kuchen mit Dicksaft bestreichen und mit Haselnüssen bestreuen.

Obstkuchen und Strudel vom Blech

Heidelbeerkuchen

Für den Hefeteig:
20 g frische Hefe
300 g lauwarmer Haferdrink
50 g Ahornsirup
500 g Weizenvollkornmehl, fein gemahlen
80 g Sonnenblumenöl
½ TL feines Meersalz
1 TL gemahlener Zimt

Für den Belag:
1,5 kg Heidelbeeren
100 g Sonnenblumenöl
60 g Vollkornsemmelbrösel
100 g Vollrohrzucker, fein gemahlen und gesiebt
1 TL gemahlener Zimt

Kokos- oder Palmkernfett für das Backblech

- Backblech einfetten.
- Die Zutaten **für den Teig** sollten Raumtemperatur haben.
- In einer großen Rührschüssel die Hefe in etwas lauwarmem Haferdrink auflösen, mit dem restlichen Haferdrink, etwas Sirup und 125 Gramm Mehl zu einem Vorteig verrühren. Vorteig mit etwas Mehl bestäuben und mit einem Küchentuch bedeckt 20 bis 30 Minuten an einem warmen Ort gehen lassen.
- Restliches Mehl über den Vorteig sieben, restlichen Sirup, Öl, Salz und Zimt dazugeben und verrühren. Den Teig auf der Arbeitsfläche kräftig mit den Händen kneten, bis er nicht mehr klebrig ist und sich glatt und geschmeidig von der Arbeitsfläche löst.
- Teig zu einem Kloß formen und in der Schüssel mit einem Küchentuch bedeckt an einem warmen Ort etwa 30 Minuten gehen lassen, bis sich das Volumen verdoppelt hat und sich Poren an der Oberfläche zeigen.
- Kurz durchkneten, damit die Gase entweichen, und ein weiteres Mal etwa 30 Minuten gehen lassen.
- Abschließend nochmals kurz und kräftig durchkneten. Teig auf der bemehlten Arbeitsfläche ausrollen und auf das Backblech legen. Am Rand etwas hochdrücken.
- Backofen auf 200 °C vorheizen.

Obstkuchen und Strudel vom Blech

- Heidelbeeren **für den Belag** verlesen, vorsichtig waschen, abtropfen lassen und mit einem weichen Papiertuch trockentupfen.
- Hefeteig mit drei Esslöffel Öl einpinseln, mehrmals mit einer Gabel einstechen und die Hälfte der Brösel auf den Teig streuen. Heidelbeeren auf den Bröseln verteilen.
- Restliche Brösel und restliches Öl über die Beeren geben.
- Kuchen vor dem Backen noch etwas ruhen lassen.
- Kuchen 25 bis 30 Minuten backen.
- Aus dem Ofen nehmen, kurz abdampfen lassen und auf ein Kuchengitter legen. Zucker und Zimt mischen und etwas von dieser Mischung über die heißen Beeren sieben. Restlichen Zimtzucker über den abgekühlten Kuchen sieben.

Obstkuchen zuckern
Wenn Sie Obstkuchen mit saftigen Früchten wie Kirschen, Zwetschgen, Heidelbeeren oder Erdbeeren nach dem Backen zuckern möchten, stäuben Sie den Hauptteil des vorgesehenen Zuckers am besten **auf das abgekühlte Obst.** Solange der Kuchen noch heiß ist, sollten Sie ihn höchstens hauchdünn zuckern, weil Zucker heißen Früchten vermehrt den Saft entzieht und Ihr Kuchen dadurch zu weich werden könnte. Abgekühlten Früchten dagegen wird Zucker kaum noch Saft entziehen.

Obstkuchen und Strudel vom Blech

Zwetschgendatschi

Für den Hefeteig:
20 g frische Hefe
300 g lauwarmer Haferdrink
100 g Vollrohrzucker, fein gemahlen und gesiebt
500 g Weizenvollkornmehl, fein gemahlen
80 g Sonnenblumenöl
½ TL feines Meersalz
½ TL gemahlene Vanille

Für den Belag:
2 kg Zwetschgen

Zum Bestreuen:
100 g Vollrohrzucker, fein gemahlen und gesiebt
1 TL gemahlener Zimt

Kokos- oder Palmkernfett für das Backblech

- Backblech einfetten.
- Die Zutaten **für den Teig** sollten Raumtemperatur haben.
- In einer großen Rührschüssel die Hefe in etwas lauwarmem Haferdrink auflösen, mit dem restlichen Haferdrink, etwas Zucker und 125 Gramm Mehl zu einem Vorteig verrühren. Vorteig mit etwas Mehl bestäuben und mit einem Küchentuch bedeckt 20 bis 30 Minuten an einem warmen Ort gehen lassen.
- Restliches Mehl und restlichen Zucker über den Vorteig sieben, Öl, Salz und Vanille dazugeben und verrühren. Den Teig auf der Arbeitsfläche kräftig mit den Händen kneten, bis er nicht mehr klebrig ist und sich glatt und geschmeidig von der Arbeitsfläche löst.
- Teig zu einem Kloß formen und in der Schüssel mit einem Küchentuch bedeckt an einem warmen Ort etwa 30 Minuten gehen lassen, bis sich das Volumen verdoppelt hat und sich Poren an der Oberfläche zeigen.
- Kurz durchkneten, damit die Gase entweichen, und ein weiteres Mal etwa 30 Minuten gehen lassen.
- Abschließend nochmals kurz und kräftig durchkneten. Teig auf der bemehlten Arbeitsfläche ausrollen und auf das Backblech legen. Am Rand etwas hochdrücken.
- Backofen auf 190 °C vorheizen.

- Zwetschgen **für den Belag** der Länge nach aufschlitzen und entsteinen. Jeweils eine Frucht aufklappen und die beiden Hälften jeweils oben und unten etwas einschneiden oder längs einritzen, damit sie sich flach ausbreiten lassen.
- Teigplatte mehrmals mit einer Gabel einstechen. Am oberen Blechrand beginnend eine Reihe Zwetschgen auf den Teig legen. Die Früchte liegen dicht beieinander mit den Schnittflächen nach oben. Die nächste Reihe Zwetschgen dachziegelartig über die erste Reihe legen, sodass die erste Reihe etwas unter der zweiten Reihe verschwindet. So fortfahrend den Teig mit den Zwetschgen belegen.
- Kuchen vor dem Backen einige Minuten ruhen lassen.
- Kuchen etwa 30 Minuten backen.
- Aus dem Ofen nehmen, kurz abdampfen lassen und auf ein Kuchengitter legen. Zucker und Zimt mischen und etwas von dieser Mischung über das heiße Obst sieben. Restlichen Zimtzucker über den abgekühlten Kuchen sieben.

Obstkuchen und Strudel vom Blech

Erdbeeren im Schnee

Für den Hefeteig:
20 g frische Hefe
240 g lauwarmer Reisdrink
40 g Agavendicksaft (3 – 4 EL)
400 g Dinkelvollkornmehl, fein gemahlen
30 g Sonnenblumenöl (2 EL)
¼ TL feines Meersalz
½ TL abgeriebene Zitronenschale

Für den Belag:
1 kg Erdbeeren

Für den Schnee:
100 g Kokosnuss
500 g geschälte reife Banane
30 g Zitronensaft (3 EL)
350 g dickflüssige Kokoscreme oder Kokosmilch (siehe Seite 22)
1 TL gemahlene Vanille
Agavendicksaft nach Belieben
gegebenenfalls Reisdrink

Kokos- oder Palmkernfett für das Backblech

- Backblech einfetten.
- Die Zutaten **für den Teig** sollten Raumtemperatur haben.
- In einer großen Rührschüssel die Hefe in etwas lauwarmem Reisdrink auflösen, mit dem restlichen Reisdrink, etwas Dicksaft und 100 Gramm Mehl zu einem Vorteig verrühren. Vorteig mit etwas Mehl bestäuben und mit einem Küchentuch bedeckt 20 bis 30 Minuten an einem warmen Ort gehen lassen.
- Restliches Mehl über den Vorteig sieben, restlichen Dicksaft, Öl, Salz und Zitronenschale dazugeben und verrühren. Den Teig auf der Arbeitsfläche kräftig mit den Händen kneten, bis er nicht mehr klebrig ist und sich glatt und geschmeidig von der Arbeitsfläche löst.
- Teig zu einem Kloß formen und in der Schüssel mit einem Küchentuch bedeckt an einem warmen Ort etwa 30 Minuten gehen lassen, bis sich das Volumen verdoppelt hat und sich Poren an der Oberfläche zeigen.

Obstkuchen und Strudel vom Blech

- Kurz durchkneten, damit die Gase entweichen, und ein weiteres Mal etwa 30 Minuten gehen lassen.
- Abschließend nochmals kurz und kräftig durchkneten. Teig auf der bemehlten Arbeitsfläche ausrollen und auf das Backblech legen. Am Rand etwas hochdrücken.
- Erdbeeren **für den Belag** putzen und vierteln.
- Kokosnuss **für den Schnee** fein raspeln.
- Bananen mit einer Gabel fein zerdrücken oder pürieren.
- Zitronensaft und Kokoscreme oder Kokosmilch zum Bananenmus geben und cremig verrühren. Vanille und Kokosnuss unterrühren. Nach Belieben süßen. Sollte die Masse sehr zäh und wenig streichfähig sein, etwas Reisdrink untermischen.
- Backofen auf 190 °C vorheizen.
- Hefeteig mehrmals mit einer Gabel einstechen. Bananen-Kokos-Creme auf den Hefeteig streichen und dicht mit den Erdbeeren belegen.
- Kuchen vor dem Backen einige Minuten ruhen lassen.
- Kuchen etwa 30 Minuten backen.
- Aus dem Ofen nehmen, kurz abdampfen lassen und auf einem Kuchengitter abkühlen lassen.

Kokosnusscreme
Neben dickflüssiger Kokoscreme oder Kokosmilch eignet sich auch **feste Kokosnusscreme** zum Backen. Kokosnusscreme ist ein Extrakt des weißen Inneren der Kokosnuss. Zur Herstellung versetzt man frisch geraspelte Kokosnuss mit reinem Wasser oder Kokoswasser, reibt es im Mörser cremig oder püriert es und erwärmt es gegebenenfalls anschließend unter Rühren. Lässt man die Mischung danach einige Zeit ruhen, setzt sich auf der Oberfläche die feine Kokosnusscreme ab. Sie besteht hauptsächlich aus den fein verteilten Ölen der Kokosnuss sowie kleinsten Nusspartikeln und schmeckt intensiv nach Kokos.
Kokosnusscreme ist in Form fester weißer Blöcke auch unter der Bezeichnung *Creamed Coconut* erhältlich. Wenig Wärme reicht aus, damit die Kokosnusscreme weich wird. Für eine flüssigere Creme oder Kokosmilch rühren Sie die weiche Creme mit etwas warmem Wasser oder Kokoswasser an.

Obstkuchen und Strudel vom Blech

Rhabarberkuchen mit Vanillecreme

Für den Mürbeteig:
400 g Weizenvollkornmehl, sehr fein gemahlen
½ TL Weinsteinbackpulver
70 g Vollrohrzucker, fein gemahlen und gesiebt
½ TL feines Meersalz
150 g kaltes Kokosfett oder Palmöl (oder kaltes Sonnenblumenöl)
20 g Zitronensaft (2 EL)
60 – 100 g kaltes Wasser

Für den Belag:
2 kg Rhabarber
700 g Äpfel
150 g Vollrohrzucker, fein gemahlen und gesiebt
1 TL gemahlener Zimt
125 g Wasser
30 g Vollkornsemmelbrösel (4 EL)

Für den Guss:
roter Traubensaft
2 TL Agar-Agar

Für die Creme:
150 g Hirsevollkornmehl, sehr fein gemahlen, oder Hirseflocken
¼ TL feines Meersalz
500 g Haferdrink
1 ½ TL gemahlene Vanille
Ahornsirup nach Belieben
gegebenenfalls Hafersahne (siehe Seite 133)

Kokos- oder Palmkernfett für das Backblech

- Backblech einfetten.
- Die Zutaten **für den Mürbeteig** sollten gut gekühlt sein.
- Mehl mit Backpulver mischen und auf das Backbrett oder in eine weite Rührschüssel sieben. Zucker und Salz mit einer Gabel unter das Mehl mengen.
- Das gekühlte Kokosfett oder Palmöl grob reiben oder zerkrümeln und über das Mehl geben. Bei Sonnenblumenöl dieses über das Mehl träufeln. Mehl und Fett

Obstkuchen und Strudel vom Blech

mit einer Teigkarte zu einer krümeligen Masse hacken oder mit einer Gabel rasch zu feinen Krümeln verreiben. Zitronensaft und nach Bedarf teelöffelweise Wasser zu den Krümeln geben und möglichst rasch zu einem festen geschmeidigen Teig verarbeiten. Dabei nicht kneten. Der Teig darf nicht klebrig sein, deshalb nicht zu viel Flüssigkeit zugeben.

- Teig zu einem flachen Kloß formen und luftdicht in Backpapier gewickelt mindestens eine halbe Stunde in den Kühlschrank legen.
- **Für den Belag** den Rhabarber putzen und in zwei Zentimeter große Stücke schneiden.
- Äpfel vierteln, entkernen und feinblättrig schneiden.
- Das Obst in einem großen Topf mit Zucker und Gewürzen mischen. Das Wasser in den Topf geben, zum Kochen bringen und das Obst im geschlossenen Topf etwa fünf Minuten dünsten.
- Gedünstetes Obst durch ein Sieb abgießen, sehr gut abtropfen lassen, Saft auffangen.
- Backofen auf 200 °C vorheizen.
- Gekühlten Mürbeteig auf dem Backbrett zwischen zwei Lagen Backpapier auf Blechgröße ausrollen. Auf ein zweites Backblech ziehen. Obere Papierlage abziehen. Das gefettete Backblech über die Teigplatte stülpen und zusammen mit dem unteren Backblech umdrehen. Der Teig liegt jetzt auf dem gefetteten Blech. Für das Transferieren der Teigplatte auf das Backblech eignet sich auch ein großes Küchentuch, das man statt des zweiten Backbleches nach dem Ausrollen unter den Teig zieht – dann fortfahren wie bei Verwendung des zweiten Backbleches.
- Papier abziehen und den Teig am Blechrand etwas hochdrücken.
- Teigplatte mit einer Gabel mehrmals einstechen und fünf bis sieben Minuten im Ofen vorbacken, dann mit den Bröseln bestreuen.
- Das Obst auf den Bröseln verstreichen und den Kuchen 30 bis 40 Minuten fertig backen. Aus dem Ofen nehmen und auf einem Kuchengitter auskühlen lassen.
- **Für den Guss** den aufgefangenen Obstsaft mit dem roten Traubensaft auf einen halben Liter auffüllen und in einen Topf geben. In einem Schälchen Agar-Agar mit etwas Saft anrühren, in den restlichen Saft rühren und zum Kochen bringen. Den Saft etwa zwei Minuten sprudelnd kochen lassen, vom Feuer nehmen und etwas abkühlen lassen.
- Den noch lauwarmen, leicht eingedickten Guss mit einem kleinen Schöpflöffel dünn von der Mitte aus auf dem abgekühlten Kuchen verstreichen.
- **Für die Creme** das Mehl oder die Flocken mit dem Salz klümpchenfrei in den kalten Haferdrink rühren und unter Rühren erwärmen. Aufkochen lassen und

etwa zwei Minuten köcheln lassen. Dabei ständig rühren. Vanille und nach Belieben Sirup in die Masse rühren und nachquellen lassen.
- Die Konsistenz der Creme sollte puddingartig fest, aber spritzfähig sein. In zu feste Creme etwas Hafersahne rühren.
- Creme in einen Spritzbeutel mit großer Sterntülle füllen und ein schräg laufendes Gitter auf den Kuchen spritzen.

Variante: Vanillecreme mit Tofu

450 g Tofu, gut abgetropft
1 EL Sonnenblumenöl
2 TL Zitronensaft
150 g Vollrohrzucker, fein gemahlen und gesiebt
¼ TL feines Meersalz
½ TL gemahlener Zimt
2 TL gemahlene Vanille
100 g Mandelmus

- Tofu cremig pürieren, mit einer Gabel fein zerdrücken oder durch ein Sieb streichen. Öl und Zitronensaft unterrühren. Zucker, Salz und Gewürze geschmeidig in die Tofucreme rühren. So lange rühren, bis der Zucker gelöst ist und eine gleichmäßige Konsistenz erreicht ist.
- Mandelmus untermischen.
- Creme in den Kühlschrank stellen, bis sie puddingartig fest, aber spritzfähig ist.
- Tofucreme wie die Hirse-Hafer-Creme verwenden.

Obstkuchen in runder Backform

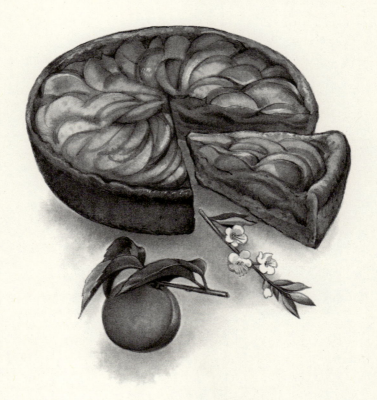

Glasierter Apfelkuchen

Für den Mürbeteig:
200 g Weizenvollkornmehl, sehr fein gemahlen
¼ TL Weinsteinbackpulver
40 g Vollrohrzucker, fein gemahlen und gesiebt (3 ½ EL)
¼ TL feines Meersalz
80 g kaltes Kokosfett oder Palmöl (oder kaltes Sonnenblumenöl)
10 g Zitronensaft (1 EL)
30 – 50 g kalter Apfelsaft oder kaltes Wasser (3 – 5 EL)

Für den Belag:
150 g Seidentofu, gut abgetropft
40 g Ahornsirup (2 ½ EL)
½ TL gemahlene Vanille
etwas Apfelsaft nach Bedarf
800 g Äpfel
20 g Zitronensaft (2 EL)
10 –20 g Sonnenblumenöl (1 EL)

Zum Bestreichen und Bestreuen:
30 g Mandeln
60 g Aprikosenkonfitüre

Kokos- oder Palmkernfett für die Springform (26 cm Durchmesser)
Trockenerbsen zum Blindbacken

- Boden und Ring einer Springform einfetten.
- Die Zutaten **für den Mürbeteig** sollten gut gekühlt sein.
- Mehl mit Backpulver mischen und auf das Backbrett oder in eine weite Rühr-schüssel sieben. Zucker und Salz mit einer Gabel unter das Mehl mengen. Das gekühlte Kokosfett oder Palmöl grob reiben oder zerkrümeln und über das Mehl geben. Bei Sonnenblumenöl dieses über das Mehl träufeln. Mehl und Fett mit einer Teigkarte zu einer krümeligen Masse hacken oder mit einer Gabel rasch zu feinen Krümeln verreiben.
- Zitronensaft und nach Bedarf teelöffelweise Apfelsaft oder Wasser zu den Krü-meln geben und möglichst rasch zu einem festen geschmeidigen Teig verarbei-ten. Dabei nicht kneten. Der Teig darf nicht klebrig sein, deshalb nicht zu viel Flüssigkeit zugeben.

Obstkuchen in runder Backform

- Teig zu einem flachen Kloß formen und zwischen zwei Lagen Backpapier zu einem Kreis von 30 Zentimeter Durchmesser ausrollen. Obere Papierlage abziehen. Teigplatte mit der unbedeckten Seite nach unten auf den Springformboden legen, Springformring um den Boden legen und festziehen. Dabei den überstehenden Teig möglichst wenig beschädigen und als Rand zwei Zentimeter hoch an die Innenseite des Springformringes drücken. Form mindestens eine halbe Stunde in den Kühlschrank stellen.
- Backofen auf 190 °C vorheizen.
- **Für den Belag** Seidentofu mit einer Gabel fein zerdrücken. Tofu mit Sirup, Vanille und nach Bedarf etwas Apfelsaft geschmeidig rühren.
- Äpfel vierteln und entkernen. Apfelviertel in dünne Spalten schneiden und mit dem Zitronensaft mischen.
- Papier vom Mürbeteig abziehen. Teig mehrmals mit einer Gabel einstechen und wieder mit Backpapier belegen. Trockenerbsen auf den bedeckten Mürbeteig füllen und den Teig zehn Minuten vorbacken. Trockenerbsen und Backpapier entfernen und den unbedeckten Teig nochmals etwa fünf Minuten backen. Aus dem Ofen nehmen.
- Tofucreme auf dem vorgebackenen Mürbeteig verstreichen und die Apfelspalten kreisförmig und schuppig übereinanderliegend auf der Creme anordnen. Öl über die Apfelspalten träufeln.
- Kuchen 20 bis 30 Minuten backen. Aus dem Ofen nehmen, zwei Minuten abdampfen lassen und vorsichtig aus der Form lösen.
- Mandeln zum Bestreuen blättrig schneiden.
- Aprikosenkonfitüre erwärmen, glatt rühren und die noch warme Apfelfüllung damit bestreichen. Mit den Mandeln verzieren.

Obstkuchen in runder Backform

Zwetschgenkuchen mit Streuseln

Für den Mürbeteig:
50 g Mandeln
200 g Weizenvollkornmehl, sehr fein gemahlen
¼ TL Weinsteinbackpulver
40 g Vollrohrzucker, fein gemahlen und gesiebt (3 ½ EL)
¼ TL feines Meersalz
½ TL gemahlene Vanille
1 TL abgeriebene Zitronenschale
90 g kaltes Kokosfett oder Palmöl (oder kaltes Sonnenblumenöl)
10 g Zitronensaft (1 EL)
40 – 70 g kalter Zwetschgensaft oder kaltes Wasser (4 – 7 EL)

Für den Belag:
50 g Mandeln
600 g Zwetschgen
100 g Marzipanrohmasse
etwas Rosenwasser oder Wasser

Für die Streusel:
150 g Weizenvollkornmehl, fein gemahlen
100 g Vollrohrzucker, fein gemahlen und gesiebt
½ TL gemahlene Vanille
½ TL gemahlener Zimt
85 g Sonnenblumenöl

Kokos- oder Palmkernfett für die Springform (26 cm Durchmesser)

- Boden und Ring einer Springform einfetten.
- Mandeln für Mürbeteig und Belag fein mahlen.
- Die Zutaten **für den Mürbeteig** sollten gut gekühlt sein.
- Mehl mit Mandeln für den Teig und Backpulver mischen und auf das Backbrett oder in eine weite Rührschüssel sieben. Zucker, Salz und Gewürze mit einer Gabel unter das Mehl mengen. Das gekühlte Kokosfett oder Palmöl grob reiben oder zerkrümeln und über das Mehl geben. Bei Sonnenblumenöl dieses über das Mehl träufeln. Mehl und Fett mit einer Teigkarte zu einer krümeligen Masse hacken oder mit einer Gabel rasch zu feinen Krümeln verreiben. Zitronensaft und nach Bedarf teelöffelweise Saft oder Wasser zu den Krümeln geben und

Obstkuchen in runder Backform

möglichst rasch zu einem festen geschmeidigen Teig verarbeiten. Dabei nicht kneten. Der Teig darf nicht klebrig sein, deshalb nicht zu viel Flüssigkeit zugeben.

- Teig zu einem flachen Kloß formen und zwischen zwei Lagen Backpapier zu einem Kreis von 30 Zentimeter Durchmesser ausrollen. Obere Papierlage abziehen. Teigplatte mit der unbedeckten Seite nach unten auf den Springformboden legen, Springformring um den Boden legen und festziehen. Dabei den überstehenden Teig möglichst wenig beschädigen und als Rand zwei Zentimeter hoch an die Innenseite des Springformringes drücken. Form mindestens eine halbe Stunde in den Kühlschrank stellen.
- Zwetschgen **für den Belag** der Länge nach aufschlitzen und entsteinen. Jeweils eine Frucht aufklappen und die beiden Hälften jeweils oben und unten etwas einschneiden oder längs einritzen, damit sie sich flach ausbreiten lassen.
- Marzipanrohmasse mit sehr wenig Rosenwasser oder Wasser geschmeidig kneten und zwischen zwei Lagen Wachs- oder Backpapier zu einer Platte von 26 Zentimeter Durchmesser dünn ausrollen.
- **Für die Streusel** Mehl, Zucker und Gewürze in eine Schüssel sieben, das Öl über die Mischung träufeln und alles mit den Fingern zu Streuseln verkneten. Streusel bis zur Verwendung in den Kühlschrank stellen.
- Backofen auf 190 °C vorheizen.
- Papier vom Mürbeteig abziehen. Marzipanplatte auf den Mürbeteig legen, mehrmals mit einer Gabel einstechen und mit den Mandeln bestreuen. Zwetschgen kreisförmig und dachziegelartig übereinanderliegend in der Form anordnen, dabei am Rand beginnen, die Schnittflächen zeigen nach oben.
- Streusel über dem Obst verteilen.
- Kuchen 35 bis 45 Minuten backen.
- Aus dem Ofen nehmen, zwei Minuten abdampfen lassen, vorsichtig aus der Form lösen und auf einem Kuchengitter abkühlen lassen.

Obstkuchen

Für den Mürbeteig:
200 g Weizenvollkornmehl, sehr fein gemahlen
¼ TL Weinsteinbackpulver
30 g Vollrohrzucker, fein gemahlen und gesiebt (2 ½ EL)
¼ TL feines Meersalz
½ TL gemahlene Vanille
80 g kaltes Kokosfett, Kokosöl oder Palmöl (oder kaltes Sonnenblumenöl)
30 – 60 g kalter Apfelsaft oder kaltes Wasser (3 – 6 EL)
10 g Zitronensaft (1 EL)

Für den Belag:
30 g Haselnüsse
2 Pfirsiche
200 g Brombeeren oder Himbeeren
100 g Heidelbeeren
  oder anderes Obst der Jahreszeit

Für den Guss:
1 TL Agar-Agar
250 g Apfelsaft

Kokos- oder Palmkernfett für die Obstkuchenform
  (Pieform, 26 cm oder 28 cm Durchmesser)

- Obstkuchenform einfetten.
- Die Zutaten **für den Mürbeteig** sollten gut gekühlt sein.
- Mehl mit dem Backpulver mischen und auf das Backbrett oder in eine weite Rührschüssel sieben. Zucker, Salz und Vanille mit einer Gabel unter das Mehl mengen. Das gekühlte Kokosfett, Kokosöl oder Palmöl grob reiben oder zerkrümeln und über das Mehl geben. Bei Sonnenblumenöl dieses über das Mehl träufeln. Mehl und Fett mit einer Teigkarte zu einer krümeligen Masse hacken oder mit einer Gabel rasch zu feinen Krümeln verreiben. Zitronensaft und nach Bedarf teelöffelweise Saft oder Wasser zu den Krümeln geben und möglichst rasch zu einem festen geschmeidigen Teig verarbeiten. Dabei nicht kneten. Der Teig darf nicht klebrig sein, deshalb nicht zu viel Flüssigkeit zugeben.
- Teig zu einem flachen Kloß formen und zwischen zwei Lagen Backpapier zu einem Kreis von 30 bis 32 Zentimeter Durchmesser ausrollen. Obere Papier-

lage abziehen. Teigplatte mit der unbedeckten Seite nach unten in die Obstkuchenform legen. Dabei den überstehenden Teig möglichst wenig beschädigen und als Rand an die Innenseite des Formrandes drücken. Form mindestens eine halbe Stunde in den Kühlschrank stellen.
- Backofen auf 180 °C vorheizen.
- Papier vom Mürbeteig abziehen und Teig mehrmals mit einer Gabel einstechen.
- Kuchen etwa 15 Minuten goldbraun backen. Nicht zu braun werden lassen, der Kuchen schmeckt sonst leicht bitter.
- Aus dem Ofen nehmen, vorsichtig aus der Form lösen und auf einem Kuchengitter abkühlen lassen.
- Haselnüsse **für den Belag** fein mahlen.
- Pfirsiche halbieren, entsteinen und in schmale Spalten schneiden.
- Beerenobst verlesen, Heidelbeeren und Brombeeren gegebenenfalls vorsichtig waschen, abtropfen lassen und mit einem weichen Papiertuch trockentupfen. Empfindliche Himbeeren möglichst nicht waschen.
- Haselnüsse auf den abgekühlten Kuchen streuen und kreisförmig mit Pfirsichspalten, schuppig übereinanderliegend, belegen. Beerenobst auf den Pfirsichspalten verteilen.
- **Für den Guss** Agar-Agar mit etwas Apfelsaft anrühren, in den restlichen Saft rühren und zum Kochen bringen. Den Saft etwa zwei Minuten sprudelnd kochen lassen, vom Feuer nehmen und etwas abkühlen lassen. Den noch warmen, leicht eingedickten Guss mit einer kleinen Schöpfkelle von der Mitte aus dünn auf dem Kuchen verteilen.

Brösel für knusprigen Mürbeteig
Ein gebackener Mürbeteig, den Sie mit frischem oder gedünstetem Obst belegen oder mit einer Creme füllen möchten, **bleibt schön fest,** wenn Sie ihn vor dem Belegen oder Füllen mit gemahlenen Mandeln oder Nüssen, mit Kokosraspeln oder Vollkornbröseln bestreuen. Nussmehl und Brösel saugen einen Teil der Obst- oder Cremeflüssigkeit auf und der Teig weicht nicht durch. Das empfiehlt sich vor allem für sehr saftiges Obst wie Rhabarberkompott. Auch trockene fein geriebene Kuchenbrösel eignen sich hervorragend zum Bestreuen eines Mürbeteiges.

Obstkuchen in runder Backform

Brombeeren im Puddingbett

Für den Mürbeteig:
100 g Mandeln
100 g Weizenvollkornmehl, sehr fein gemahlen
¼ TL Weinsteinbackpulver
30 g Vollrohrzucker, fein gemahlen und gesiebt (2 ½ EL)
¼ TL feines Meersalz
½ TL gemahlene Vanille
¼ TL gemahlener Anis
80 g kaltes Kokosfett, Kokosöl oder Palmöl (oder kaltes Sonnenblumenöl)
10 g Zitronensaft (1 EL)
30 – 60 g kalter Haferdrink (3 – 6 EL)

Für den Pudding:
150 g Hirsevollkornmehl, sehr fein gemahlen, oder Hirseflocken
¼ TL feines Meersalz
500 g Haferdrink
50 g Ahornsirup
1 TL gemahlene Vanille

Für den Belag:
750 g Brombeeren

Für den Guss:
1 TL Agar-Agar
250 g Brombeersaft oder ein anderer herber dunkler Beerensaft
30 g Agavendicksaft (2 EL)

Kokos- oder Palmkernfett für die Obstkuchenform
(Pieform, 26 cm oder 28 cm Durchmesser)

- Obstkuchenform einfetten.
- Mandeln **für den Teig** fein mahlen.
- Die Zutaten für den Mürbeteig sollten gut gekühlt sein.
- Mehl mit Mandeln und Backpulver mischen und auf das Backbrett oder in eine weite Rührschüssel sieben. Zucker, Salz und Gewürze mit einer Gabel unter das Mehl mengen. Das gekühlte Kokosfett, Kokosöl oder Palmöl grob reiben oder zerkrümeln und über das Mehl geben. Bei Sonnenblumenöl dieses über

Obstkuchen in runder Backform

das Mehl träufeln. Mehl und Fett mit einer Teigkarte zu einer krümeligen Masse hacken oder mit einer Gabel rasch zu feinen Krümeln verreiben. Zitronensaft und nach Bedarf teelöffelweise Haferdrink zu den Krümeln geben und möglichst rasch zu einem festen geschmeidigen Teig verarbeiten. Dabei nicht kneten. Der Teig darf nicht klebrig sein, deshalb nicht zu viel Flüssigkeit zugeben.

- Teig zu einem flachen Kloß formen und zwischen zwei Lagen Backpapier zu einem Kreis von 30 bis 32 Zentimeter Durchmesser ausrollen. Obere Papierlage abziehen. Teigplatte mit der unbedeckten Seite nach unten in die Obstkuchenform legen. Dabei den überstehenden Teig möglichst wenig beschädigen und als Rand an die Innenseite des Formrandes drücken. Form mindestens eine halbe Stunde in den Kühlschrank stellen.
- Backofen auf 180 °C vorheizen.
- Papier vom Mürbeteig abziehen und Teig mehrmals mit einer Gabel einstechen.
- Kuchen etwa 15 Minuten goldbraun backen. Nicht zu braun werden lassen, der Kuchen schmeckt sonst leicht bitter.
- Aus dem Ofen nehmen, vorsichtig aus der Form lösen und auf einem Kuchengitter abkühlen lassen.
- **Für den Pudding** Mehl mit Salz klümpchenfrei in den kalten Haferdrink rühren und unter Rühren erwärmen. Aufkochen lassen und drei bis fünf Minuten köcheln lassen. Dabei umrühren.
- Sirup und Vanille in die warme Masse rühren, kurz nachquellen lassen und noch warm auf den Kuchenboden streichen.
- Brombeeren verlesen. Nur wenn sie offensichtlich schmutzig sind, vorsichtig waschen und trockentupfen.
- Brombeeren dicht nebeneinander in das Puddingbett drücken.
- **Für den Guss** Agar-Agar mit etwas Saft anrühren, mit dem Dicksaft in den restlichen Saft rühren und zum Kochen bringen. Den Saft etwa zwei Minuten sprudelnd kochen lassen, vom Feuer nehmen und etwas abkühlen lassen. Den noch warmen, leicht eingedickten Guss mit einer kleinen Schöpfkelle von der Mitte aus dünn auf dem Kuchen verstreichen.

Pfirsichtarte

Für den Rührknetteig:
100 g Tofu, gut abgetropft
80 g Sonnenblumenöl
30 g Agavendicksaft (2 EL)
50 g Apfelsaft
10 g Zitronensaft (1 EL)
¼ TL feines Meersalz
½ TL gemahlener Zimt
200 g Weizenvollkornmehl, fein gemahlen
2 TL Weinsteinbackpulver

Für den Belag:
900 g Pfirsiche
20 – 30 g Zitronensaft (2 – 3 EL)
1 TL gemahlene Vanille

Für die Glasur:
80 g Quittengelee oder Aprikosenkonfitüre

Kokos- oder Palmkernfett für die Springform (26 cm Durchmesser)

- Ring und Boden einer Springform einfetten.
- **Für den Teig** Tofu cremig pürieren, fein mit einer Gabel zerdrücken oder durch ein Sieb streichen.
- Tofu mit Öl, Dicksaft und Säften geschmeidig rühren. Salz und Zimt unterrühren.
- Die Hälfte des Mehls über die Tofucreme sieben und mit dem Rührlöffel oder den Knethacken des Handrührgerätes verrühren.
- Das restliche Mehl mit dem Backpulver mischen, über den Tofuteig sieben und rasch mit den Händen unterkneten, bis der Teig eine glatte weiche Konsistenz hat. Zu einem flachen Teigkloß formen.
- Teigkloß in die Mitte der Backform legen, etwas flachdrücken, so gut wie möglich ausrollen und mit den Händen an den Rand der Form drücken.
- Form mindestens eine halbe Stunde in den Kühlschrank stellen.
- **Für den Belag** Pfirsiche kreuzweise einschneiden und in heißem Wasser blanchieren, bis sich die Häute an den Einschnitten heben. Pfirsiche kurz in kaltes Wasser tauchen, schälen, entsteinen und vierteln.

- Backofen auf 190 °C vorheizen.
- Pfirsichviertel quer in schmale Scheibchen schneiden und vorsichtig mit Zitronensaft mischen. Dabei die Scheibchen möglichst wenig beschädigen.
- Pfirsichscheibchen wie Sonnenstrahlen auf den gekühlten Kuchenboden legen und mit Vanille bestäuben.
- Kuchen 25 bis 35 Minuten backen.
- Aus dem Ofen nehmen und vorsichtig aus der Form lösen.
- Quittengelee oder Aprikosenkonfitüre erwärmen, glatt rühren und auf den noch heißen Pfirsichbelag pinseln. Kuchen auf einem Kuchengitter abkühlen lassen.

Obstkuchen in runder Backform

Tarte mit ganzen Mandeln

Für den Mürbeteig:
100 g Mandeln
150 g Weizenvollkornmehl, sehr fein gemahlen
¼ TL Weinsteinbackpulver
50 g Vollrohrzucker, fein gemahlen und gesiebt
¼ TL feines Meersalz
1 TL gemahlene Vanille
90 g kaltes Kokosfett, Kokosöl oder Palmöl (oder kaltes Sonnenblumenöl)
10 g Zitronensaft (1 EL)
50 – 80 g kaltes Rosenwasser oder Wasser

Für den Belag:
350 – 450 g Mandeln (je nach Größe der Mandeln)
100 g Ahornsirup
30 g Zitronensaft (3 EL)
½ TL gemahlener Zimt

Kokos- oder Palmkernfett für die Obstkuchenform
  (Pieform, 26 cm Durchmesser)

- Obstkuchenform einfetten.
- Mandeln **für den Teig** sehr fein mahlen.
- Die Zutaten für den Mürbeteig sollten gut gekühlt sein.
- Mehl mit Mandeln und Backpulver mischen und auf das Backbrett oder in eine weite Rührschüssel sieben. Zucker, Salz und Vanille mit einer Gabel unter das Mehl mengen. Das gekühlte Kokosfett, Kokosöl oder Palmöl grob reiben oder zerkrümeln und über das Mehl geben. Bei Sonnenblumenöl dieses über das Mehl träufeln. Mehl und Fett mit einer Teigkarte zu einer krümeligen Masse hacken oder mit einer Gabel rasch zu feinen Krümeln verreiben. Zitronensaft und nach Bedarf teelöffelweise Rosenwasser oder Wasser zu den Krümeln geben und möglichst rasch zu einem festen geschmeidigen Teig verarbeiten. Dabei nicht kneten. Der Teig darf nicht klebrig sein, deshalb nicht zu viel Flüssigkeit zugeben.
- Teig zu einem flachen Kloß formen und zwischen zwei Lagen Backpapier zu einem Kreis von etwa 28 Zentimeter Durchmesser ausrollen. Obere Papierlage abziehen. Teigplatte mit der unbedeckten Seite nach unten in die Obstkuchenform legen. Dabei den überstehenden Teig möglichst wenig beschädigen und

- als Rand an die Innenseite des Formrandes drücken. Form mindestens eine halbe Stunde in den Kühlschrank stellen.
- Hundert Gramm der Mandeln **für den Belag** fein mahlen.
- Die restlichen Mandeln in heißem Wasser blanchieren, bis sich die Häute lösen lassen. Mandeln abziehen und trockenreiben.
- Ahornsirup in einem Topf erwärmen. Zitronensaft, Mandelmehl und Zimt unterrühren und etwas abkühlen lassen.
- Backofen auf 200 °C vorheizen.
- Papier vom Mürbeteig abziehen und den Teig mehrmals mit einer Gabel einstechen. Sirup-Mandel-Masse gleichmäßig auf den Teig streichen und kreisförmig mit den abgezogenen Mandeln belegen.
- Kuchen 20 bis 30 Minuten backen.
- Aus dem Ofen nehmen, kurz abdampfen lassen, vorsichtig aus der Form lösen und auf einem Kuchengitter auskühlen lassen.

Obstkuchen in runder Backform

Traubenpuddingtorte

Für den Mürbeteig:
200 g Weizenvollkornmehl, sehr fein gemahlen
¼ TL Weinsteinbackpulver
30 g Vollrohrzucker, fein gemahlen und gesiebt (2 ½ EL)
¼ TL feines Meersalz
70 g kaltes Kokosfett oder Palmöl (oder kaltes Sonnenblumenöl)
10 g Zitronensaft (1 EL)
40 – 60 g kaltes Rosenwasser oder Wasser (4 – 6 EL)

Für die Spritzmasse:
100 g Mandeln
100 g Weizenvollkornmehl, sehr fein gemahlen
1 TL gemahlene Vanille
40 g Sonnenblumenöl (2 ½ EL)
40 g Mandelmus (2 ½ EL)
40 g Agavendicksaft (2 ½ EL)
30 – 50 g Rosenwasser oder Wasser (3 – 5 EL)

Für die Füllung:
600 g große Trauben
20 g Pfeilwurzelmehl (2 EL)
200 g Traubensaft

Kokos- oder Palmkernfett für die Springform (26 cm Durchmesser)

- Ring und Boden einer Springform einfetten.
- Die Zutaten **für den Mürbeteig** sollten gut gekühlt sein.
- Mehl mit Backpulver mischen und auf das Backbrett oder in eine weite Rühr-schüssel sieben. Zucker und Salz mit einer Gabel unter das Mehl mengen. Das gekühlte Kokosfett oder Palmöl grob reiben oder fein zerkrümeln und über das Mehl geben. Bei Sonnenblumenöl dieses über das Mehl träufeln. Mehl und Fett mit einer Teigkarte zu einer krümeligen Masse hacken oder mit einer Gabel rasch zu feinen Krümeln verreiben. Zitronensaft und nach Bedarf teelöffelweise Rosenwasser oder Wasser zu den Krümeln geben und möglichst rasch zu ei-nem festen geschmeidigen Teig verarbeiten. Dabei nicht kneten. Der Teig darf nicht klebrig sein, deshalb nicht zu viel Flüssigkeit zugeben.

82

Obstkuchen in runder Backform

- Teig zu einem flachen Kloß formen und zwischen zwei Lagen Backpapier zu einem Kreis von 26 Zentimeter Durchmesser ausrollen. Obere Papierlage abziehen. Teigplatte mit der unbedeckten Seite nach unten auf den Springformboden legen. Springformring um den Boden legen und festziehen. Form mindestens eine halbe Stunde in den Kühlschrank stellen.
- Mandeln **für die Spritzmasse** fein mahlen.
- Mehl in eine Schüssel sieben, mit Mandeln und Vanille mischen.
- Öl, Mandelmus und Dicksaft in einer großen Rührschüssel verquirlen. Mehlmischung esslöffelweise über die Ölmischung sieben und mit dem Schneebesen oder Rührlöffel zu einem geschmeidigen weichen Teig verrühren und schlagen. Nach Bedarf teelöffelweise Rosenwasser oder Wasser unterrühren. Der Teig sollte eine spritzfähige, aber standfeste Konsistenz haben.
- Backofen auf 180 °C vorheizen.
- Papier vom Mürbeteig abziehen und den Teig mehrmals mit einer Gabel einstechen.
- Spritzmasse in einen Spritzbeutel mit weiter Lochtülle füllen und entlang des Innenrandes der Springform Tuffs auf den Mürbeteig spritzen.
- Kuchen 20 bis 25 Minuten backen. Aus dem Ofen nehmen, vorsichtig aus der Springform lösen und auf einem Kuchengitter auskühlen lassen.
- Trauben **für die Füllung** putzen, halbieren und nach Belieben entkernen.
- Pfeilwurzelmehl mit etwa Traubensaft anrühren. Restlichen Saft zum Kochen bringen, angerührtes Pfeilwurzelmehl einrühren, kurz aufkochen lassen und vom Feuer nehmen. Trauben unterrühren und unter Rühren etwas abkühlen lassen.
- Traubenmasse gleichmäßig auf dem Mürbeteig verteilen und fest werden lassen.

Limettenkuchen

Für die Rührmasse:
60 g Mandeln
60 g Dinkelvollkornmehl, fein gemahlen
60 g Pfeilwurzelmehl
2 TL Weinsteinbackpulver
¼ TL feines Meersalz
1 TL abgeriebene Orangenschale
½ TL gemahlene Vanille
100 (– 150) g Wasser (eventuell etwas weniger oder mehr)
20 g Zitronensaft (2 EL)
100 g Agavendicksaft
50 g Sonnenblumenöl

Für den Belag:
1 unbehandelte Orange
1 unbehandelte Zitrone
2 unbehandelte Limetten
125 g Wasser
50 g Agavendicksaft
1 TL Agar-Agar

Kokos- oder Palmkernfett für die Springform (26 cm Durchmesser)

- Ring einer Springform einfetten und Springformboden mit Backpapier belegen.
- Die Zutaten **für die Rührmasse** sollten Raumtemperatur haben.
- Mandeln für den Teig fein mahlen.
- Backofen auf 180 °C vorheizen.
- Dinkelmehl, Pfeilwurzelmehl und Backpulver in eine Schüssel sieben, mit einer Gabel Mandeln, Salz und Gewürze untermischen.
- Die Hälfte des Wassers, Zitronensaft, Dicksaft und Öl in einer großen Rührschüssel verquirlen.
- Mehlmischung esslöffelweise über die Ölmischung sieben und mit dem Schneebesen oder Rührlöffel zu einer geschmeidigen weichen Masse verrühren und schlagen. Nach Bedarf esslöffelweise restliches Wasser abwechselnd mit der Mehlmischung zur Masse geben. Zügig mischen, die Masse sollte locker bleiben und zähflüssig vom Löffel fallen. Nicht schaumig schlagen.

Obstkuchen in runder Backform

- Masse in die festgezogene Springform füllen, glatt streichen und zum Springformrand etwas hochstreichen.
- Kuchen 30 bis 35 Minuten backen (Hölzchenprobe, siehe Seite 36).
- Aus dem Ofen nehmen, kurz abdampfen lassen, aus der Form lösen, auf ein Kuchengitter stürzen und das Backpapier vorsichtig abziehen.
- Kuchen rundherum mit einem Holzstäbchen einstechen.
- **Für den Belag** Orange und Zitrone auspressen, Säfte mischen und den Kuchen rundherum damit beträufeln. Durchziehen lassen.
- Eine Limette auspressen. Die andere Limette schälen, dabei die weiße Innenhaut mit entfernen. Geschälte Limette in hauchdünne Scheiben schneiden.
- Limettensaft, Wasser und Dicksaft erwärmen. Limettenscheiben wenige Minuten in der Dicksaftmischung dünsten, aus der Flüssigkeit nehmen, abtropfen lassen und den Kuchen mit den Limettenscheiben belegen.
- Agar-Agar mit etwas Dicksaftmischung anrühren, in die restliche Dicksaftmischung rühren und zum Kochen bringen. Die Mischung etwa zwei Minuten sprudelnd kochen lassen, vom Feuer nehmen und etwas abkühlen lassen.
- Den noch warmen, leicht eingedickten Guss mit einer kleinen Schöpfkelle von der Mitte aus dünn auf dem Kuchen verstreichen.

Quittenkuchen

Für die Rührmasse:
50 g Haselnüsse
150 g Dinkelvollkornmehl, fein gemahlen
50 g Pfeilwurzelmehl
3 TL Weinsteinbackpulver
¼ TL Natron
¼ TL feines Meersalz
1 TL gemahlener Zimt
½ TL geriebener Ingwer
1 TL abgeriebene Zitronenschale
150 (– 200) g Quittensaft (eventuell etwas weniger oder mehr)
20 g Zitronensaft (2 EL)
60 g Agavendicksaft
70 g Sonnenblumenöl

Für den Belag:
1 kg vollreife Quitten
200 g Quittensaft
60 g Agavendicksaft
100 g Quittengelee

Kokos- oder Palmkernfett für die Springform (26 cm Durchmesser)

- Ring einer Springform einfetten und Springformboden mit Backpapier belegen.
- Die Zutaten **für die Rührmasse** sollten Raumtemperatur haben.
- Haselnüsse für den Teig fein mahlen.
- Backofen auf 185 °C vorheizen.
- Dinkelmehl, Pfeilwurzelmehl, Backpulver und Natron in eine Schüssel sieben, mit einer Gabel Haselnüsse, Salz und Gewürze untermischen.
- Die Hälfte des Quittensaftes, Zitronensaft, Dicksaft und Öl in einer großen Rührschüssel verquirlen.
- Mehlmischung esslöffelweise über die Ölmischung sieben und mit dem Schneebesen oder Rührlöffel zu einer geschmeidigen weichen Masse verrühren und schlagen. Nach Bedarf esslöffelweise restlichen Quittensaft abwechselnd mit der Mehlmischung zur Masse geben. Zügig mischen, die Masse sollte locker bleiben und zähflüssig vom Löffel fallen. Nicht schaumig schlagen.

- Masse in die festgezogene Springform füllen, glatt streichen und zum Springformrand etwas hochstreichen.
- Kuchen 30 bis 40 Minuten backen (Hölzchenprobe, siehe Seite 36).
- Aus dem Ofen nehmen, kurz abdampfen lassen, aus der Form lösen, auf ein Kuchengitter stürzen und das Backpapier vorsichtig abziehen.
- Quitten **für den Belag** abreiben, schälen, vierteln, entkernen und in zwei bis drei Zentimeter dicke Spalten schneiden.
- In einem großen Topf Quittensaft mit Dicksaft aufkochen, Quittenspalten dazugeben und zugedeckt bissfest garen. Die Spalten dürfen nicht zerfallen. Quitten vorsichtig aus der Flüssigkeit heben und abtropfen lassen.
- Oberseite des Kuchens mehrmals mit einem Holzstäbchen oder einer Gabel einstechen und die Quittenflüssigkeit über den Kuchen gießen.
- Quittenspalten kreisförmig auf dem Kuchen verteilen.
- Quittengelee erwärmen, glatt rühren und die Quitten mit dem Gelee bepinseln.

 Wenn Sie statt Quitten Äpfel verwenden und diese in Quittensaft dünsten, erhalten Sie einen aromatischen **Apfelkuchen.**

Obstkuchen in runder Backform

Aprikosenkuchen mit Pistazien

Für die Rührmasse:
150 g Pistazien
250 g Dinkelvollkornmehl, fein gemahlen
50 g Pfeilwurzelmehl
2 EL Weinsteinbackpulver
¼ TL Natron
¼ TL feines Meersalz
1 TL gemahlene Vanille
½ TL abgeriebene Zitronenschale
200 g geschälte reife Banane
250 (– 300) g Apfelsaft (eventuell etwas weniger oder mehr)
20 g Zitronensaft (2 EL)
80 g Agavendicksaft
110 g Sonnenblumenöl

Für den Belag:
800 g Aprikosen

Für den Guss:
1 unbehandelte Zitrone
30 g Agavendicksaft (2 EL)

Kokos- oder Palmkernfett für die Springform (26 cm Durchmesser)

- Boden und Ring einer Springform einfetten und bemehlen.
- Die Zutaten **für die Rührmasse** sollten Raumtemperatur haben.
- Hundert Gramm Pistazien für den Teig fein mahlen.
- Dinkelmehl, Pfeilwurzelmehl, Backpulver und Natron in eine Schüssel sieben, mit einer Gabel gemahlene Pistazien, Salz und Gewürze untermischen.
- Aprikosen **für den Belag** nach Belieben schälen: Hierzu kreuzweise einritzen und kurz in heißem Wasser blanchieren. Wenn sich die Häute an den Einschnitten lösen, die Früchte in ein Sieb geben, mit kaltem Wasser abschrecken und schälen.
- Aprikosen halbieren und entsteinen.
- Backofen auf 180 °C vorheizen.

88

Obstkuchen in runder Backform

- Bananen mit einer Gabel fein zerdrücken. Mit der Hälfte des Apfelsaftes, dem Zitronensaft, Dicksaft und Öl cremig rühren oder pürieren. Bananencreme in eine große Rührschüssel geben.
- Mehlmischung esslöffelweise über die Bananencreme sieben und mit dem Schneebesen oder Rührlöffel zu einer geschmeidigen weichen Masse verrühren und schlagen. Nach Bedarf esslöffelweise restlichen Apfelsaft abwechselnd mit der Mehlmischung zur Masse geben. Zügig mischen, die Masse sollte locker bleiben und zähflüssig vom Löffel fallen. Nicht schaumig schlagen.
- Masse in die festgezogene Springform füllen, glatt streichen und zum Springformrand etwas hochstreichen.
- Kuchen mit den Aprikosenhälften belegen, die Schnittflächen liegen auf der Masse.
- Kuchen 40 bis 50 Minuten backen.
- Aus dem Ofen nehmen, kurz abdampfen lassen, vorsichtig aus der Form lösen und auf ein Kuchengitter legen.
- Zitrone **für den Guss** dünn schälen und die Schale in schmale Streifen schneiden. Die weiße Innenhaut bleibt an der Frucht. Alternativ die Schale mit dem Zestenreißer in feinen Streifen abziehen.
- Geschälte Zitrone auspressen.
- Zitronensaft, Dicksaft und Schalenstreifen mischen, erwärmen und die restlichen ungemahlenen Pistazien dazugeben.
- Den noch heißen Kuchen mit der Zitronen-Pistazien-Mischung übergießen.

Obstkuchen in runder Backform

Versunkener Kirschkuchen mit Schokolade

Für die Rührmasse:
200 g Mandeln
150 g Bitterschokolade
150 g Weizenvollkornmehl, fein gemahlen
50 g Dinkelvollkornmehl, fein gemahlen
40 g Pfeilwurzelmehl (4 ½ EL)
25 g Kakaopulver (3 ½ EL)
2 EL Weinsteinbackpulver
½ TL Natron
¼ TL feines Meersalz
1 TL gemahlener Zimt
½ TL gemahlener Koriander
200 (– 250) g Wasser (eventuell etwas mehr oder weniger)
150 g Kirschsaft
20 g Zitronensaft (2 EL)
80 g Agavendicksaft
140 g Sonnenblumenöl

Für den Belag:
500 g Sauerkirschen
50 g Mandeln

Kokos- oder Palmkernfett für die Springform (26 cm Durchmesser)

- Boden und Ring einer Springform einfetten und bemehlen.
- Die Zutaten **für die Rührmasse** sollten Raumtemperatur haben.
- Mandeln für die Rührmasse fein mahlen.
- Mandeln für den Belag blättrig schneiden.
- Schokolade hochkant mit einem Messer in schmale Streifen schneiden, sodass bröckelige Schokoladenlocken entstehen.
- Weizen- und Dinkelmehl, Pfeilwurzelmehl, Kakao, Backpulver und Natron in eine Schüssel sieben, mit einer Gabel gemahlene Mandeln, Salz und Gewürze untermischen.
- Kirschen **für den Belag** entsteinen.
- Backofen auf 180 °C vorheizen.
- Die Hälfte des Wassers, Kirschsaft, Zitronensaft, Dicksaft und Öl in einer großen Rührschüssel verquirlen.

Obstkuchen in runder Backform

- Mehlmischung esslöffelweise über die Ölmischung sieben und mit dem Schneebesen oder Rührlöffel zu einer geschmeidigen weichen Masse verrühren und schlagen. Nach Bedarf esslöffelweise restliches Wasser abwechselnd mit der Mehlmischung zur Masse geben. Zum Schluss Schokoladenlocken dazugeben. Zügig mischen, die Masse sollte locker bleiben und zähflüssig vom Löffel fallen. Nicht schaumig schlagen.
- Masse in die festgezogene Springform füllen, glatt streichen und zum Springformrand etwas hochstreichen.
- Kirschen leicht in den Teig drücken.
- Kuchen etwa 50 Minuten backen (Hölzchenprobe, siehe Seite 36), zehn Minuten im ausgeschalteten Ofen stehen lassen.
- Vorsichtig aus der Form lösen, mit den blättrigen Mandeln bestreuen und auf einem Kuchengitter auskühlen lassen.

Obstkuchen in runder Backform

Roter Birnenkuchen

Für die Rührmasse:
200 g Dinkelvollkornmehl, fein gemahlen
40 g Pfeilwurzelmehl (4 ½ EL)
2 TL Weinsteinbackpulver
¼ TL Natron
¼ TL feines Meersalz
½ TL abgeriebene Zitronenschale
10 g Zitronensaft (1 EL)
70 g Ahornsirup
½ TL frisch gemörserter Safran in 2 TL Wasser gelöst
70 g Sonnenblumenöl

Für den Belag:
750 g süße, nicht zu weiche Birnen
300 – 400 g roter Traubensaft
40 g Sultaninen
20 g Zitronensaft (2 EL)
30 g Wasser (3 EL)

Kokos- oder Palmkernfett für die Springform (26 cm Durchmesser)

- **Für den Belag** Birnen schälen, vierteln und entkernen. Birnenviertel in nicht allzu schmale Spalten schneiden. Spalten im Traubensaft einlegen – die Birnen sollten bedeckt sein – und im Kühlschrank **über Nacht** durchziehen lassen.
- Sultaninen heiß waschen. Zitronensaft und Wasser mischen und die Sultaninen über Nacht darin einweichen.
- Boden und Ring einer Springform einfetten und bemehlen.
- Birnenspalten vorsichtig aus dem Saft heben und gut abtropfen lassen.
- Backofen auf 185 °C vorheizen.
- Die Zutaten **für die Rührmasse** sollten Raumtemperatur haben.
- Dinkelmehl, Pfeilwurzelmehl, Backpulver und Natron in eine Schüssel sieben, mit einer Gabel Salz und Zitronenschale untermischen.
- Sechzig Gramm Traubensaft vom Einweichen, Zitronensaft, Sirup, Safran und Öl in einer großen Rührschüssel verquirlen.
- Mehlmischung esslöffelweise über die Ölmischung sieben und mit dem Schneebesen oder Rührlöffel zu einer geschmeidigen weichen Masse verrühren und schlagen. Nach Bedarf esslöffelweise weiteren Traubensaft abwechselnd mit

der Mehlmischung zur Masse geben. Zügig mischen, die Masse sollte locker bleiben und zähflüssig vom Löffel fallen. Nicht schaumig schlagen.
- Masse in die festgezogene Springform füllen, glatt streichen und zum Springformrand etwas hochstreichen.
- Die abgetropften Birnenspalten schuppig übereinanderliegend kreisförmig auf den Kuchen legen.
- Die eingeweichten Sultaninen ohne Einweichflüssigkeit zwischen den Birnen verteilen.
- Kuchen 30 bis 40 Minuten backen.
- Aus dem Ofen nehmen, zehn Minuten abdampfen lassen, vorsichtig aus der Form lösen und auf einem Kuchengitter abkühlen lassen. Am besten schmeckt der Kuchen, wenn er mehrere Stunden oder einen Tag durchziehen konnte.

Trockenfrüchte
Reife Sonnenfrüchte, nach der Ernte getrocknet und so bewahrt, wurden aufgrund ihres vollen Fruchtaromas schon immer wie Schätze gehütet und verwendet.
Weichen Sie Trockenfrüchte wie Sultaninen, Korinthen, Kirschen, Feigen, Birnen, Äpfel, Pflaumen oder Aprikosen möglichst **in etwas Wasser** ein, bevor Sie die Früchte verzehren oder weiterverarbeiten. Das gilt auch für getrocknete Tropenfrüchte wie Mango, Ananas oder Papaya. Das Einweichwasser können Sie zum Süßen nehmen und trinken. Wählen Sie ungeschwefelte Trockenfrüchte und bei Tropenfrüchten zusätzlich ungezuckerte Sorten. Diese Früchte sind voller Sonnenstrahlen, sie durften am Baum oder Strauch ausreifen und wurden schonend an der Luft oder in Trockenräumen konserviert. Geschwefelte Trockenfrüchte sollte man nicht verwenden.

Obstkuchen in runder Backform

Quittentarte

Für die Rührmasse:
50 g Mandeln
100 g Weizenvollkornmehl, fein gemahlen
20 g Pfeilwurzelmehl (2 ¼ EL)
2 TL Weinsteinbackpulver
¼ TL feines Meersalz
1 TL abgeriebene Orangenschale
½ TL gemahlene Vanille
100 (– 150) g Quittensaft (eventuell etwas weniger oder mehr)
10 g Zitronensaft (1 EL)
50 g Agavendicksaft
60 g Sonnenblumenöl

Für den Belag:
50 g Mandeln
50 g Vollrohrzucker, fein gemahlen und gesiebt
50 g Agavendicksaft
40 g Kokosöl (2 ½ – 3 ½ EL)
1 TL gemahlener Zimt
½ TL gemahlene Vanille
½ TL gemahlener Kardamom
1 kg vollreife Quitten

Obstkuchenform (Pieform, 26 cm Durchmesser)

- Obstkuchenform mit Backpapier belegen.
- Mandeln **für den Belag** in heißem Wasser blanchieren, bis sich die Häute ablösen lassen. Mandeln abziehen und trockentupfen.
- Zucker, Dicksaft, Öl, Mandeln und Gewürze für den Belag in einer Pfanne erhitzen und bei starker Hitze etwa eine Minute sieden lassen. Anschließend sofort in die Obstkuchenform gießen und gleichmäßig verstreichen.
- Mandeln **für die Rührmasse** fein mahlen.
- Weizenmehl, Pfeilwurzelmehl und Backpulver in eine Schüssel sieben, mit einer Gabel gemahlene Mandeln, Salz und Gewürze untermischen.
- Quitten abreiben, schälen, vierteln, entkernen und in dünne Spalten schneiden.

- Quittenspalten auf der Zucker-Mandel-Mischung in der Obstkuchenform verteilen.
- Backofen auf 180 °C vorheizen.
- Die Hälfte des Quittensaftes, Zitronensaft, Dicksaft und Öl in einer großen Rührschüssel verquirlen.
- Mehlmischung esslöffelweise über die Ölmischung sieben und mit dem Schneebesen oder Rührlöffel zu einer geschmeidigen weichen Masse verrühren und schlagen. Nach Bedarf esslöffelweise restlichen Quittensaft abwechselnd mit der Mehlmischung zur Masse geben. Zügig mischen, die Masse sollte locker bleiben und zähflüssig vom Löffel fallen. Nicht schaumig schlagen.
- Masse auf den Quitten verstreichen.
- Kuchen 45 bis 55 Minuten backen.
- Ofentür öffnen und den Kuchen im Ofen kurz abdampfen lassen.
- Aus dem Ofen nehmen und vorsichtig kopfüber aus der Form stürzen. Papier vorsichtig mit einem Messer ablösen.

Obstkuchen in runder Backform

Rhabarberkuchen mit Nussstreuseln

Für den Hefeteig:
100 g Haselnüsse
250 g Weizenvollkornmehl, fein gemahlen
20 g frische Hefe
200 g lauwarmes Wasser oder lauwarmer Haferdrink
50 g Ahornsirup
30 g Sonnenblumenöl (2 EL)
¼ TL feines Meersalz

Für den Belag:
750 g Rhabarber
20 g Vollkornsemmelbrösel (3 EL)

Für die Streusel:
50 g Haselnüsse
50 g Weizenvollkornmehl, fein gemahlen
70 g Vollrohrzucker, fein gemahlen und gesiebt
½ TL Zimt
50 g Sonnenblumenöl

Kokos- oder Palmkernfett für die Springform (28 cm Durchmesser)

- Boden und Ring einer Springform einfetten.
- Haselnüsse für den Teig und die Streusel ohne Fett in einer Pfanne rösten, bis sie duften. Abkühlen lassen und fein mahlen.
- Die Zutaten **für den Teig** sollten Raumtemperatur haben.
- Mehl und gemahlene Haselnüsse für den Teig mischen.
- In einer großen Rührschüssel die Hefe in etwas lauwarmem Wasser oder Haferdrink auflösen, mit dem restlichen Wasser oder Haferdrink, etwas Sirup und 100 Gramm Mehlmischung zu einem Vorteig verrühren. Vorteig mit etwas Mehl bestäuben und mit einem Küchentuch bedeckt 20 bis 30 Minuten an einem warmen Ort gehen lassen.
- Restliche Mehlmischung über den Vorteig sieben, restlichen Sirup, Öl und Salz zum Vorteig geben und verrühren. Den Teig auf der Arbeitsfläche kräftig mit den Händen kneten, bis er nicht mehr klebrig ist und sich glatt und geschmeidig von der Arbeitsfläche löst.

Obstkuchen in runder Backform

- Teig zu einem Kloß formen und in der Schüssel mit einem Küchentuch bedeckt an einem warmen Ort etwa 30 Minuten gehen lassen, bis sich das Volumen verdoppelt hat und sich Poren an der Oberfläche zeigen.
- Kurz durchkneten, damit die Gase entweichen, und ein weiteres Mal etwa 30 Minuten gehen lassen.
- Rhabarber **für den Belag** putzen und in zwei Zentimeter große Stücke schneiden.
- **Für die Streusel** gemahlene Nüsse, Mehl, Zucker und Zimt in einer Schüssel mischen. Öl über die Mischung träufeln und mit den Fingern zu beliebig großen Streuseln verkrümeln. Streusel bis zur Verwendung in den Kühlschrank stellen.
- Backofen auf 185 °C vorheizen.
- Hefeteig nochmals kurz und kräftig durchkneten. Teig auf der bemehlten Arbeitsfläche zu einer runden Platte von etwa 32 Zentimeter Durchmesser ausrollen, in die Springform legen, andrücken, am Rand etwas hochdrücken und mehrmals mit einer Gabel einstechen.
- Brösel auf den Teig streuen und mit dem Rhabarber belegen. Streusel über dem Rhabarber verteilen.
- Kuchen vor dem Backen nochmals kurz gehen lassen.
- Kuchen 35 bis 45 Minuten backen.
- Aus dem Ofen nehmen, fünf Minuten abdampfen lassen, vorsichtig aus der Form lösen und auf einem Kuchengitter abkühlen lassen.

Obsttorten mit gebackener Füllung

Obsttorten mit gebackener Füllung

Gedeckte Apfeltorte

Für den Hefeteig:
20 g frische Hefe
220 g lauwarmer Haferdrink
50 g Ahornsirup
400 g Dinkelvollkornmehl, fein gemahlen
40 g Sonnenblumenöl (2 ½ EL)
½ TL gemahlene Vanille
1 TL abgeriebene Zitronenschale
¼ TL feines Meersalz

Für die Füllung:
100 g Walnüsse
100 g Korinthen
40 g Rum (4 EL)
750 kg Äpfel
20 g Zitronensaft (2 EL)
100 g Vollkornsemmelbrösel
½ TL abgeriebene Zitronenschale
1 TL gemahlener Zimt

Zum Bestreichen:
etwas lauwarmer Haferdrink

Kokos- oder Palmkernfett für die Springform (26 cm Durchmesser)

- Boden und Ring einer Springform einfetten.
- Die Zutaten **für den Teig** sollten Raumtemperatur haben.
- In einer großen Rührschüssel die Hefe in etwas lauwarmem Haferdrink auflösen, mit dem restlichen Haferdrink, etwas Sirup und 100 Gramm Mehl zu einem Vorteig verrühren. Vorteig mit etwas Mehl bestäuben und mit einem Küchentuch bedeckt 20 bis 30 Minuten an einem warmen Ort gehen lassen.
- Restliches Mehl über den Vorteig sieben, restlichen Sirup, Öl, Gewürze und Salz dazugeben und verrühren. Den Teig auf der Arbeitsfläche kräftig mit den Händen kneten, bis er nicht mehr klebrig ist und sich glatt und geschmeidig von der Arbeitsfläche löst.

- Teig zu einem Kloß formen und in der Schüssel mit einem Küchentuch bedeckt an einem warmen Ort etwa eine Stunde gehen lassen, bis sich das Volumen verdoppelt hat und sich Poren an der Oberfläche zeigen.
- Kurz durchkneten, damit die Gase entweichen, und ein weiteres Mal etwa 30 Minuten gehen lassen.
- Hefeteig nochmals kurz und kräftig durchkneten.
- Ein Drittel des Teiges auf der bemehlten Arbeitsfläche zu einer runden Deckplatte von etwa 26 Zentimeter Durchmesser ausrollen.
- Restlichen Teig zu einer runden Platte von etwa 36 Zentimeter Durchmesser ausrollen, in die Springform legen und am Formboden und -ring gut andrücken. Einen glatten gleichmäßigen Rand formen.
- Walnüsse **für die Füllung** grob hacken.
- Korinthen heiß waschen, abtropfen lassen und im Rum einweichen.
- Backofen auf 200 °C vorheizen.
- Äpfel grob raspeln und sofort mit dem Zitronensaft beträufeln, damit sie nicht braun werden.
- Walnüsse, Sultaninen mit Rum, Brösel und Gewürze unter die Apfelraspel mischen.
- Teig in der Form mehrmals mit einer Gabel einstechen.
- Apfelmischung in die Springform auf den Teig füllen.
- Deckplatte auf die Apfelfüllung legen, gut mit dem hochgezogenen Teigrand verkneifen, mehrmals mit einer Gabel einstechen, mit einem scharfen Messer ein Rautenmuster in die Teigplatte ritzen und den Teig mit etwas lauwarmem Haferdrink bepinseln. Kuchen vor dem Backen kurz ruhen lassen.
- Kuchen 50 bis 60 Minuten backen. Nach der Hälfte der Backzeit die Temperatur auf 185 °C reduzieren.
- Kuchen aus dem Ofen nehmen, kurz abdampfen lassen, vorsichtig aus der Form lösen und auf einem Kuchengitter auskühlen lassen.

Obsttorten mit gebackener Füllung

Quittentorte mit Mürbeteiggitter

Für den Mürbeteig:
100 g Walnüsse
300 g Weizenvollkornmehl, sehr fein gemahlen
½ TL Weinsteinbackpulver
80 g Vollrohrzucker, fein gemahlen und gesiebt
¼ TL feines Meersalz
1 TL gemahlene Vanille
150 g kaltes Kokosfett, Kokosöl oder Palmöl (oder kaltes Sonnenblumenöl)
20 g Zitronensaft (2 EL)
50 – 90 g kaltes Rosenwasser oder kalter Quittensaft

Für die Füllung:
100 g Sultaninen
750 g vollreife Quitten
50 – 100 g Agavendicksaft
100 g Walnüsse

Zum Bestreichen:
etwas Haferdrink

Kokos- oder Palmkernfett für die Springform (26 cm Durchmesser)

- Boden und Ring einer Springform einfetten.
- Die Zutaten **für den Mürbeteig** sollten gut gekühlt sein.
- Walnüsse für den Teig sehr fein mahlen.
- Mehl mit Walnüssen und Backpulver mischen und auf das Backbrett oder in eine weite Rührschüssel sieben. Zucker, Salz und Vanille mit einer Gabel unter das Mehl mengen. Das gekühlte Kokosfett, Kokosöl oder Palmöl grob reiben oder zerkrümeln und über das Mehl geben. Bei Sonnenblumenöl dieses über das Mehl träufeln. Mehl und Fett mit einer Teigkarte zu einer krümeligen Masse hacken oder mit einer Gabel rasch zu feinen Krümeln verreiben. Zitronensaft und nach Bedarf teelöffelweise Rosenwasser oder Saft zu den Krümeln geben und möglichst rasch zu einem festen geschmeidigen Teig verarbeiten. Dabei nicht kneten. Der Teig darf nicht klebrig sein, deshalb nicht zu viel Flüssigkeit zugeben.
- Zwei Drittel des Teiges zu einem flachen Kloß formen und zwischen zwei Lagen Backpapier zu einem Kreis von etwa 32 Zentimeter Durchmesser ausrol-

102

len. Obere Papierlage abziehen. Teigplatte mit der unbedeckten Seite nach unten auf den Springformboden legen, Springformring um den Boden legen und festziehen. Dabei den überstehenden Teig möglichst wenig beschädigen und als Rand an die Innenseite des Springformringes drücken. Form zusammen mit dem restlichen luftdicht eingewickelten Teig mindestens eine halbe Stunde in den Kühlschrank stellen.
- Sultaninen **für die Füllung** heiß waschen und abtropfen lassen.
- Quitten abreiben, schälen, vierteln, entkernen und in schmale Spalten schneiden. Quittenspalten mit Sultaninen und nach Belieben Dicksaft auf mittlerer bis kleiner Flamme weich dünsten – esslöffelweise etwas Wasser zugeben, wenn die Quitten drohen, anzubrennen.
- Walnüsse grob hacken und unter die Quitten mischen.
- Backofen auf 200 °C vorheizen.
- Restliches Teigdrittel zwischen zwei Lagen Backpapier zu einem Kreis von 26 Zentimeter Durchmesser ausrollen und mit einem Zackenrädchen in einen Zentimeter breite Streifen schneiden.
- Papier vom Mürbeteig in der Form abziehen, Teig mehrmals mit einer Gabel einstechen. Quittenmischung in die Springform füllen und auf dem Teig verstreichen.
- Teigstreifen als schräges Gitter auf die Quittenfüllung legen und mit wenig Haferdrink bepinseln.
- Kuchen 40 bis 45 Minuten backen. Nach zehn Minuten die Backtemperatur auf 180 °C reduzieren. Gegen Ende der Backzeit gegebenenfalls Backpapier auf den Kuchen legen, damit Füllung und Teigstreifen nicht zu braun werden.
- Kuchen aus dem Ofen nehmen, vorsichtig aus der Form lösen und auf einem Kuchengitter auskühlen lassen.

Obsttorten mit gebackener Füllung

Linzer Torte

Für den Mürbeteig:
200 g Haselnüsse
200 g Weizenvollkornmehl, sehr fein gemahlen
½ TL Weinsteinbackpulver
120 g Vollrohrzucker, fein gemahlen und gesiebt
½ TL feines Meersalz
1 TL gemahlene Vanille
½ TL abgeriebene Zitronenschale
1 TL gemahlener Zimt
½ TL gemahlene Nelken
150 g kaltes Kokosfett, Kokosöl oder Palmöl (oder kaltes Sonnenblumenöl)
20 g Kirschwasser (2 EL)
60 – 100 g kaltes Rosenwasser oder Wasser

Für die Füllung:
250 g Johannisbeerkonfitüre

Zum Bestreichen:
etwas Haferdrink

Kokos- oder Palmkernfett für die Springform (26 cm Durchmesser)

- Boden und Ring einer Springform einfetten.
- Die Zutaten **für den Mürbeteig** sollten gut gekühlt sein.
- Haselnüsse ohne Fett in einer Pfanne rösten, bis sie duften. Abkühlen lassen und sehr fein mahlen.
- Mehl mit Haselnüssen und Backpulver mischen und auf das Backbrett oder in eine weite Rührschüssel sieben. Zucker, Salz und Gewürze mit einer Gabel unter das Mehl mengen. Das gekühlte Kokosfett, Kokosöl oder Palmöl grob reiben oder zerkrümeln und über das Mehl geben. Bei Sonnenblumenöl dieses über das Mehl träufeln. Mehl und Fett mit einer Teigkarte zu einer krümeligen Masse hacken oder mit einer Gabel rasch zu feinen Krümeln verreiben. Kirschwasser und nach Bedarf teelöffelweise Rosenwasser oder Wasser zu den Krümeln geben und möglichst rasch zu einem festen geschmeidigen Teig verarbeiten. Dabei nicht kneten. Der Teig darf nicht klebrig sein, deshalb nicht zu viel Flüssigkeit zugeben.

- Eine Hälfte des Teiges zu einem flachen Kloß formen und zwischen zwei Lagen Backpapier zu einem Kreis von 26 Zentimeter Durchmesser ausrollen. Obere Papierlage abziehen. Teigplatte mit der unbedeckten Seite nach unten auf den Springformboden legen, Springformring um den Boden legen und festziehen. Den Teig am Innenrand des Springformringes etwas hochdrücken. Form zusammen mit dem restlichen luftdicht eingewickelten Teig mindestens eine halbe Stunde in den Kühlschrank stellen.
- Backofen auf 190 °C vorheizen.
- Restlichen Teig zwischen zwei Lagen Backpapier zu einem Kreis von 26 Zentimeter Durchmesser ausrollen und mit einem Zackenrädchen in zwölf Streifen schneiden. Statt geradelter Streifen kann der Teig auch in einfache Steifen geschnitten und diese Streifen anschließend zu Strängen gerollt werden.
- Papier vom Mürbeteig in der Springform abziehen, Teig mehrmals mit einer Gabel einstechen.
- Johannisbeerkonfitüre **für die Füllung** leicht erwärmen, glatt rühren und mit einem Randabstand von ein bis zwei Zentimetern auf den Teigboden streichen.
- Teigstränge als schräges Gitter auf die Johannisbeerfüllung legen. Stränge mit wenig Haferdrink bepinseln.
- Kuchen 45 bis 50 Minuten backen.
- Aus dem Ofen nehmen, kurz abdampfen lassen, vorsichtig aus der Form lösen und auf einem Kuchengitter auskühlen lassen. Der Kuchen schmeckt am besten, wenn er vor dem Anschneiden einen Tag oder zwei Tage durchziehen konnte.

Haselnüsse oder Mandeln?
Seit es Linzer Torte gibt – die ersten Hinweise auf diese Torte sind dreihundert Jahre alt – debattiert man darüber, ob die Torte mit Haselnüssen oder mit Mandeln zu backen sei. Fühlen Sie sich frei, den einen oder anderen Ihre Gunst zu erweisen.
Ebenfalls Tradition ist das **Kirschwasser** im Linzer Mürbeteig. Der hochprozentige Obstbrand verleiht dem Teig sein charakteristisches Aroma – ebenso wie **Nelken** und **Zimt,** traditionell verwendete Gewürze. Die Torte wird ohne Alkohol jedoch ebenso gut gelingen. Statt Johannisbeerkonfitüre können Sie die Torte auch mit Himbeerkonfitüre füllen oder – wie es frühe Rezepte empfehlen – »füll' ein, mit was du willst«.

Obsttorten mit gebackener Füllung

Heidelbeerpie

Für den Mürbeteig:
200 g Hirsevollkornmehl, sehr fein gemahlen
250 g Weizenvollkornmehl, sehr fein gemahlen
½ TL Weinsteinbackpulver
80 g Vollrohrzucker, fein gemahlen und gesiebt
¼ TL feines Meersalz
½ TL abgeriebene Zitronenschale
170 g kaltes Kokosfett, Kokosöl oder Palmöl (oder kaltes Sonnenblumenöl)
20 g Zitronensaft (2 EL)
60 – 120 g kaltes Wasser

Für die Füllung:
50 g Mandeln
200 g geschälte reife Banane
20 g Zitronensaft (2 EL)
500 g Heidelbeeren
½ TL gemahlener Zimt
20 g Vollrohrzucker (2 EL)

Zum Bestreichen:
etwas Haferdrink

Kokos- oder Palmkernfett für die Obstkuchenform
  (Pieform, 26 cm Durchmesser)

- Obstkuchenform einfetten.
- Die Zutaten **für den Mürbeteig** sollten gut gekühlt sein.
- Hirse- und Weizenmehl mit Backpulver mischen und auf das Backbrett oder in eine weite Rührschüssel sieben. Zucker, Salz und Zitronenschale mit einer Gabel unter das Mehl mengen. Das gekühlte Kokosfett, Kokosöl oder Palmöl grob reiben oder zerkrümeln und über das Mehl geben. Bei Sonnenblumenöl dieses über das Mehl träufeln. Mehl und Fett mit einer Teigkarte zu einer krümeligen Masse hacken oder mit einer Gabel rasch zu feinen Krümeln verreiben. Zitronensaft und nach Bedarf teelöffelweise Wasser zu den Krümeln geben und möglichst rasch zu einem festen geschmeidigen Teig verarbeiten. Dabei nicht kneten. Der Teig darf nicht klebrig sein, deshalb nicht zu viel Flüssigkeit zugeben.

106

Obsttorten mit gebackener Füllung

- Etwas mehr als die Hälfte des Teiges zu einem flachen Kloß formen und zwischen zwei Lagen Backpapier zu einem Kreis von etwa 32 Zentimeter Durchmesser ausrollen. Obere Papierlage abziehen. Teigplatte mit der unbedeckten Seite nach unten in die Obstkuchenform legen und am Rand gut andrücken.
- Restlichen Teig zwischen zwei Lagen Backpapier zu einem runden Teigdeckel von etwa 28 Zentimeter Durchmesser ausrollen. Form zusammen mit dem Teigdeckel mindestens eine halbe Stunde in den Kühlschrank stellen.
- **Für die Füllung** Mandeln blättrig schneiden.
- Bananen in dünne Scheibchen schneiden und mit dem Zitronensaft beträufeln.
- Heidelbeeren verlesen, gegebenenfalls waschen, abtropfen lassen und vorsichtig mit einem weichen Papiertuch trockentupfen.
- Blättrige Mandeln mit Zimt und Zucker mischen und zusammen mit den Heidelbeeren unter die Bananen heben.
- Backofen auf 190 °C vorheizen.
- Papier vom Mürbeteigboden in der Form abziehen, Teig mehrmals mit einer Gabel einstechen. Heidelbeerfüllung gleichmäßig auf dem Teigboden verteilen.
- Obere Papierlage vom Teigdeckel abziehen und mehrere unterschiedlich große runde Löcher in den Teig stechen. Teigdeckel mit der offenen Seite nach unten auf die Füllung legen. Papier abziehen und den Teigdeckel gut mit dem hochgezogenen Teigrand verkneifen.
- Aus den ausgestochenen Teigresten beliebige flache Verzierungen formen oder ausstechen und auf den Kuchendeckel legen. Teigdecke mit wenig Haferdrink bepinseln.
- Kuchen 40 bis 50 Minuten backen.
- Aus dem Ofen nehmen, kurz abdampfen lassen, vorsichtig aus der Form lösen und auf einem Kuchengitter auskühlen lassen.

Obsttorten mit gebackener Füllung

Schwarzplententorte

Für die Rührmasse:
150 g Haselnüsse
150 g Buchweizenmehl, fein gemahlen
3 TL Weinsteinbackpulver
½ TL Natron
1 TL gemahlener Zimt
½ TL abgeriebene Zitronenschale
¼ TL feines Meersalz
240 (– 300) g Reisdrink (eventuell etwas weniger oder mehr)
10 g Zitronensaft (1 EL)
60 g Agavendicksaft
90 g Sonnenblumenöl

Für die Füllung:
200 g dick eingekochte Preiselbeeren oder Preiselbeerkonfitüre

Für die Glasur:
30 g Johannisbeergelee (2 EL)
20 g Johannisbeersaft (2 EL)
50 g Vollrohrzucker, fein gemahlen und gesiebt

Kokos- oder Palmkernfett für die Springform (26 cm Durchmesser)

- Ring einer Springform einfetten und den Springformboden mit Backpapier belegen.
- Haselnüsse ohne Fett in einer Pfanne rösten, bis sie duften. Abkühlen lassen und fein mahlen.
- Die Zutaten **für die Rührmasse** sollten Raumtemperatur haben.
- Backofen auf 190 °C vorheizen.
- Buchweizenmehl, Backpulver und Natron in eine Schüssel sieben, mit einer Gabel Haselnüsse, Gewürze und Salz untermischen.
- Die Hälfte des Reisdrinks, Zitronensaft, Dicksaft und Öl in einer großen Rührschüssel verquirlen.
- Mehlmischung esslöffelweise über die Ölmischung sieben und mit dem Schneebesen oder Rührlöffel zu einer geschmeidigen weichen Masse verrühren und schlagen. Nach Bedarf esslöffelweise restlichen Reisdrink abwechselnd mit der

Obsttorten mit gebackener Füllung

Mehlmischung zur Masse geben. Zügig mischen, die Masse sollte locker bleiben und zähflüssig vom Löffel fallen. Nicht schaumig schlagen.

- **Für die Füllung** Preiselbeeren oder Preiselbeerkonfitüre leicht erwärmen und glatt rühren.
- Zwei Drittel der Rührmasse in die festgezogene Springform füllen und glatt streichen. Preiselbeeren auf die Masse in die Springform füllen, glatt streichen und gleichmäßig mit der restlichen Masse bestreichen. Masse zum Springformrand etwas hochstreichen.
- Kuchen 45 bis 55 Minuten backen (Hölzchenprobe, siehe Seite 36).
- Aus dem Ofen nehmen, kurz abdampfen lassen, vorsichtig aus der Form lösen, Backpapier abziehen und auf einem Kuchengitter auskühlen lassen.
- **Für die Glasur** das Johannisbeergelee erwärmen, glatt rühren und den noch heißen Kuchen mit dem Gelee bepinseln.
- Saft mit Zucker erhitzen und etwas köcheln lassen, der Sirup sollte leicht zähflüssig sein. Sirup gleichmäßig über den Kuchen gießen.

Schwarzplenten
Buchweizentorte mit Preiselbeeren ist eine Spezialität aus der Lüneburger Heide. Auch in Österreich und Südtirol – wo der Buchweizen Schwarzplenten heißt – kommt das dunkle, kräftig und etwas herb schmeckende Buchweizenmehl in der süßen Backstube zum Einsatz. Sowohl *Buchweizen* als auch *Preiselbeeren* gedeihen auf mageren Böden, wo sich andere Pflanzen schwertun. Deshalb war der Anbau von Buchweizen in Heide- und Moorlandschaften und im Bergland früher weit verbreitet. Sicher haben beliebte Buchweizenspezialitäten mit dazu beigetragen, dass Buchweizen hierzulande wieder häufiger auf den Feldern wächst.

Obsttorten mit gebackener Füllung

Kürbis-Mandel-Tarte

Für den Mürbeteig:
250 g Weizenvollkornmehl, sehr fein gemahlen
¼ TL Weinsteinbackpulver
40 g Vollrohrzucker, fein gemahlen und gesiebt (3 ½ EL)
¼ TL feines Meersalz
70 g kaltes Kokosfett oder Palmöl (oder kaltes Sonnenblumenöl)
10 g Zitronensaft (1 EL)
40 – 60 g kalter Apfelsaft oder kaltes Wasser (4 – 6 EL)

Für den Belag:
400 g geschälter Kürbis ohne Kerne
100 g Mandeln für die Kürbismasse
40 – 50 ganze Mandeln zum Belegen
50 g geschälte reife Banane
150 g Äpfel
50 g Vollkornsemmelbrösel
1 TL gemahlener Zimt
¼ TL gemahlene Muskatblüte
½ TL abgeriebene Zitronenschale
¼ TL feines Meersalz
10 g Zitronensaft (1 EL)
50 g Ahornsirup
120 g Apfelsaft
10 – 20 g Sonnenblumenöl (1 – 2 EL)

Kokos- oder Palmkernfett für die Springform (26 cm Durchmesser)
Trockenerbsen zum Blindbacken

- Boden und Ring einer Springform einfetten.
- Die Zutaten **für den Mürbeteig** sollten gut gekühlt sein.
- Mehl mit dem Backpulver mischen und auf das Backbrett oder in eine weite Rührschüssel sieben. Zucker und Salz mit einer Gabel unter das Mehl mengen. Das gekühlte Kokosfett oder Palmöl grob reiben oder zerkrümeln und über das Mehl geben. Bei Sonnenblumenöl dieses über das Mehl träufeln. Mehl und Fett mit einer Teigkarte zu einer krümeligen Masse hacken oder mit einer Gabel rasch zu feinen Krümeln verreiben. Zitronensaft und nach Bedarf teelöffelweise Saft oder Wasser zu den Krümeln geben und möglichst rasch zu einem festen

Obsttorten mit gebackener Füllung

geschmeidigen Teig verarbeiten. Dabei nicht kneten. Der Teig darf nicht klebrig sein, deshalb nicht zu viel Flüssigkeit zugeben.

- Teig zu einem flachen Kloß formen und zwischen zwei Lagen Backpapier zu einem Kreis von etwa 32 Zentimeter Durchmesser ausrollen. Obere Papierlage abziehen. Teigplatte mit der unbedeckten Seite nach unten auf den Springformboden legen, Springformring um den Boden legen und festziehen. Dabei den überstehenden Teig möglichst wenig beschädigen und als Rand drei Zentimeter hoch an die Innenseite des Springformringes drücken. Form mindestens eine halbe Stunde in den Kühlschrank stellen.
- Backofen auf 190 °C vorheizen.
- Kürbis **für den Belag** in würfelgroße Stücke schneiden, in eine hitzebeständige Schüssel füllen und bedeckt im Backofen backen, bis die Würfelchen weich sind. Anschließend mit einer Gabel zerdrücken oder pürieren.
- Mandeln für die Kürbismasse fein mahlen.
- Ganze Mandeln in heißem Wasser blanchieren, bis sich die Häute lösen lassen. Mandeln abziehen.
- Papier vom Mürbeteig abziehen. Mürbeteig mehrmals mit einer Gabel einstechen und wieder mit dem Backpapier belegen. Trockenerbsen auf den bedeckten Mürbeteig füllen und den Teig etwa zehn Minuten vorbacken. Trockenerbsen und Backpapier entfernen, Ofen auf 180 °C herunterschalten und den unbedeckten Teig nochmals etwa fünf Minuten backen. Aus dem Ofen nehmen.
- Banane mit einer Gabel fein zerdrücken.
- Äpfel vierteln und entkernen. Apfelviertel in einen Zentimeter große Würfel schneiden.
- Kürbismus mit Banane, Mandelmehl, Bröseln, Gewürzen, Zitronenschale, Salz, Zitronensaft und Sirup cremig verrühren. Sollte die Masse zu fest sein, löffelweise Apfelsaft dazugeben. Apfelwürfel unterheben.
- Kürbis-Apfel-Masse auf den vorgebackenen Mürbeteig streichen und entlang des Teigrandes mit den ganzen Mandeln belegen. Füllung mit etwas Öl beträufeln.
- Kuchen 35 bis 45 Minuten backen. Gegen Ende der Backzeit mit Backpapier bedecken, wenn die Oberfläche zu braun wird.
- Kuchen aus dem Ofen nehmen, kurz abdampfen lassen, vorsichtig aus der Form lösen und auf einem Kuchengitter abkühlen lassen.

Bananen-Himbeer-Tarte

Für den Mürbeteig:
250 g Weizenvollkornmehl, sehr fein gemahlen
¼ TL Weinsteinbackpulver
50 g Vollrohrzucker, fein gemahlen und gesiebt
¼ TL feines Meersalz
½ TL gemahlener Zimt
½ TL gemahlene Vanille
80 g kaltes Kokosöl oder Kokosfett (oder kaltes Sonnenblumenöl)
10 g Zitronensaft (1 EL)
40 – 70 g kaltes Wasser (4 – 7 EL)

Für die Füllung:
125 g Kokosnuss
50 g Kokosmilch (nach Belieben mehr) (siehe Seite 22)
50 g Agavendicksaft (nach Belieben mehr)
1 kg geschälte reife Banane
20 g Zitronensaft (2 EL)
200 g Himbeeren

Kokos- oder Palmkernfett für die Springform (26 cm Durchmesser)
Trockenerbsen zum Blindbacken

- Boden und Ring einer Springform einfetten.
- Die Zutaten **für den Mürbeteig** sollten gut gekühlt sein.
- Mehl mit Backpulver mischen und auf das Backbrett oder in eine weite Rühr-schüssel sieben. Zucker, Salz und Gewürze mit einer Gabel unter das Mehl mengen. Das gekühlte Kokosöl oder Kokosfett zerkrümeln oder grob reiben und über das Mehl geben. Bei Sonnenblumenöl dieses über das Mehl träufeln. Mehl und Fett mit einer Teigkarte zu einer krümeligen Masse hacken oder mit einer Gabel rasch zu feinen Krümeln verreiben. Zitronensaft und nach Bedarf teelöffelweise Wasser zu den Krümeln geben und möglichst rasch zu einem festen geschmeidigen Teig verarbeiten. Dabei nicht kneten. Der Teig darf nicht klebrig sein, deshalb nicht zu viel Flüssigkeit zugeben.
- Teig zu einem flachen Kloß formen und zwischen zwei Lagen Backpapier zu einem Kreis von etwa 32 Zentimeter Durchmesser ausrollen. Obere Papierlage abziehen. Teigplatte mit der unbedeckten Seite nach unten auf den Springform-boden legen, Springformring um den Boden legen und festziehen. Dabei den

Obsttorten mit gebackener Füllung

überstehenden Teig möglichst wenig beschädigen und als Rand an die Innenseite des Springformringes drücken. Form mindestens eine halbe Stunde in den Kühlschrank stellen.
- Backofen auf 190 °C vorheizen.
- Papier vom Mürbeteig abziehen, Teig mehrmals mit einer Gabel einstechen und wieder mit dem Backpapier belegen. Trockenerbsen auf den bedeckten Mürbeteig füllen und den Teig zehn Minuten backen. Temperatur auf 180 °C reduzieren, Trockenerbsen und Backpapier entfernen und den Teig nochmals etwa zehn Minuten goldbraun vorbacken. Aus dem Ofen nehmen.
- Kokosnuss **für die Füllung** fein raspeln, mit Kokosmilch und Dicksaft mischen. Die Mischung sollte streichfähig sein, nach Belieben mehr Kokosmilch oder Dicksaft untermischen.
- Bananen in Scheibchen schneiden, mit dem Zitronensaft beträufeln und auf den vorgebackenen Mürbeteig legen.
- Himbeeren zwischen den Bananen verteilen.
- Kokosmischung über das Obst streichen.
- Kuchen zehn bis 15 Minuten hellbraun fertig backen.
- Aus dem Ofen nehmen, kurz abdampfen lassen, vorsichtig aus der Form lösen und auf einem Kuchengitter abkühlen lassen.

Obsttorten mit gebackener Füllung

Orangentarte

Für den Mürbeteig:
250 g Dinkelvollkornmehl, sehr fein gemahlen
¼ TL Weinsteinbackpulver
80 g Vollrohrzucker, fein gemahlen und gesiebt
1 TL abgeriebene Zitronenschale
¼ TL feines Meersalz
90 g kaltes Kokosöl oder Kokosfett (oder kaltes Sonnenblumenöl)
50 – 80 g kalter Orangensaft

Für die Füllung:
60 g Kaschunüsse (Cashewnüsse)
1 unbehandelte Orange
250 g Orangensaft
50 g Agavendicksaft
30 g Kaschumus (Cashewmus) (2 EL)

Für den Belag:
2 – 3 unbehandelte Orangen

Zum Bestreichen:
30 g Orangenkonfitüre (2 EL)
20 g Orangensaft (2 EL)

Kokos- oder Palmkernfett für die Obstkuchenform
  (Pieform, 26 cm Durchmesser)

- Obstkuchenform einfetten.
- Die Zutaten **für den Mürbeteig** sollten gut gekühlt sein.
- Mehl mit Backpulver mischen und auf das Backbrett oder in eine weite Rühr-schüssel sieben. Zucker, Zitronenschale und Salz mit einer Gabel unter das Mehl mengen. Das gekühlte Kokosöl oder Kokosfett zerkrümeln oder grob rei-ben und über das Mehl geben. Bei Sonnenblumenöl dieses über das Mehl träufeln. Mehl und Fett mit einer Teigkarte zu einer krümeligen Masse hacken oder mit einer Gabel rasch zu feinen Krümeln verreiben. Nach Bedarf teelöffelweise Orangensaft zu den Krümeln geben und möglichst rasch zu ei-nem festen geschmeidigen Teig verarbeiten. Dabei nicht kneten. Der Teig darf nicht klebrig sein, deshalb nicht zu viel Flüssigkeit zugeben.

114

- Teig zu einem flachen Kloß formen und zwischen zwei Lagen Backpapier zu einem Kreis von etwa 30 Zentimeter Durchmesser ausrollen. Obere Papierlage abziehen. Teigplatte mit der unbedeckten Seite nach unten in die Obstkuchenform legen. Rand gut andrücken. Form mindestens eine halbe Stunde in den Kühlschrank stellen.
- Backofen auf 190 °C vorheizen.
- Kaschunüsse **für die Füllung** sehr fein mahlen.
- Orange für die Füllung dünn schälen, dabei die weiße Innenschale am Fruchtinneren lassen. Orangenschale in dünne Streifen schneiden. Die Orangenschale lässt sich auch mit einem Zestenreißer von der Frucht abziehen.
- Papier vom Mürbeteig abziehen, Teig mehrmals mit einer Gabel einstechen und 15 Minuten vorbacken. Aus dem Ofen nehmen.
- Während der Mürbeteig im Ofen ist, das Kaschumehl klümpchenfrei in den kalten Orangensaft rühren und unter Rühren aufkochen lassen. Etwa drei Minuten köcheln lassen, dabei umrühren. Dicksaft, Kaschumus und Schalenstreifchen in die warme Creme rühren.
- Orangencreme auf den vorgebackenen Mürbeteig streichen und den Kuchen nochmals zehn bis 15 Minuten backen.
- Orangen **für den Belag** und die bereits abgezogene Orange schälen, dabei die weißen Innenschalen mit abschälen. Orangen in dünne Scheiben schneiden und diese auf die vorgebackene Orangencreme legen.
- Kuchen nochmals etwa fünf Minuten überbacken.
- Aus dem Ofen nehmen, vorsichtig aus der Form lösen und auf einem Kuchengitter abkühlen lassen.
- Orangenkonfitüre mit Orangensaft verrühren, leicht erwärmen und die noch heiße Orangenfüllung mit der Konfitüre bepinseln.

Mangotarte

Für den Mürbeteig:
100 g Kaschunüsse (Cashewnüsse)
150 g Weizenvollkornmehl, sehr fein gemahlen
¼ TL Weinsteinbackpulver
75 g Vollrohrzucker, fein gemahlen und gesiebt
½ TL gemahlene Vanille
¼ TL feines Meersalz
90 g kaltes Kokosöl oder Kokosfett (oder kaltes Sonnenblumenöl)
10 g Zitronensaft (1 EL)
40 – 70 g kaltes Wasser (4 – 7 EL)

Für die Füllung:
120 g getrocknete Mango
300 g Wasser
100 g Mangosaft
150 g Wasser
60 g Reisvollkornmehl, sehr fein gemahlen, oder Reisflocken
¼ TL feines Meersalz
30 g Kaschumus (Cashewmus) (2 EL)
½ TL gemahlene Vanille

Kokos- oder Palmkernfett für die Obstkuchenform
   (Pieform, 26 cm Durchmesser)

- Obstkuchenform einfetten.
- Getrocknete Mango für die Füllung im Wasser aufkochen und einweichen.
- Die Zutaten **für den Mürbeteig** sollten gut gekühlt sein.
- Kaschunüsse für sehr fein mahlen.
- Weizenmehl mit Kaschumehl und Backpulver mischen und auf das Backbrett oder in eine weite Rührschüssel sieben. Zucker, Vanille und Salz mit einer Gabel unter das Mehl mengen. Das gekühlte Kokosöl oder Kokosfett zerkrümeln oder grob reiben und über das Mehl geben. Bei Sonnenblumenöl dieses über das Mehl träufeln. Mehl und Fett mit einer Teigkarte zu einer krümeligen Masse hacken oder mit einer Gabel rasch zu feinen Krümeln verreiben. Zitronensaft und nach Bedarf teelöffelweise Wasser zu den Krümeln geben und möglichst rasch zu einem festen geschmeidigen Teig verarbeiten. Dabei nicht kneten. Der Teig darf nicht klebrig sein, deshalb nicht zu viel Flüssigkeit zugeben.

Obsttorten mit gebackener Füllung

- Teig zu einem flachen Kloß formen und zwischen zwei Lagen Backpapier zu einem Kreis von etwa 30 Zentimeter Durchmesser ausrollen. Obere Papierlage abziehen. Teigplatte mit der unbedeckten Seite nach unten in die Obstkuchenform legen. Rand gut andrücken. Form mindestens eine halbe Stunde in den Kühlschrank stellen.
- Backofen auf 180 °C vorheizen.
- Eingeweichte Mango gut ausdrücken und sehr klein schneiden.
- Papier vom Mürbeteig abziehen, Teig mehrmals mit einer Gabel einstechen und 15 Minuten vorbacken.
- **Für die Füllung** Mangosaft mit dem Wasser mischen. Reismehl oder Reisflocken mit dem Salz klümpchenfrei in die kalte Saftmischung rühren und unter Rühren aufkochen lassen. Etwa drei Minuten köcheln lassen, dabei umrühren. Mango, Kaschumus und Vanille in die Creme rühren und kurz quellen lassen.
- Mangocreme auf den vorgebackenen Mürbeteig streichen und den Kuchen nochmals 15 Minuten backen. Kuchen mit Backpapier bedecken, wenn er zu braun wird.
- Aus dem Ofen nehmen, vorsichtig aus der Form lösen und auf einem Kuchengitter abkühlen lassen.

Die **Mango** ist die Königin der Tropenfrüchte. Ihr Geschmack vereint die Aromafülle von Ananas und Kokos, Pfirsich, Mangostane und Grenadille ausgewogen und unvergleichlich fein.
Hierzulande erhältliche im Herkunftsland **getrocknete Mangos** wurden im reifen Zustand geerntet und besitzen das süße Aroma der ganzen Frucht. Wenn Sie getrocknete Mangos etwa zwei Stunden in wenig heißem Wasser einweichen, anschließend klein schneiden – gut geht das mit einer Küchenschere – und im Mörser fein zerreiben, erhalten Sie eine köstliche Mangopaste, die Sie statt frischer Mango verwenden können – hundert Gramm getrocknete Frucht entsprechen der Fülle von ein bis zwei frischen Mangos. Mangos für den Export werden im unreifen Zustand gepflückt und reifen erst im Bestimmungsland aus. Während ihrer Reise – meist im Container auf dem Seeweg – versetzt man die Früchte in einen künstlichen Ruheschlaf. Deshalb sind weniger die Feinheiten der Sorten als vielmehr Transport- und Lagerbedingungen für den Zustand hierzulande angebotener Früchte verantwortlich. Es ist nicht ganz einfach, Qualität und Reifezustand einer Mango herauszufinden. Eine Mango ist am ehesten **genussreif,** wenn sie auf Daumendruck leicht nachgibt und fein dezent duftet. Kleine braune Flecke auf der Haut können ebenfalls ein Zeichen dafür sein, dass eine Mango reif ist. Ihre Farbe jedoch – ob grün, gelb, orange oder rötlich – ist lediglich eine Augenweide und hilft kaum bei der Entscheidung reif oder nicht reif. Braunes Fruchtgewebe um den Kern ist ein Zeichen von Verderb.

117

Obsttorten mit gebackener Füllung

Apfel-Tofu-Torte

Für den Mürbeteig:
250 g Weizenvollkornmehl, sehr fein gemahlen
½ TL Weinsteinbackpulver
75 g Vollrohrzucker, fein gemahlen und gesiebt
½ TL gemahlene Vanille
¼ TL feines Meersalz
80 g kaltes Kokosfett, Palmöl oder Kokosöl (oder kaltes Sonnenblumenöl)
10 g Zitronensaft (1 EL)
40 – 70 g kalter Apfelsaft (4 – 7 EL)

Für die Füllung:
100 g Sultaninen
Wasser zum Einweichen der Sultaninen
1 kg Tofu, sehr gut abgetropft
90 g Weizenvollkornmehl, sehr fein gemahlen
500 g Apfelsaft
50 g Ahornsirup (nach Belieben mehr)
30 g Sonnenblumenöl (2 EL)
1 TL frisch gemörserter Safran in 3 TL Wasser gelöst
2 TL abgeriebene Zitronenschale

Für den Belag:
30 g Mandeln
350 g Äpfel

Kokos- oder Palmkernfett für die Springform (26 cm Durchmesser)
Trockenerbsen zum Blindbacken

- Boden und Ring einer Springform einfetten.
- Sultaninen für die Füllung heiß waschen und mit Wasser bedeckt einweichen lassen.
- Die Zutaten **für den Mürbeteig** sollten gut gekühlt sein.
- Mehl mit Backpulver mischen und auf das Backbrett oder in eine weite Rührschüssel sieben. Zucker, Vanille und Salz mit einer Gabel unter das Mehl mengen. Das gekühlte Kokosfett, Palmöl oder Kokosöl grob reiben oder zerkrümeln und über das Mehl geben. Bei Sonnenblumenöl dieses über das Mehl träufeln. Mehl und Fett mit einer Teigkarte zu einer krümeligen Masse hacken oder mit

Obsttorten mit gebackener Füllung

einer Gabel rasch zu Krümeln verreiben. Zitronensaft und nach Bedarf teelöffelweise Apfelsaft zu den Krümeln geben und möglichst rasch zu einem festen geschmeidigen Teig verarbeiten. Dabei nicht kneten. Der Teig darf nicht klebrig sein, deshalb nicht zu viel Flüssigkeit zugeben.

- Teig zu einem flachen Kloß formen und zwischen zwei Lagen Backpapier zu einem Kreis von etwa 34 Zentimeter Durchmesser ausrollen. Obere Papierlage abziehen. Teigplatte mit der unbedeckten Seite nach unten auf den Springformboden legen, Springformring um den Boden legen und festziehen. Dabei den überstehenden Teig möglichst wenig beschädigen und als Rand an die Innenseite des Springformringes drücken. Form mindestens eine halbe Stunde in den Kühlschrank stellen.
- Backofen auf 190 °C vorheizen.
- Tofu **für die Füllung** cremig pürieren, mit einer Gabel fein zerdrücken oder durch ein Sieb streichen.
- Mehl klümpchenfrei in den kalten Apfelsaft rühren und unter Rühren aufkochen lassen. Drei bis fünf Minuten köcheln lassen, dabei umrühren. Sirup, Öl, Safran und Zitronenschale in die Apfelsaftcreme rühren und nachquellen lassen.
- Apfelsaftcreme in die Tofucreme rühren. Sultaninen vorsichtig unterheben.
- Papier vom Mürbeteig abziehen. Mürbeteig mehrmals mit einer Gabel einstechen und wieder mit dem Backpapier belegen. Trockenerbsen auf den bedeckten Mürbeteig füllen und den Teig zehn Minuten backen. Temperatur auf 180 °C reduzieren. Trockenerbsen und Backpapier entfernen und den Teig nochmals fünf bis zehn Minuten hellbraun vorbacken. Aus dem Ofen nehmen.
- **Für den Belag** Mandeln blättrig schneiden.
- Äpfel vierteln, entkernen und in würfelgroße Stücke schneiden.
- Ofentemperatur auf 190 °C einstellen.
- Tofumasse auf den vorgebackenen Mürbeteig füllen, Apfelstücke auf der Masse verteilen, leicht in die Masse drücken und mit den Mandeln bestreuen.
- Kuchen 45 bis 50 Minuten backen. Gegen Ende der Backzeit mit Backpapier bedecken, wenn der Kuchen zu braun wird.
- Kuchen aus dem Ofen nehmen, zehn Minuten abdampfen lassen, vorsichtig aus der Form lösen und auf einem Kuchengitter auskühlen lassen.

Obsttorten mit gebackener Füllung

Torte Roter Platz

Für den Mürbeteig:
200 g Weizenvollkornmehl, sehr fein gemahlen
¼ TL Weinsteinbackpulver
¼ TL feines Meersalz
70 g kaltes Kokosfett oder Palmöl (oder kaltes Sonnenblumenöl)
10 g Zitronensaft (1 EL)
30 – 60 g kaltes Wasser (3 – 6 EL)

Für die Kirschmasse:
250 g Sauerkirschen
250 g Kirschsaft
20 g Agavendicksaft (2 EL)
40 g Weizenvollkorngrieß (3 ½ EL)

Für die Rührmasse:
120 g Haselnüsse
220 g Weizenvollkornmehl, fein gemahlen
50 g Pfeilwurzelmehl
30 g Kakaopulver (4 ½ EL)
2 EL Weinsteinbackpulver
½ TL Natron
¼ TL feines Meersalz
1 TL gemahlene Vanille
100 g Kirschsaft
200 (– 300) g Wasser (eventuell etwas weniger oder mehr)
20 g Zitronensaft (2 EL)
120 g Agavendicksaft
150 g Sonnenblumenöl

Für die Glasur und zum Bestreuen:
50 g Aprikosenkonfitüre
30 g getrocknete Kokosraspel

Kokos- oder Palmkernfett für die Springform (26 cm bis 28 cm Durchmesser)

- Boden und Ring einer Springform einfetten.

Obsttorten mit gebackener Füllung

- Haselnüsse für die Rührmasse ohne Fett in einer Pfanne rösten, bis sie duften. Abkühlen lassen und fein mahlen.
- Kirschen für die Kirschmasse entsteinen und gut abtropfen lassen.
- Backofen auf 200 °C vorheizen.
- Die Zutaten **für den Mürbeteig** sollten gut gekühlt sein.
- Mehl mit Backpulver mischen und auf das Backbrett oder in eine weite Rührschüssel sieben. Salz mit einer Gabel unter das Mehl mengen. Das gekühlte Kokosfett oder Palmöl grob reiben oder zerkrümeln und über das Mehl geben. Bei Sonnenblumenöl dieses über das Mehl träufeln. Mehl und Fett mit einer Teigkarte zu einer krümeligen Masse hacken oder mit einer Gabel rasch zu feinen Krümeln verreiben. Zitronensaft und nach Bedarf teelöffelweise Wasser zu den Krümeln geben und möglichst rasch zu einem festen geschmeidigen Teig verarbeiten. Dabei nicht kneten. Der Teig darf nicht klebrig sein, deshalb nicht zu viel Flüssigkeit zugeben.
- Teig zu einem flachen Kloß formen und zwischen zwei Lagen Wachs- oder Backpapier zu einem Kreis von 26 bis 28 Zentimeter Durchmesser ausrollen. Obere Papierlage abziehen. Teigplatte mit der unbedeckten Seite nach unten auf den Springformboden legen, Springformring um den Boden legen und festziehen. Teig an der Innenseite des Springformringes etwas hochdrücken. Papier vom Mürbeteig abziehen, Teig mehrmals mit einer Gabel einstechen und fünf bis sieben Minuten im Backofen vorbacken. Aus dem Ofen nehmen.
- **Für die Kirschmasse** Kirschsaft mit Dicksaft zum Kochen bringen und unter Rühren den Grieß einstreuen. Grießmasse kurz aufkochen lassen und die Kirschen unterziehen.
- Backofen auf 185 °C vorheizen.
- **Für die Rührmasse** Weizenmehl, Pfeilwurzelmehl, Kakao, Backpulver und Natron in eine Schüssel sieben, mit einer Gabel Haselnüsse, Salz und Vanille untermischen.
- Kirschsaft, die Hälfte des Wassers, Zitronensaft, Dicksaft und Öl in einer großen Rührschüssel verquirlen.
- Mehlmischung esslöffelweise über die Ölmischung sieben und mit dem Schneebesen oder Rührlöffel zu einer geschmeidigen weichen Masse verrühren und schlagen. Nach Bedarf esslöffelweise restliches Wasser abwechselnd mit der Mehlmischung zur Masse geben. Zügig mischen, die Masse sollte locker bleiben und zähflüssig vom Löffel fallen. Nicht schaumig schlagen.
- Kirschmasse auf dem vorgebackenen Mürbeteigboden verteilen, dabei den Teig zwei Zentimeter breit entlang des Springformringes unbedeckt lassen.
- Rührmasse gleichmäßig auf der Kirschfüllung bis zum Springformring verteilen und glatt streichen.

Obsttorten mit gebackener Füllung

- Kuchen 50 bis 60 Minuten backen (Hölzchenprobe, siehe Seite 36). Gegen Ende der Backzeit mit Backpapier bedecken, wenn die Oberfläche zu braun wird.
- Aus dem Ofen nehmen, zehn Minuten abdampfen lassen, vorsichtig aus der Form lösen und auf einem Kuchengitter auskühlen lassen.
- Aprikosenkonfitüre leicht erwärmen, glatt rühren und auf den noch heißen Kuchen streichen. Kokosraspel über den Kuchen streuen.

Andere Torten mit gebackener Füllung

Andere Torten mit gebackener Füllung

Quinoa-Karamell-Torte

Für den Mürbeteig:
150 g Dinkelvollkornmehl, sehr fein gemahlen
100 g Quinoamehl, sehr fein gemahlen
¼ TL Weinsteinbackpulver
75 g Vollrohrzucker, fein gemahlen und gesiebt
¼ TL feines Meersalz
90 g kaltes Kokosfett, Palmöl oder Kokosöl (oder kaltes Sonnenblumenöl)
10 g Zitronensaft (1 EL)
40 – 70 g kaltes Wasser (4 – 7 EL)

Für die Füllung:
100 g Pistazien
80 g Sultaninen
300 g Quinoa
300 g Wasser
650 g Reisdrink
1 TL gemahlene Vanille
½ TL frisch gemörserter Safran in 2 TL Wasser gelöst
¼ TL feines Meersalz
60 g Agavendicksaft
20 g Zitronensaft (2 EL)

Für die Glasur:
150 g Wasser
100 g Vollrohrzucker, fein gemahlen und gesiebt
20 g Haferdrink (2 EL)

Kokos- oder Palmkernfett für die Springform (26 cm Durchmesser)
Trockenerbsen zum Blindbacken

- Boden und Ring einer Springform einfetten.
- Die Zutaten **für den Mürbeteig** sollten gut gekühlt sein.
- Mehle mit Backpulver mischen und auf das Backbrett oder in eine weite Rührschüssel sieben. Zucker und Salz mit einer Gabel unter das Mehl mengen. Das gekühlte Kokosfett, Palmöl oder Kokosöl grob reiben oder zerkrümeln und über das Mehl geben. Bei Sonnenblumenöl dieses über das Mehl träufeln. Mehl und Fett mit einer Teigkarte zu einer krümeligen Masse hacken oder mit einer Gabel

Andere Torten mit gebackener Füllung

rasch zu feinen Krümeln verreiben. Zitronensaft und nach Bedarf teelöffelweise kaltes Wasser zu den Krümeln geben und möglichst rasch zu einem festen geschmeidigen Teig verarbeiten. Dabei nicht kneten. Der Teig darf nicht klebrig sein, deshalb nicht zu viel Flüssigkeit zugeben.

- Teig zu einem flachen Kloß formen und zwischen zwei Lagen Backpapier zu einem Kreis von etwa 32 Zentimeter Durchmesser ausrollen. Obere Papierlage abziehen. Teigplatte mit der unbedeckten Seite nach unten auf den Springformboden legen, Springformring um den Boden legen und festziehen. Dabei den überstehenden Teig möglichst wenig beschädigen und als Rand an die Innenseite des Springformringes drücken. Form mindestens eine halbe Stunde in den Kühlschrank stellen.
- Pistazien **für die Füllung** grob hacken.
- Sultaninen heiß waschen und abtropfen lassen.
- Quinoa heiß waschen, mit dem Wasser aufkochen und fünf Minuten köcheln lassen. Reisdrink angießen, nochmals aufkochen lassen.
- Gewürze, Salz, Sultaninen und Pistazien unterrühren und auf kleinster Hitze köcheln lassen, bis die Flüssigkeit aufgesogen ist.
- Dicksaft und Zitronensaft unterrühren.
- Backofen auf 190 °C vorheizen.
- Papier vom Mürbeteig abziehen. Mürbeteig mehrmals mit einer Gabel einstechen und wieder mit dem Backpapier belegen. Trockenerbsen auf den bedeckten Mürbeteig füllen und den Teig sieben Minuten backen. Trockenerbsen und Backpapier entfernen und den Teig nochmals fünf bis sieben Minuten hellbraun vorbacken.
- Aus dem Ofen nehmen.
- Quinoamasse auf den vorgebackenen Mürbeteig streichen.
- Kuchen 40 bis 50 Minuten backen. Kuchen gegen Ende der Backzeit mit Backpapier bedecken, wenn die Füllung zu braun wird.
- Aus dem Ofen nehmen, fünf Minuten abdampfen lassen, vorsichtig aus der Form lösen und auf einem Kuchengitter auskühlen lassen.
- **Für die Karamellglasur** Wasser zum Kochen bringen.
- Zucker in einer Pfanne erhitzen, unter Rühren auflösen, bis er zu schäumen beginnt. Sobald der Zucker goldbraun wird, kochendes Wasser zum Zucker geben und rühren, bis sich der Karamell gelöst hat. Haferdrink in die nicht mehr ganz heiße Lösung rühren, flüssigen Karamell über die Kuchenfüllung streichen und abkühlen lassen.

125

Andere Torten mit gebackener Füllung

Dattel-Hirse-Torte

Für den Mürbeteig:
200 g Weizenvollkornmehl, sehr fein gemahlen
100 g Hirsevollkornmehl, sehr fein gemahlen
½ TL Weinsteinbackpulver
½ TL gemahlene Vanille
¼ TL feines Meersalz
120 g kaltes Kokosfett, Palmöl oder Kokosöl (oder kaltes Sonnenblumenöl)
20 g Zitronensaft (2 EL)
40 – 80 g kaltes Wasser (4 – 8 EL)

Für die Füllung:
200 g Haselnüsse
450 g Datteln
100 g Kokosnuss
200 g Hirse
1 kg Haferdrink oder Kokosmilch (siehe Seite 22)
½ TL feines Meersalz

Kokos- oder Palmkernfett für die Springform (28 cm Durchmesser)
Trockenerbsen zum Blindbacken

- Boden und Ring einer Springform einfetten.
- Die Zutaten **für den Mürbeteig** sollten gut gekühlt sein.
- Weizen- und Hirsemehl mit Backpulver mischen und auf das Backbrett oder in eine weite Rührschüssel sieben. Vanille und Salz mit einer Gabel unter das Mehl mengen. Das gekühlte Kokosfett, Palmöl oder Kokosöl grob reiben oder zerkrümeln und über das Mehl geben. Bei Sonnenblumenöl dieses über das Mehl träufeln. Mehl und Fett mit einer Teigkarte zu einer krümeligen Masse hacken oder mit einer Gabel rasch zu feinen Krümeln verreiben. Zitronensaft und nach Bedarf teelöffelweise Wasser zu den Krümeln geben und möglichst rasch zu einem festen geschmeidigen Teig verarbeiten. Dabei nicht kneten. Der Teig darf nicht klebrig sein, deshalb nicht zu viel Flüssigkeit zugeben.
- Teig zu einem flachen Kloß formen und zwischen zwei Lagen Backpapier zu einem Kreis von etwa 36 Zentimeter Durchmesser ausrollen. Obere Papierlage abziehen. Teigplatte mit der unbedeckten Seite nach unten auf den Springformboden legen, Springformring um den Boden legen und festziehen. Dabei den überstehenden Teig möglichst wenig beschädigen und als Rand an die Innen-

126

- seite des Springformringes drücken. Form mindestens eine halbe Stunde in den Kühlschrank stellen.
- Haselnüsse **für die Füllung** ohne Fett in einer Pfanne rösten, bis sie duften. Abkühlen lassen und grob hacken.
- Datteln entkernen und fein schneiden.
- Kokosnuss fein raspeln.
- Hirse waschen. Haferdrink oder Kokosmilch mit Salz zum Kochen bringen, Hirse einrühren, erneut aufkochen und auf kleinster Flamme ausquellen lassen, bis die Flüssigkeit aufgesogen ist.
- Backofen auf 185 °C vorheizen.
- Papier vom Mürbeteig abziehen. Mürbeteig mehrmals mit einer Gabel einstechen und wieder mit Backpapier belegen. Trockenerbsen auf den bedeckten Mürbeteig füllen und den Teig sieben Minuten backen. Trockenerbsen und Backpapier entfernen und den Teig nochmals fünf bis sieben Minuten hellbraun vorbacken.
- Aus dem Ofen nehmen.
- Haselnuss und Kokosnuss mit der Hirse mischen. Datteln vorsichtig unterheben.
- Hirsemasse gleichmäßig auf dem vorgebackenen Mürbeteig verteilen.
- Kuchen 45 bis 60 Minuten backen. Kuchen gegen Ende der Backzeit mit Backpapier bedecken, wenn die Füllung zu braun wird.
- Kuchen aus dem Ofen nehmen, fünf Minuten abdampfen lassen, vorsichtig aus der Form lösen und auf einem Kuchengitter auskühlen lassen.

Andere Torten mit gebackener Füllung

Mohn-Tofu-Torte

Für den Mürbeteig:
250 g Weizenvollkornmehl, sehr fein gemahlen
½ TL Weinsteinbackpulver
60 g Vollrohrzucker, fein gemahlen und gesiebt
¼ TL feines Meersalz
90 g kaltes Mohnöl, Kokosfett oder Palmöl (oder kaltes Sonnenblumenöl)
10 g Zitronensaft (1 EL)
40 – 70 g kalter Apfelsaft (4 – 7 EL)

Für die Mohnmasse:
30 g Haselnüsse
30 g Mandeln
200 g Mohn
40 g Sultaninen
200 g Haferdrink
80 g Agavendicksaft
60 g Vollkornsemmelbrösel
¼ TL feines Meersalz
½ TL gemahlener Zimt

Für die Tofumasse:
500 g Tofu, gut abgetropft
50 g Agavendicksaft
150 g Apfelsaft
10 g Zitronensaft (1 EL)
1 TL gemahlene Vanille
1 TL abgeriebene Zitronenschale
¼ TL feines Meersalz

Kokos- oder Palmkernfett für die Springform (26 cm Durchmesser)
Trockenerbsen zum Blindbacken

- Boden und Ring einer Springform einfetten.
- Die Zutaten **für den Mürbeteig** sollten gut gekühlt sein.
- Mehl mit Backpulver mischen und auf das Backbrett oder in eine weite Rührschüssel sieben. Zucker und Salz mit einer Gabel unter das Mehl mengen. Das gekühlte Mohnöl über das Mehl träufeln. Bei Verwendung von Kokosfett oder

128

Andere Torten mit gebackener Füllung

Palmöl dieses grob reiben oder zerkrümeln und über das Mehl geben. Bei Sonnenblumenöl dieses über das Mehl träufeln. Mehl und Fett mit einer Teigkarte zu einer krümeligen Masse hacken oder mit einer Gabel rasch zu feinen Krümeln verreiben. Zitronensaft und nach Bedarf teelöffelweise Apfelsaft zu den Krümeln geben und möglichst rasch zu einem festen geschmeidigen Teig verarbeiten. Dabei nicht kneten. Der Teig darf nicht klebrig sein, deshalb nicht zu viel Flüssigkeit zugeben.

- Teig zu einem flachen Kloß formen und zwischen zwei Lagen Backpapier zu einem Kreis von etwa 34 Zentimeter Durchmesser ausrollen. Obere Papierlage abziehen. Teigplatte mit der unbedeckten Seite nach unten auf den Springformboden legen, Springformring um den Boden legen und festziehen. Dabei den überstehenden Teig möglichst wenig beschädigen und als Rand an die Innenseite des Springformringes drücken. Form mindestens eine halbe Stunde in den Kühlschrank stellen.
- **Für die Mohnmasse** Haselnüsse fein mahlen.
- Mandeln grob hacken.
- Mohn mahlen.
- Sultaninen heiß waschen und abtropfen lassen.
- Haferdrink zum Kochen bringen, Mohn einstreuen und unter Rühren fünf Minuten bei mittlerer Hitze köcheln lassen. Dicksaft, Brösel, Mandeln, Sultaninen, Salz und Zimt in die Mohnmasse rühren und vom Feuer nehmen.
- **Für die Tofufüllung** den Tofu cremig pürieren, mit einer Gabel fein zerdrücken oder durch ein Sieb streichen. Mit Dicksaft, Säften, Gewürzen und Salz geschmeidig verrühren.
- Backofen auf 190 °C vorheizen.
- Papier vom Mürbeteig abziehen. Mürbeteig mehrmals mit einer Gabel einstechen und wieder mit dem Backpapier belegen. Trockenerbsen auf den bedeckten Mürbeteig füllen und den Teig sieben Minuten backen. Trockenerbsen und Backpapier entfernen und den Teig nochmals fünf bis sieben Minuten hellbraun vorbacken.
- Aus dem Ofen nehmen.
- Gemahlene Haselnüsse auf den vorgebackenen Mürbeteig streuen, Mohnmasse auf den Nüssen und Tofumasse auf der Mohnmasse glatt verstreichen.
- Kuchen 45 bis 55 Minuten backen. Kuchen gegen Ende der Backzeit mit Backpapier bedecken, wenn die Füllung zu braun wird.
- Kuchen aus dem Ofen nehmen, fünf Minuten abdampfen lassen, vorsichtig aus der Form lösen und auf einem Kuchengitter auskühlen lassen.

Andere Torten mit gebackener Füllung

Maronenkuchen

Für den Mürbeteig:
50 g Pinienkerne
200 g Weizenvollkornmehl, sehr fein gemahlen
¼ TL Weinsteinbackpulver
75 g Vollrohrzucker, fein gemahlen und gesiebt
½ TL gemahlene Vanille
¼ TL feines Meersalz
90 g kaltes Kokosfett, Mohnöl oder Palmöl (oder kaltes Sonnenblumenöl)
10 g Zitronensaft (1 EL)
40 – 70 g kaltes Wasser (4 – 7 EL)

Für die Füllung:
750 g Maronen
200 g Reisdrink
20 g Pfeilwurzelmehl
20 g Kakaopulver (3 EL)
1 TL gemahlene Vanille
1 TL gemahlener Zimt
¼ TL gemahlene Nelken
40 g Rosenwasser (4 EL)
110 g Mohnöl oder Sonnenblumenöl
100 g Agavendicksaft

Zum Beträufeln und Bestäuben:
20 g Rosenwasser (2 EL)
20 g Kakaopulver (3 EL)

Kokos- oder Palmkernfett für die Springform (26 cm Durchmesser)
Trockenerbsen zum Blindbacken

- Boden und Ring einer Springform einfetten.
- Pinienkerne **für den Teig** sehr fein mahlen.
- Backofen auf 200 °C vorheizen.
- Die Zutaten für den Mürbeteig sollten gut gekühlt sein.
- Mehl mit Pinienkernen und Backpulver mischen und auf das Backbrett oder in eine weite Rührschüssel sieben. Zucker, Vanille und Salz mit einer Gabel unter das Mehl mengen. Das gekühlte Kokosfett oder Palmöl grob reiben oder zerkrü-

Andere Torten mit gebackener Füllung

meln und über das Mehl geben. Bei Mohnöl oder Sonnenblumenöl dieses über das Mehl träufeln. Mehl und Fett mit einer Teigkarte zu einer krümeligen Masse hacken oder mit einer Gabel rasch zu feinen Krümeln verreiben. Zitronensaft und nach Bedarf teelöffelweise Wasser zu den Krümeln geben und möglichst rasch zu einem festen geschmeidigen Teig verarbeiten. Dabei nicht kneten. Der Teig darf nicht klebrig sein, deshalb nicht zu viel Flüssigkeit zugeben.

- Teig zu einem flachen Kloß formen und zwischen zwei Lagen Backpapier zu einem Kreis von etwa 32 Zentimeter Durchmesser ausrollen. Obere Papierlage abziehen. Teigplatte mit der unbedeckten Seite nach unten auf den Springformboden legen, Springformring um den Boden legen und festziehen. Dabei den überstehenden Teig möglichst wenig beschädigen und als drei Zentimeter hohen Rand an die Innenseite des Springformringes drücken. Form mindestens eine halbe Stunde in den Kühlschrank stellen.

- **Für die Füllung** Maronen an den Spitzen kreuzweise einschneiden, auf ein Backblech legen und je nach Größe 15 bis 20 Minuten im heißen Backofen rösten. Backofen abschalten.

- Maronen abkühlen lassen, schälen und von den Samenhäuten befreien.

- Wenig Wasser in einem Topf zum Kochen bringen und die Maronen 20 Minuten darin weich dünsten. Weiche Maronen abgießen, etwas abkühlen lassen und pürieren oder im Mörser cremig verreiben. Dabei Reisdrink zugeben.

- Pfeilwurzelmehl, Kakao und Gewürze mit Rosenwasser anrühren.

- Öl und Dicksaft in einer großen Rührschüssel über dem warmen Wasserbad verquirlen, unter Rühren und Schlagen die Kakaomischung und esslöffelweise das Maronenmus dazugeben und zu einer glatten Masse verarbeiten.

- Backofen auf 190 °C vorheizen.

- Papier vom Mürbeteig abziehen. Mürbeteig mehrmals mit einer Gabel einstechen und wieder mit dem Backpapier belegen. Trockenerbsen auf den bedeckten Mürbeteig füllen und den Teig sieben Minuten backen. Trockenerbsen und Backpapier entfernen und den Teig nochmals fünf bis sieben Minuten hellbraun vorbacken.

- Aus dem Ofen nehmen und die Temperatur auf 180 °C reduzieren.

- Maronenmasse gleichmäßig auf dem vorgebackenen Mürbeteig verstreichen.

- Kuchen etwa 50 Minuten backen.

- Aus dem Ofen nehmen, fünf Minuten abdampfen lassen, vorsichtig aus der Form lösen, mit Rosenwasser beträufeln und auf einem Kuchengitter auskühlen lassen.

- Kakao über den abgekühlten Kuchen sieben.

Andere Torten mit gebackener Füllung

Engadiner Nusstorte

Für die Rührmasse:
350 g Dinkelvollkornmehl, fein gemahlen
3 TL Weinsteinbackpulver
½ TL Natron
½ TL feines Meersalz
1 TL abgeriebene Zitronenschale
240 (– 290) g Haferdrink (eventuell etwas weniger oder mehr)
20 g Zitronensaft (2 EL)
90 g Ahornsirup
120 g Sonnenblumenöl

Zum Ausrollen:
50 g Dinkelvollkornmehl

Für die Füllung:
300 g Walnüsse
200 g Hafersahne
70 g Reissirup
200 g Vollrohrzucker, fein gemahlen und gesiebt
50 g Wasser

Kokos- oder Palmkernfett für die Springform (26 cm Durchmesser)

- Boden und Ring einer Springform einfetten.
- Die Zutaten **für die Rührmasse** sollten Raumtemperatur haben.
- Dinkelmehl in eine Schüssel sieben, mit Backpulver, Natron, Salz und Zitronenschale mischen.
- Die Hälfte des Haferdrinks, Zitronensaft, Sirup und Öl in einer großen Rührschüssel verquirlen.
- Mehlmischung esslöffelweise über die Ölmischung sieben und mit dem Schneebesen oder Rührlöffel zu einer geschmeidigen weichen Masse verrühren und schlagen. Restlichen Haferdrink nach Bedarf esslöffelweise abwechselnd mit der Mehlmischung zur Masse geben, die Masse sollte weich, aber knetbar sein.
- Masse kurz auf der bemehlten Arbeitsfläche oder in der Rührschüssel durchkneten.
- Zwei Drittel der Masse zu einem Kreis von 32 Zentimeter Durchmesser ausrollen, die Teigplatte auf den Springformboden legen, Springformring um den Bo-

Andere Torten mit gebackener Füllung

den legen und festziehen. Dabei den überstehenden Teig möglichst wenig beschädigen und als drei Zentimeter hohen Rand an die Innenseite des Springformringes drücken. Den restlichen Teig zwischen zwei Lagen Backpapier zu einem Kreis von 26 Zentimeter Durchmesser ausrollen. Form und Teigdeckel mindestens eine Stunde in den Kühlschrank stellen.

- Walnüsse **für die Füllung** ohne Fett in einer Pfanne rösten, bis sie duften. Abkühlen lassen und grob hacken.
- In einem kleinen Topf Hafersahne und Sirup aufkochen lassen.
- In einem zweiten Topf den Zucker mit dem Wasser so lange köcheln lassen, bis die Masse hellbraun karamellisiert. Karamell mit der warmen Hafersahne-Sirup-Mischung ablöschen und auf kleiner Flamme unter Rühren köcheln lassen, bis sich der Karamell gelöst hat.
- Walnüsse unterrühren und die Masse vom Feuer nehmen.
- Backofen auf 190 °C vorheizen.
- Papier vom Teig in der Springform abziehen und den Teig mehrmals mit einer Gabel einstechen. Walnussmasse gleichmäßig auf den Teig in der Springform streichen.
- Papier vom Teigdeckel abziehen, Teigdeckel auf die Füllung legen, mehrmals mit einer Gabel einstechen. Überstehenden Teigrand auf gleicher Höhe mit dem Teigdeckel gut mit diesem verkneifen.
- Kuchen etwa 40 Minuten backen. Kuchen gegen Ende der Backzeit mit Backpapier bedecken, wenn er zu braun wird.
- Aus dem Ofen nehmen, vorsichtig aus der Form lösen und auf einem Kuchengitter auskühlen lassen.

Hafersahne selbst gemacht

Hafersahne können Sie als fertiges Produkt im Naturkostladen kaufen. Es handelt sich dabei meist um Haferdrink mit einem höheren Ölanteil und Verdickungsmittel.

Hafersahne können Sie auch selbst herstellen, indem Sie Haferdrink mit etwas Öl verquirlen – mischen Sie zum Beispiel 180 g Haferdrink mit 2 – 3 EL Öl. Wenn Sie beides leicht erwärmen, verteilen sich die Öltröpfchen besser. Nach einiger Zeit wird sich ein Teil des Öls wieder auf dem Haferdrink absetzen, was jedoch nicht weiter schlimm ist, wenn Sie Ihre Hafersahne vorher weiterverarbeiten. Für eine beständigere Emulsion verquirlen Sie 1 EL Sojamehl mit etwas Haferdrink und geben das angerührte Sojamehl zum Haferdrink-Öl-Gemisch. Wählen Sie das zugesetzte Öl nach Vorliebe und Bestimmung – für die Engadiner Nusstorte passt beispielsweise *Walnussöl* sehr gut.

Andere Torten mit gebackener Füllung

Bananen-Schoko-Torte

Für den Mürbeteig:

200 g Dinkelvollkornmehl, sehr fein gemahlen
¼ TL Weinsteinbackpulver
¼ TL feines Meersalz
70 g kaltes Kokosfett, Palmöl oder Kokosöl (oder kaltes Sonnenblumenöl)
10 g Zitronensaft (1 EL)
30 – 60 g kalter Reisdrink (3 – 6 EL)

Für die Rührmasse:

30 g Haselnüsse
100 g Bitterschokolade
80 g Dinkelvollkornmehl, fein gemahlen
3 TL Weinsteinbackpulver
½ TL Natron
100 g Vollkornsemmelbrösel
½ TL gemahlener Piment
½ TL gemahlene Vanille
200 g geschälte reife Banane
100 (–150) g Reisdrink (eventuell etwas weniger oder mehr)
10 g Zitronensaft (1 EL)
40 g Ahornsirup (3 EL)
50 g Mandelmus
50 g Sonnenblumenöl
60 g Aprikosenkonfitüre

Für die Glasur:

170 g Bitterschokolade
100 g Reisdrink
15 g Kokosöl (1 EL)

Kokos- oder Palmkernfett für die Springform (26 cm Durchmesser)

- Boden und Ring einer Springform einfetten.
- Die Zutaten **für den Mürbeteig** sollten gut gekühlt sein.
- Mehl mit Backpulver mischen und auf das Backbrett oder in eine weite Rührschüssel sieben. Salz mit einer Gabel unter das Mehl mengen. Das gekühlte Kokosfett, Palmöl oder Kokosöl grob reiben oder zerkrümeln und über das Mehl

Andere Torten mit gebackener Füllung

geben. Bei Sonnenblumenöl dieses über das Mehl träufeln. Mehl und Fett mit einer Teigkarte zu einer krümeligen Masse hacken oder mit einer Gabel rasch zu feinen Krümeln verreiben. Zitronensaft und nach Bedarf teelöffelweise Reisdrink zu den Krümeln geben und möglichst rasch zu einem festen geschmeidigen Teig verarbeiten. Dabei nicht kneten. Der Teig darf nicht klebrig sein, deshalb nicht zu viel Flüssigkeit zugeben.

- Teig zu einem flachen Kloß formen und zwischen zwei Lagen Backpapier zu einem Kreis von 26 Zentimeter Durchmesser ausrollen. Obere Papierlage abziehen. Teigplatte mit der unbedeckten Seite nach unten auf den Springformboden legen, Springformring um den Boden legen und festziehen. Form mindestens eine halbe Stunde in den Kühlschrank stellen.
- Haselnüsse **für die Rührmasse** ohne Fett in einer Pfanne rösten, bis sie duften. Abkühlen lassen und fein mahlen.
- Schokolade hochkant mit einem Messer in schmale Streifen schneiden, sodass bröckelige Schokoladenlocken entstehen.
- Dinkelmehl, Backpulver und Natron in eine Schüssel sieben, mit einer Gabel Haselnüsse, Brösel, Schokoladenlocken und Gewürze untermischen.
- Backofen auf 180 °C vorheizen.
- Bananen mit einer Gabel fein zerdrücken.
- Die Hälfte des Reisdrinks, Zitronensaft, Sirup, Bananenmus, Mandelmus und Öl in einer großen Rührschüssel verquirlen.
- Mehlmischung esslöffelweise über die Ölmischung sieben und mit dem Schneebesen oder Rührlöffel zu einer geschmeidigen weichen Masse verrühren und schlagen. Nach Bedarf esslöffelweise restlichen Reisdrink abwechselnd mit der Mehlmischung zur Masse geben. Zügig mischen, die Masse sollte locker bleiben und zähflüssig vom Löffel fallen. Nicht schaumig schlagen.
- Aprikosenkonfitüre leicht erwärmen und glatt rühren.
- Papier vom Mürbeteig abziehen, den Teig mehrmals mit einer Gabel einstechen und mit der Hälfte der Aprikosenkonfitüre bestreichen.
- Rührmasse auf den Mürbeteig in die Springform füllen, glätten und zum Rand etwas hochstreichen.
- Kuchen 50 bis 55 Minuten backen (Hölzchenprobe, siehe Seite 36).
- Aus dem Ofen nehmen, zehn Minuten abdampfen lassen, vorsichtig aus der Form lösen, mit der restlichen Aprikosenkonfitüre bepinseln und auf einem Kuchengitter auskühlen lassen.
- Schokolade **für die Glasur** in Stücke brechen und in eine Schüssel füllen.
- Reisdrink erhitzen, über die Schokolade gießen und vorsichtig rühren, bis die Schokolade geschmolzen ist. Kokosöl sorgfältig unterrühren und die noch warme Glasur auf den Kuchen streichen. Mit einer Gabel Wellen in die Glasur zeichnen.

135

Geschichtete Obsttorten

Brombeertorte

Für den Mürbeteig:
200 g Weizenvollkornmehl, sehr fein gemahlen
½ TL Weinsteinbackpulver
40 g Vollrohrzucker, fein gemahlen und gesiebt (3 ½ EL)
¼ TL feines Meersalz
80 g kaltes Kokosfett oder Palmöl (oder kaltes Sonnenblumenöl)
20 g Zitronensaft (2 EL)
40 – 60 g kaltes Wasser (4 – 6 EL)

Für die Füllung und den Belag:
140 g Kaschunüsse (Cashewnüsse)
150 g Bitterschokolade
½ TL gemahlene Vanille
140 g Reissirup
60 g Wasser
¼ TL feines Meersalz
250 g Brombeeren

Kokos- oder Palmkernfett für zwei Springformen (26 cm Durchmesser)

- Böden von zwei Springformen einfetten.
- Die Zutaten **für den Mürbeteig** sollten gut gekühlt sein.
- Mehl mit Backpulver mischen und auf das Backbrett oder in eine weite Rührschüssel sieben. Zucker und Salz mit einer Gabel unter das Mehl mengen. Das gekühlte Kokosfett oder Palmöl grob reiben oder zerkrümeln und über das Mehl geben. Bei Sonnenblumenöl dieses über das Mehl träufeln. Mehl und Fett mit einer Teigkarte zu einer krümeligen Masse hacken oder mit einer Gabel rasch zu feinen Krümeln verreiben. Zitronensaft und nach Bedarf teelöffelweise Wasser zu den Krümeln geben und möglichst rasch zu einem festen geschmeidigen Teig verarbeiten. Dabei nicht kneten. Der Teig darf nicht klebrig sein, deshalb nicht zu viel Flüssigkeit zugeben.
- Teig zu einem flachen Kloß formen, halbieren und jede Hälfte zwischen zwei Lagen Backpapier zu einem Kreis von 26 Zentimeter Durchmesser ausrollen. Obere Papierlagen abziehen. Teigplatten mit den unbedeckten Seiten nach unten auf die Springformböden legen. Böden mindestens eine halbe Stunde in den Kühlschrank stellen.
- Backofen auf 180 °C vorheizen.

Geschichtete Obsttorten

- Kaschunüsse **für den Belag** ohne Fett in einer Pfanne rösten, bis sie duften. Abkühlen lassen und sehr fein mahlen.
- Papiere von den Mürbeteigen abziehen und die Teige mehrmals mit einer Gabel einstechen.
- Teigplatten 15 bis 20 Minuten backen, bis sie goldbraun sind. Aus dem Ofen nehmen, vorsichtig von den Formböden lösen und auf einem Kuchengitter auskühlen lassen.
- Schokolade im heißen Wasserbad schmelzen.
- Handwarme Schokolade auf die beiden Kuchenböden streichen und die Böden aufeinanderlegen. Schokolade fest werden lassen
- Kaschumehl mit Vanille und Sirup cremig verrühren. Wasser und Salz unterrühren.
- Nusscreme auf dem Kuchen glatt verstreichen.
- Brombeeren verlesen, bei Bedarf vorsichtig waschen und trockentupfen.
- Brombeeren kreisförmig in die Nusscreme setzen.

Extraboden für die Torte
Mehrschichtig gefüllte weiche Kuchen bekommen durch einen zusätzlichen Mürbeteigboden **mehr Halt.** Eine knusprig mürbe Unterlage bringt die luftig leichten Teig- und Cremeschichten außerdem gut zur Geltung und macht das Kuchenessen besonders reizvoll.
Für solch einen Extraboden nehmen Sie jeweils die Hälfte der Zutaten für den Mürbeteig der Brombeertorte. Diese bereiten Sie zu und backen sie auf einem Formboden wie im Rezept angegeben. Noch besser ist in vielen Fällen ein etwas dickerer Mürbeteigboden, den Sie erhalten, wenn Sie jeweils etwas mehr als die Hälfte der angegebenen Zutaten nehmen. Die Backzeit ist dann etwas länger. Würzen Sie Ihren Mürbeteig je nach Vorliebe und Bestimmung.

Heidelbeer-Mandel-Torte

Für den Hefeteig:
20 g frische Hefe
240 g lauwarmer Haferdrink
50 g Ahornsirup
400 g Dinkelvollkornmehl, fein gemahlen
40 g Sonnenblumenöl (2 ½ EL)
½ TL frisch gemörserter Safran in 2 TL Wasser gelöst
1 TL gemahlene Vanille
¼ TL feines Meersalz

Für den Belag:
150 g Mandeln
80 g Vollrohrzucker, fein gemahlen und gesiebt
40 g Ahornsirup (2 ½ EL)
60 g Sonnenblumenöl
50 g Haferdrink

Für die Füllung:
150 g geschälte reife Banane
150 g Heidelbeerkonfitüre
200 g Heidelbeeren

Kokos- oder Palmkernfett für die Springform (26 cm Durchmesser)

- Boden und Ring einer Springform einfetten.
- Die Zutaten **für den Teig** sollten Raumtemperatur haben.
- In einer großen Rührschüssel die Hefe in etwas lauwarmem Haferdrink auflösen, mit dem restlichen Haferdrink, etwas Sirup und 100 Gramm Mehl zu einem Vorteig verrühren. Vorteig mit etwas Mehl bestäuben und mit einem Küchentuch bedeckt 20 bis 30 Minuten an einem warmen Ort gehen lassen.
- Restliches Mehl über den Vorteig sieben, restlichen Sirup, Öl, Gewürze und Salz dazugeben und verrühren. Den Teig auf der Arbeitsfläche kräftig mit den Händen kneten, bis er nicht mehr klebrig ist und sich glatt und geschmeidig von der Arbeitsfläche löst.
- Teig zu einem Kloß formen und in der Schüssel mit einem Küchentuch bedeckt an einem warmen Ort etwa 30 Minuten gehen lassen, bis sich das Volumen verdoppelt hat und sich Poren an der Oberfläche zeigen.

- Kurz durchkneten, damit die Gase entweichen, und ein weiteres Mal etwa 30 Minuten gehen lassen.
- Hefeteig nochmals kurz und kräftig durchkneten, auf einem bemehlten Küchentuch zu einem dicken Fladen von 26 Zentimeter Durchmesser ausrollen und in die Springform legen.
- **Für den Belag** Mandeln blättrig schneiden.
- Zucker, Sirup, Öl und Haferdrink in einem Topf erhitzen, aufkochen lassen und die Mandeln unter Rühren dazugeben.
- Die heiße Mandelmasse auf den Hefeteig streichen und etwas in den Teig drücken. Der Teig sollte vor dem Backen nochmals etwas gehen.
- Backofen auf 190 °C vorheizen.
- Kuchen etwa 30 Minuten backen. Nach 15 Minuten die Temperatur auf 180 °C reduzieren.
- Kuchen aus dem Ofen nehmen, kurz abdampfen lassen, vorsichtig aus der Form lösen und auf einem Kuchengitter auskühlen lassen.
- Ausgekühlten Kuchen mit einem großen Messer quer halbieren.
- Obere Hälfte mit einem scharfen Messer in Tortenstücke schneiden.
- **Für die Füllung** Banane mit einer Gabel fein zerdrücken und mit der Heidelbeerkonfitüre mischen.
- Heidelbeeren verlesen und etwas zerquetschen.
- Heidelbeeren zum Bananenmus geben, mischen und auf die untere Kuchenhälfte streichen.
- Füllung mit den vorgeschnittenen Tortenstücken belegen.

Odessatorte

Für die Rührmasse:
100 g Haselnüsse
100 g Bitterschokolade
100 g Dinkelvollkornmehl, fein gemahlen
30 g Pfeilwurzelmehl (3 ½ EL)
3 TL Weinsteinbackpulver
¼ TL feines Meersalz
1 TL abgeriebene Orangenschale
180 (– 220) g Orangensaft (eventuell etwas weniger oder mehr)
60 g Ahornsirup
80 g Sonnenblumenöl

Für die Füllung und den Belag:
200 g Tofu, gut abgetropft
½ TL gemahlene Vanille
20 g Sonnenblumenöl (1 – 2 EL)
50 g Ahornsirup
¼ TL feines Meersalz
1 TL frisch gemörserter Safran in 3 TL Wasser gelöst
4 süße kleine Birnen
125 g Apfelsaft
20 g Pfeilwurzelmehl (2 ¼ EL)
50 g Bitterschokolade

Kokos- oder Palmkernfett für die Springform (26 cm Durchmesser)

- Ring einer Springform einfetten und den Springformboden mit Backpapier belegen.
- Haselnüsse ohne Fett in einer Pfanne rösten, bis sie duften. Abkühlen lassen und fein mahlen.
- Schokolade für die Rührmasse hochkant mit einem Messer in schmale Streifen schneiden, sodass bröckelige Schokoladenlocken entstehen.
- Backofen auf 180 °C vorheizen.
- Die Zutaten **für die Rührmasse** sollten Raumtemperatur haben.
- Dinkelmehl, Pfeilwurzelmehl und Backpulver in eine Schüssel sieben, mit einer Gabel Haselnüsse, Schokoladenlocken, Salz und Orangenschale untermischen.

Geschichtete Obsttorten

- Die Hälfte des Saftes, Sirup und Öl in einer großen Rührschüssel verquirlen.
- Mehlmischung esslöffelweise über die Ölmischung sieben und mit dem Schneebesen oder Rührlöffel zu einer geschmeidigen weichen Masse verrühren und schlagen. Nach Bedarf esslöffelweise restlichen Saft abwechselnd mit der Mehlmischung zur Masse geben. Zügig mischen, die Masse sollte locker bleiben und zähflüssig vom Löffel fallen. Nicht schaumig schlagen.
- Masse in die festgezogene Springform füllen, glatt streichen und zum Springformrand etwas hochstreichen.
- Kuchen 45 bis 50 Minuten backen (Hölzchenprobe, siehe Seite 36). Aus dem Ofen nehmen, kurz abdampfen lassen, vorsichtig aus der Form lösen, auf ein Kuchengitter stürzen und das Backpapier abziehen.
- **Für die Füllung** Tofu cremig pürieren, mit einer Gabel fein zerdrücken oder durch ein Sieb streichen. Vanille, Öl, Sirup und Salz in die Tofucreme rühren. So lange schlagen, bis eine geschmeidige Konsistenz erreicht ist. Tofucreme halbieren und in einen Teil die Hälfte des gelösten Safrans rühren. Beide Cremes bis zur Verwendung in den Kühlschrank stellen.
- Birnen schälen, entkernen und achteln.
- Apfelsaft mit dem restlichen Safran aufkochen und die Birnenachtel in diesem Sud weich garen. Weiche Birnen vorsichtig aus dem Saft nehmen und abtropfen lassen.
- Pfeilwurzelmehl mit etwas Birnensud anrühren. Restlichen Sud erneut zum Kochen bringen, angerührtes Pfeilwurzelmehl unter Rühren in den heißen Sud geben, kurz aufkochen lassen und vom Feuer nehmen.
- Abgekühlten Kuchen mit einem großen Messer quer halbieren.
- Untere Hälfte mit den Birnenachteln belegen und den Birnensaftpudding auf die Birnen streichen. Einfache Tofucreme auf die Birnenfüllung streichen.
- Obere Kuchenhälfte auf die Creme legen.
- Kuchendeckel mit der Safrancreme bestreichen.
- Schokolade hochkant mit einem Messer in feine Späne schneiden und die Schokoladenspäne über den Kuchen streuen.

Odessa
Die weltbekannte Hafentreppe der Stadt Odessa beeindruckte den Erfinder der Torte so sehr, dass er seine Kreation, wenn nicht nach der Treppe, so doch nach der Stadt benannte.

Geschichtete Obsttorten

Birnen-Schokopudding-Torte

Für die Rührmasse:
150 g Dinkelvollkornmehl, fein gemahlen
40 g Pfeilwurzelmehl (4 ½ EL)
25 g Kakaopulver (3 ½ EL)
3 TL Weinsteinbackpulver
¼ TL feines Meersalz
½ TL gemahlener Zimt
180 (– 250) g Wasser (eventuell etwas weniger oder mehr)
10 g Zitronensaft (1 EL)
80 g Agavendicksaft
60 g Sonnenblumenöl

Für den Belag:
800 g reife weiche Birnen
125 g Wasser
10 g Zitronensaft (1 EL)
Agavendicksaft nach Belieben

Für den Pudding:
20 g Kakaopulver (3 EL)
60 g Hirsevollkornmehl, sehr fein gemahlen, oder Hirseflocken
¼ TL feines Meersalz
350 g Haferdrink
40 g Agavendicksaft (2 – 3 EL)
½ TL gemahlene Vanille

Zum Bestreuen:
30 g Mandeln

Kokos- oder Palmkernfett für die Springform (26 cm Durchmesser)

- Ring einer Springform einfetten und den Springformboden mit Backpapier belegen.
- Die Zutaten **für die Rührmasse** sollten Raumtemperatur haben.
- Backofen auf 180 °C vorheizen.
- Dinkelmehl, Pfeilwurzelmehl, Kakao und Backpulver in eine Schüssel sieben, mit einer Gabel Salz und Zimt untermischen.

Geschichtete Obsttorten

- Die Hälfte des Wassers, Zitronensaft, Dicksaft und Öl in einer großen Rührschüssel verquirlen.
- Mehlmischung esslöffelweise über die Ölmischung sieben und mit dem Schneebesen oder Rührlöffel zu einem geschmeidigen weichen Teig verrühren und schlagen. Nach Bedarf esslöffelweise restliches Wasser abwechselnd mit der Mehlmischung zum Teig geben. Zügig mischen, die Masse sollte locker bleiben und zähflüssig vom Löffel fallen. Nicht schaumig schlagen.
- Teig in die festgezogene Springform füllen, glatt streichen und zum Springformrand etwas hochstreichen.
- Kuchen 30 bis 40 Minuten backen (Hölzchenprobe, siehe Seite 36).
- Aus dem Ofen nehmen, kurz abdampfen lassen, vorsichtig aus der Form lösen, auf ein Kuchengitter stürzen und das Backpapier abziehen.
- Birnen **für den Belag** schälen, halbieren und entkernen.
- Wasser und Zitronensaft mischen, erhitzen und die Birnenhälften im Zitronenwasser weich dünsten. Nach Belieben süßen. Die Birnen sollten nicht zerfallen. Weiche Birnen vorsichtig aus der Garflüssigkeit nehmen und abtropfen lassen.
- **Für den Pudding** den Kakao mit Mehl und Salz klümpchenfrei in den kalten Haferdrink rühren. Unter Rühren aufkochen lassen und etwa drei Minuten köcheln lassen. Dabei umrühren. Dicksaft und Vanille in den Pudding rühren und etwas nachquellen lassen.
- Den noch warmen Pudding auf den Kuchen streichen und die Birnenhälften mit den Schnittflächen nach unten sofort in den Pudding drücken.
- Mandeln zum Bestreuen blättrig schneiden.
- Kuchen mit den Mandeln bestreuen und abkühlen lassen.

Geschichtete Obsttorten

Haselnuss-Bananen-Torte mit Sacherglasur

Für die Rührmasse:
100 g Haselnüsse
300 g Dinkelvollkornmehl, fein gemahlen
50 g Pfeilwurzelmehl
25 g Kakaopulver (3 ½ EL)
3 TL Weinsteinbackpulver
½ TL Natron
¼ TL feines Meersalz
1 TL gemahlener Zimt
300 (– 350) g Wasser (eventuell etwas weniger oder mehr)
20 g Zitronensaft (2 EL)
80 g Agavendicksaft
50 g Sonnenblumenöl
40 g Haselnussmus (2 ½ EL)

Für die Füllung:
500 g geschälte reife Banane
100 g Reisvollkornmehl, sehr fein gemahlen, oder Reisflocken
200 g Wasser
50 g Haselnussmus
½ TL gemahlener Zimt

Für die Glasur:
150 g Bitterkuvertüre
200 g Vollrohrzucker, fein gemahlen und gesiebt
60 g Wasser

Kokos- oder Palmkernfett für die Springform (26 cm Durchmesser)

- Ring einer Springform einfetten und den Springformboden mit Backpapier belegen.
- Die Zutaten **für die Rührmasse** sollten Raumtemperatur haben.
- Haselnüsse ohne Fett in einer Pfanne rösten, bis sie duften. Abkühlen lassen und fein mahlen.
- Backofen auf 180 °C vorheizen.
- Dinkelmehl, Pfeilwurzelmehl, Kakao, Backpulver und Natron in eine Schüssel sieben, mit einer Gabel Haselnüsse, Salz und Zimt untermischen.

146

Geschichtete Obsttorten

- Die Hälfte des Wassers, Zitronensaft, Dicksaft, Öl und Haselnussmus in einer großen Rührschüssel verquirlen.
- Mehlmischung esslöffelweise über die Dicksaftmischung sieben und mit dem Schneebesen oder Rührlöffel zu einer geschmeidigen weichen Masse verrühren und schlagen. Nach Bedarf esslöffelweise restliches Wasser abwechselnd mit der Mehlmischung zur Masse geben. Zügig mischen, die Masse sollte locker bleiben und zähflüssig vom Löffel fallen. Nicht schaumig schlagen.
- Masse in die festgezogene Springform füllen, glatt streichen und zum Springformrand etwas hochstreichen.
- Kuchen 50 bis 60 Minuten backen (Hölzchenprobe, siehe Seite 36).
- Aus dem Ofen nehmen, kurz abdampfen lassen, vorsichtig aus der Form lösen, auf ein Kuchengitter stürzen und das Backpapier abziehen.
- Kuchen auskühlen lassen und mit einem großen Messer quer halbieren.
- Bananen **für die Füllung** mit einer Gabel fein zerdrücken.
- Reismehl klümpchenfrei in das kalte Wasser rühren und unter Rühren zum Kochen bringen. Bananenmus und Haselnussmus in die Reiscreme rühren und fünf Minuten köcheln lassen. Dabei umrühren. Gegen Ende der Kochzeit den Zimt unterrühren.
- Bananencreme auf die untere Kuchenhälfte streichen und abkühlen lassen. Die obere Kuchenhälfte auf die Füllung legen.
- **Für die Glasur** die Kuvertüre im heißen Wasserbad schmelzen.
- Zucker mit Wasser in einem Topf zum Kochen bringen, fünf Minuten köcheln lassen, vom Feuer nehmen und auf gute Handwärme abkühlen lassen.
- Flüssige Kuvertüre vorsichtig in die Zuckerlösung rühren. Masse abkühlen lassen, bis sie beginnt, fest zu werden. Erneut auf Handwärme bringen.
- Kuchen mit der Glasur überziehen.

147

Erdbeertorte

Für den Mürbeteig:
150 g Weizenvollkornmehl, sehr fein gemahlen
100 g Reisvollkornmehl, sehr fein gemahlen
¼ TL Weinsteinbackpulver
50 g Vollrohrzucker, fein gemahlen und gesiebt
¼ TL feines Meersalz
½ TL abgeriebene Zitronenschale
70 g kaltes Kokosfett, Kokosöl oder Palmöl (oder kaltes Sonnenblumenöl)
10 g Zitronensaft (1 EL)
50 – 70 g kaltes Wasser

Für die Erdbeerfüllung:
300 g Erdbeeren
20 g Reisvollkornmehl, sehr fein gemahlen, oder Reisflocken (3 EL)
Agavendicksaft nach Belieben

Für die Cremefüllung:
500 g Tofu, sehr gut abgetropft
1 TL gemahlene Vanille
20 g Pfeilwurzelmehl (2 ¼ EL)
500 g Reisdrink
2 TL Agar-Agar
100 g Vollrohrzucker, fein gemahlen und gesiebt

Kokos- oder Palmkernfett für die Springform (26 cm Durchmesser)
Trockenerbsen zum Blindbacken

- Boden und Ring einer Springform einfetten.
- Die Zutaten **für den Mürbeteig** sollten gut gekühlt sein.
- Weizen- und Reismehl mit Backpulver mischen und auf das Backbrett oder in eine weite Rührschüssel sieben. Zucker, Salz und Zitronenschale mit einer Gabel unter das Mehl mengen. Das gekühlte Kokosfett, Kokosöl oder Palmöl grob reiben oder zerkrümeln und über das Mehl geben. Bei Sonnenblumenöl dieses über das Mehl träufeln. Mehl und Fett mit einer Teigkarte zu einer krümeligen Masse hacken oder mit einer Gabel rasch zu feinen Krümeln verreiben. Zitronensaft und nach Bedarf teelöffelweise Wasser zu den Krümeln geben und möglichst rasch zu einem festen geschmeidigen Teig verarbeiten.

Geschichtete Obsttorten

Dabei nicht kneten. Der Teig darf nicht klebrig sein, deshalb nicht zu viel Flüssigkeit zugeben.

- Teig zu einem flachen Kloß formen und zwischen zwei Lagen Backpapier zu einem Kreis von etwa 34 Zentimeter Durchmesser ausrollen. Obere Papierlage abziehen. Teigplatte mit der unbedeckten Seite nach unten auf den Springformboden legen, Springformring um den Boden legen und festziehen. Dabei den überstehenden Teig möglichst wenig beschädigen und als Rand an die Innenseite des Springformringes drücken. Form mindestens eine halbe Stunde in den Kühlschrank stellen.

- Backofen auf 190 °C vorheizen.

- Papier vom Mürbeteig abziehen. Mürbeteig mehrmals mit einer Gabel einstechen und wieder mit dem Backpapier belegen. Trockenerbsen auf den bedeckten Mürbeteig füllen und den Teig zehn Minuten backen. Temperatur auf 180 °C reduzieren, Trockenerbsen und Backpapier entfernen und den Teig nochmals etwa zehn Minuten goldbraun backen.

- Aus dem Ofen nehmen, vorsichtig aus der Form lösen und auf einem Kuchengitter auskühlen lassen.

- **Für die Erdbeerfüllung** die Erdbeeren vierteln, mit einer Gabel zerdrücken oder pürieren und mit dem Reismehl oder den Reisflocken verrühren. Nach Belieben süßen.

- **Für die Cremefüllung** den Tofu cremig pürieren, mit einer Gabel fein zerdrücken oder durch ein Sieb streichen. Vanille in die Tofucreme rühren.

- Pfeilwurzelmehl mit etwas Reisdrink anrühren.

- Restlichen Reisdrink mit Agar-Agar und Zucker unter Rühren aufkochen und drei bis vier Minuten köcheln lassen. Dabei umrühren. Angerührtes Pfeilwurzelmehl in den heißen Reisdrink rühren, kurz aufkochen lassen und vom Feuer nehmen.

- Reisdrink mit dem Schneebesen kräftig in die Tofucreme rühren.

- Erdbeerpüree auf dem gebackenen Mürbeteig und Tofucreme auf dem Erdbeerpüree gleichmäßig verstreichen. Kuchen kühl stellen und Cremefüllung fest werden lassen.

Zitronentarte

Für den Mürbeteig:
130 g Mandeln
120 g Weizenvollkornmehl, sehr fein gemahlen
¼ TL Weinsteinbackpulver
50 g Vollrohrzucker, fein gemahlen und gesiebt
¼ TL feines Meersalz
½ TL gemahlener Zimt
¼ TL gemahlene Muskatblüte
1 TL gemahlene Vanille
80 g kaltes Kokosfett, Kokosöl oder Palmöl (oder kaltes Sonnenblumenöl)
10 g Zitronensaft (1 EL)
60 – 80 g kaltes Wasser

Für die Füllung:
25 g Agar-Agar (2 ½ EL)
300 g Wasser
180 g Agavendicksaft
140 g Reisdrink
½ TL frisch gemörserter Safran in 2 TL Wasser gelöst
¼ TL feines Meersalz
4 TL Pfeilwurzelmehl
120 g Zitronensaft
2 TL abgeriebene Zitronenschale
½ TL gemahlene Vanille

Für den Belag:
300 g Himbeeren

Kokos- oder Palmkernfett für die Springform (26 cm Durchmesser)
Trockenerbsen zum Blindbacken

- Boden und Ring einer Springform einfetten.
- Mandeln **für den Teig** sehr fein mahlen.
- Die Zutaten für den Mürbeteig sollten gut gekühlt sein.
- Mehl mit Mandeln und Backpulver mischen und auf das Backbrett oder in eine weite Rührschüssel sieben. Zucker, Salz und Gewürze mit einer Gabel unter das Mehl mengen. Das gekühlte Kokosfett, Kokos- oder Palmöl grob reiben oder

zerkrümeln und über das Mehl geben. Bei Sonnenblumenöl dieses über das Mehl träufeln. Mehl und Fett mit einer Teigkarte zu einer krümeligen Masse hacken oder mit einer Gabel rasch zu feinen Krümeln verreiben.

- Zitronensaft und nach Bedarf teelöffelweise Wasser zu den Krümeln geben und möglichst rasch zu einem festen geschmeidigen Teig verarbeiten. Dabei nicht kneten. Der Teig darf nicht klebrig sein, deshalb nicht zu viel Flüssigkeit zugeben.
- Teig zu einem flachen Kloß formen und zwischen zwei Lagen Backpapier zu einem Kreis von 30 Zentimeter Durchmesser ausrollen. Obere Papierlage abziehen. Teigplatte mit der unbedeckten Seite nach unten auf den Springformboden legen, Springformring um den Boden legen und festziehen. Dabei den überstehenden Teig möglichst wenig beschädigen und als Rand zwei Zentimeter hoch an die Innenseite des Springformringes drücken. Form mindestens eine halbe Stunde in den Kühlschrank stellen.
- Backofen auf 190 °C vorheizen.
- Papier vom Mürbeteig abziehen. Mürbeteig mehrmals mit einer Gabel einstechen und wieder mit dem Backpapier belegen. Trockenerbsen auf den bedeckten Mürbeteig füllen und den Teig zehn Minuten vorbacken. Trockenerbsen und Backpapier entfernen und den unbedeckten Teig nochmals etwa fünf Minuten backen, bis er goldbraun ist – der Teig darf nicht zu dunkel werden, er schmeckt sonst leicht bitter. Aus dem Ofen nehmen, vorsichtig aus der Form lösen und auf einem Kuchengitter auskühlen lassen.
- **Für die Füllung** Agar-Agar mit etwas Wasser anrühren, in das restliche Wasser rühren und zum Kochen bringen. Bei mittlerer Hitze fünf bis zehn Minuten köcheln lassen, dabei umrühren.
- Agavendicksaft, 120 Gramm Reisdrink, Safran und Salz mischen, in die Agarlösung rühren, kurz aufkochen lassen und nochmals zwei bis drei Minuten köcheln lassen.
- In einem anderen Topf Pfeilwurzelmehl mit dem restlichen Reisdrink anrühren. Heiße Agarlösung unter Rühren zum Pfeilwurzelmehl geben, einmal aufkochen lassen, sofort vom Feuer nehmen und Zitronensaft, Zitronenschale und Vanille unterrühren. Etwas abkühlen lassen.
- Zitronencreme auf den gebackenen Mürbeteig gießen und im Kühlschrank fest werden lassen.
- Himbeeren vor dem Servieren auf die Zitronencreme setzen.

Bananen-Schokoladentofu-Tarte

Für den Mürbeteig:
180 g Dinkelvollkornmehl, sehr fein gemahlen
40 g Hirsevollkornmehl, sehr fein gemahlen, oder Hirseflocken (5 ½ EL)
¼ TL Weinsteinbackpulver
¼ TL feines Meersalz
70 g kaltes Kokosfett, Kokosöl oder Palmöl (oder kaltes Sonnenblumenöl)
20 g Zitronensaft (2 EL)
60 – 100 g kaltes Wasser

Für die Füllung:
450 g Tofu, gut abgetropft
30 g Sonnenblumenöl (2 EL)
¼ TL feines Meersalz
40 g Kakaopulver (5 ½ EL)
1 TL gemahlene Vanille
200 g Bitterschokolade
50 g Haselnüsse
400 g geschälte reife Banane

Kokos- oder Palmkernfett für die Springform (26 cm Durchmesser)
Trockenerbsen zum Blindbacken

- Ring und Boden einer Springform einfetten.
- Die Zutaten **für den Mürbeteig** sollten gut gekühlt sein.
- Mehle mit Backpulver mischen und auf das Backbrett oder in eine weite Rührschüssel sieben. Salz mit einer Gabel unter das Mehl mengen. Das gekühlte Kokosfett, Kokosöl oder Palmöl grob reiben oder zerkrümeln und über das Mehl geben. Bei Sonnenblumenöl dieses über das Mehl träufeln. Mehl und Fett mit einer Teigkarte zu einer krümeligen Masse hacken oder mit einer Gabel rasch zu feinen Krümeln verreiben. Zitronensaft und nach Bedarf teelöffelweise Wasser zu den Krümeln geben und möglichst rasch zu einem festen geschmeidigen Teig verarbeiten. Dabei nicht kneten. Der Teig darf nicht klebrig sein, deshalb nicht zu viel Flüssigkeit zugeben.
- Teig zu einem flachen Kloß formen und zwischen zwei Lagen Backpapier zu einem Kreis von etwa 32 Zentimeter Durchmesser ausrollen. Obere Papierlage abziehen. Teigplatte mit der unbedeckten Seite nach unten auf den Springformboden legen, den Springformring um den Boden legen und festziehen. Dabei

Geschichtete Obsttorten

den überstehenden Teig möglichst wenig beschädigen und als Rand vier Zentimeter hoch an die Innenseite des Springformringes drücken. Form mindestens eine halbe Stunde in den Kühlschrank stellen.
- Backofen auf 190 °C vorheizen.
- Papier vom Mürbeteig abziehen. Mürbeteig mehrmals mit einer Gabel einstechen und wieder mit dem Backpapier belegen. Trockenerbsen auf den bedeckten Mürbeteig füllen und den Teig zehn Minuten vorbacken.
- Ofen auf 180 °C herunterschalten. Trockenerbsen und Backpapier entfernen und den unbedeckten Teig nochmals etwa sieben Minuten backen, bis er goldbraun ist. Aus dem Ofen nehmen und vorsichtig aus der Form lösen.
- Tofu **für die Füllung** fein pürieren, durch ein Sieb streichen oder mit einer Gabel zerdrücken.
- Öl und Salz untermischen. Kakao und Vanille über die Tofucreme sieben und geschmeidig unterrühren. So lange rühren, bis eine glatte Konsistenz erreicht ist.
- Schokolade im heißen Wasserbad schmelzen.
- Handwarme Schokolade unter Rühren zur Tofucreme geben.
- Haselnüsse fein mahlen und auf den gebackenen Mürbeteig streuen.
- Bananen in dünne Scheiben schneiden und auf den Nüssen verteilen. Schokoladencreme auf die Bananen geben, glatt streichen und im Kühlschrank fest werden lassen.

Andere geschichtete Torten

Krümeltorte

Für die Rührmasse:
100 g Mandeln
250 g Dinkelvollkornmehl, fein gemahlen
50 g Pfeilwurzelmehl
50 g Kakaopulver
2 EL Weinsteinbackpulver
1 TL Natron
200 g Vollrohrzucker, fein gemahlen und gesiebt
¼ TL feines Meersalz
1 TL gemahlene Vanille
½ TL gemahlener Kardamom
350 (– 500) g Reisdrink (eventuell etwas weniger oder mehr)
20 g Zitronensaft (2 EL)
150 g Sonnenblumenöl

Für die Füllung:
50 g Pfeilwurzelmehl
70 g Kakaopulver
500 g Reisdrink
60 g Agavendicksaft

Zum Besieben:
30 g Kakaopulver (4 ½ EL)

Kokos- oder Palmkernfett für die Springform (26 cm Durchmesser)

- Ring einer Springform einfetten und den Springformboden mit Backpapier belegen.
- Mandeln **für die Rührmasse** fein mahlen.
- Backofen auf 190 °C vorheizen.
- Die Zutaten für die Rührmasse sollten Raumtemperatur haben.
- Dinkelmehl, Pfeilwurzelmehl, Kakao, Backpulver und Natron in eine Schüssel sieben, mit einer Gabel Mandeln, Zucker, Salz und Gewürze untermischen.
- Die Hälfte des Reisdrinks, Zitronensaft und Öl in einer großen Rührschüssel verquirlen.
- Mehlmischung esslöffelweise über die Ölmischung sieben und mit dem Schneebesen oder Rührlöffel zu einer geschmeidigen weichen Masse verrühren und

Andere geschichtete Torten

schlagen. Nach Bedarf esslöffelweise restlichen Reisdrink abwechselnd mit der Mehlmischung zur Masse geben. Zügig mischen, die Masse sollte locker bleiben und zähflüssig vom Löffel fallen. Nicht schaumig schlagen.

- Masse in die festgezogene Springform füllen, glatt streichen und zum Springformrand etwas hochstreichen.
- Kuchen 45 bis 55 Minuten backen (Hölzchenprobe, siehe Seite 36).
- Aus dem Ofen nehmen, kurz abdampfen lassen, aus der Form lösen, auf ein Kuchengitter stürzen und das Backpapier vorsichtig abziehen.
- **Für die Füllung** Pfeilwurzelmehl und Kakao klümpchenfrei mit etwas kaltem Reisdrink anrühren.
- Restlichen Reisdrink zum Kochen bringen, angerührten Kakao unter Rühren dazugeben und kurz aufkochen lassen. Vom Feuer nehmen und Dicksaft unterrühren. Abkühlen lassen, dabei umrühren.
- Abgekühlten Kuchen von oben her aushöhlen, dabei einen stabilen Rand und einen dicken Boden stehen lassen.
- Ausgehobene Kuchenmasse grob zerbröseln und die Brösel mit der Kakaocreme mischen.
- Brösel-Creme-Mischung in den Kuchen füllen, glätten und den Kuchen im Kühlschrank durchziehen lassen.
- Kuchen vor dem Anschneiden mit Kakao besieben.

157

Gefüllte Kakaotorte

Für die Rührmasse:
250 g Weizenvollkornmehl, fein gemahlen
60 g Kakaopulver
3 TL Weinsteinbackpulver
½ TL Natron
100 g Vollrohrzucker, fein gemahlen und gesiebt
½ TL feines Meersalz
½ TL gemahlener Zimt
1 TL gemahlene Vanille
250 (– 300) g Reisdrink (eventuell etwas weniger oder mehr)
20 g Zitronensaft (2 EL)
200 g Agavendicksaft
120 g Sonnenblumenöl

Für die Füllung:
120 g Wasser
80 g Kakaopulver
100 g Vollrohrzucker, fein gemahlen und gesiebt
1 TL gemahlene Vanille
¼ TL feines Meersalz
150 g Ahornsirup
20 g Sonnenblumenöl (1 – 2 EL)
70 g Pfeilwurzelmehl

Kokos- oder Palmkernfett für die Springform (26 cm Durchmesser)

- Ring einer Springform einfetten und den Springformboden mit Backpapier belegen.
- Backofen auf 190 °C vorheizen.
- Die Zutaten **für die Rührmasse** sollten Raumtemperatur haben.
- Mehl, Kakao, Backpulver und Natron in eine Schüssel sieben, mit einer Gabel Zucker, Salz und Gewürze untermischen.
- Die Hälfte des Reisdrinks, Zitronensaft, Dicksaft und Öl in einer großen Rührschüssel verquirlen.
- Mehlmischung esslöffelweise über die Dicksaftmischung sieben und mit dem Schneebesen oder Rührlöffel zu einer geschmeidigen weichen Masse verrühren und schlagen. Nach Bedarf esslöffelweise restlichen Reisdrink abwech-

selnd mit der Mehlmischung zur Masse geben. Zügig mischen, die Masse sollte locker bleiben. Nicht schaumig schlagen.
- Masse in die festgezogene Springform füllen, glatt streichen und zum Springformrand etwas hochstreichen.
- Kuchen 40 bis 50 Minuten backen (Hölzchenprobe, siehe Seite 36).
- Aus dem Ofen nehmen, kurz abdampfen lassen, aus der Form lösen, auf ein Kuchengitter stürzen und das Backpapier vorsichtig abziehen.
- **Für die Füllung** die Hälfte des Wassers erhitzen.
- Kakao und Zucker mischen, in einen Topf sieben und mit einer Gabel Vanille und Salz unterrühren.
- Heißes Wasser esslöffelweise in die Kakaomischung rühren. Sirup und Öl geschmeidig unterrühren. Kakaomischung unter Rühren erhitzen.
- Pfeilwurzelmehl mit dem restlichen Wasser anrühren und zur heißen Kakaomischung geben. Bei mittlerer Temperatur aufkochen lassen, vom Feuer nehmen und rühren, bis eine gleichmäßige Konsistenz erreicht ist. Creme etwas abkühlen lassen und im Kühlschrank puddingartig fest werden lassen.
- Abgekühlten Kuchen mit einem großen Messer quer halbieren, untere Kuchenlage mit einem Drittel der Kakaocreme bestreichen und die obere Kuchenlage auf die Creme setzen.
- Restliche Creme auf der Oberseite und dem Rand des Kuchens glatt verstreichen.
- Kuchen vor dem Anschneiden mindestens eine Stunde im Kühlschrank ruhen lassen.

Kaschutorte mit Dattelfüllung

Für die Rührmasse:
100 g Kaschunüsse (Cashewnüsse)
220 g Weizenvollkornmehl, fein gemahlen
50 g Pfeilwurzelmehl
30 g Kakaopulver (4 ½ EL)
2 EL Weinsteinbackpulver
½ TL Natron
¼ TL feines Meersalz
½ TL gemahlene Vanille
300 (– 400) g Reisdrink (eventuell etwas weniger oder mehr)
20 g Zitronensaft (2 EL)
150 g Agavendicksaft
150 g Sonnenblumenöl

Für die Füllung:
50 g Kaschunüsse (Cashewnüsse)
300 g Datteln
20 g Ingwer
100 g Apfelsaft
100 g Wasser
50 g Kaschumus (Cashewmus)

Für die Glasur:
40 g Aprikosenkonfitüre (3 EL)
100 g Bitterschokolade
25 g Kokosöl (1 ½ EL)

Kokos- oder Palmkernfett für die Springform (28 cm Durchmesser)

- Ring einer Springform einfetten und den Springformboden mit Backpapier belegen.
- Kaschunüsse für Rührmasse und Füllung ohne Fett in einer Pfanne rösten, bis sie duften. Abkühlen lassen.
- Kaschunüsse für die Rührmasse fein mahlen. Kaschunüsse für die Füllung grob hacken.
- Backofen auf 185 °C vorheizen.
- Die Zutaten **für die Rührmasse** sollten Raumtemperatur haben.

Andere geschichtete Torten

- Weizenmehl, Pfeilwurzelmehl, Kakao, Backpulver und Natron in eine Schüssel sieben, mit einer Gabel Kaschumehl, Salz und Vanille untermischen.
- Die Hälfte des Reisdrinks, Zitronensaft, Dicksaft und Öl in einer großen Rührschüssel verquirlen.
- Mehlmischung esslöffelweise über die Ölmischung sieben und mit dem Schneebesen oder Rührlöffel zu einer geschmeidigen weichen Masse verrühren und schlagen. Nach Bedarf esslöffelweise restlichen Reisdrink abwechselnd mit der Mehlmischung zur Masse geben. Zügig mischen, die Masse sollte locker bleiben und zähflüssig vom Löffel fallen. Nicht schaumig schlagen.
- Masse in die festgezogene Springform füllen, glatt streichen und zum Springformrand etwas hochstreichen.
- Kuchen etwa 40 Minuten backen (Hölzchenprobe, siehe Seite 36).
- Aus dem Ofen nehmen, kurz abdampfen lassen, aus der Form lösen, auf ein Kuchengitter stürzen und das Backpapier vorsichtig abziehen.
- Datteln **für die Füllung** entkernen und vierteln.
- Ingwer fein reiben.
- Saft und Wasser in einen Topf geben und erwärmen. Datteln, Ingwer und Kaschumus etwa 20 Minuten in der Saftmischung köcheln lassen, bis die Flüssigkeit aufgesogen ist. Dabei umrühren.
- Dattelmischung mit einer Gabel fein zerdrücken oder pürieren und die gehackten Kaschunüsse in das Dattelmus rühren.
- Abgekühlten Kuchen mit einem großen Messer zweimal quer in drei Lagen schneiden, untere und mittlere Kuchenlage mit dem Dattelmus bestreichen und die drei Kuchenlagen aufeinandersetzen.
- **Für die Glasur** die Aprikosenkonfitüre leicht erwärmen, glatt rühren und den Kuchendeckel mit der Konfitüre bepinseln.
- Schokolade mit dem Kokosöl im heißen Wasserbad schmelzen und den Kuchen mit der Glasur übergießen.

Datteln
In den Ländern des Vorderen Orients sind die frischen oder getrockneten und gepressten Früchte der Dattelpalme wichtige Lebensmittel. So kommen die Früchte vielfach ins Brot, und zum Süßen nimmt man Dattelpaste. Frische Datteln sind gelb, grünlich gelb, orangefarben, rot oder rotbraun. Es gibt trockenere, weniger süße Sorten mit fester Haut und weiche, häufig zuckerreiche Sorten. Hierzulande sind meist die weichen Sorten erhältlich. Die Früchte werden kurz vor der Vollreife geerntet und meist an der Sonne getrocknet. Zum Kuchenbacken eignen sich *getrocknete Datteln* und *ungetrocknete Datteln* gleich gut. Für die Konsistenz Ihres Teiges oder Ihrer Masse ergibt sich kaum ein Unterschied, weil frische Datteln meist kaum feuchter sind als getrocknete Datteln.

161

Andere geschichtete Torten

Vanille-Marzipan-Torte

Für die Rührmasse:
100 g Bitterschokolade
240 g Weizenvollkornmehl, fein gemahlen
2 TL Weinsteinbackpulver
½ TL Natron
100 g Vollrohrzucker, fein gemahlen und gesiebt
¼ TL feines Meersalz
1 TL gemahlene Vanille
20 g Mandelmus (1 ½ EL)
60 g Sonnenblumenöl
10 g Zitronensaft (1 EL)
180 (– 250) g Wasser (eventuell etwas weniger oder mehr)

Für die Füllung und zum Bestäuben:
350 g Marzipanrohmasse
etwas Rosenwasser
450 g Tofu, gut abgetropft
30 g Sonnenblumenöl (2 EL)
2 TL Zitronensaft
100 g Vollrohrzucker, fein gemahlen und gesiebt
2 TL gemahlene Vanille
¼ TL feines Meersalz
50 g Mandelmus
100 g Aprikosenkonfitüre

Zum Bestreuen:
30 g Kakaopulver (4 EL)

Kokos- oder Palmkernfett für die Springform (26 cm Durchmesser)

- Ring einer Springform einfetten und den Springformboden mit Backpapier belegen.
- Schokolade hochkant mit einem Messer in schmale Streifen schneiden, sodass bröckelige Schokoladenlocken entstehen.
- Die Zutaten **für die Rührmasse** sollten Raumtemperatur haben.
- Backofen auf 185 °C vorheizen.

162

Andere geschichtete Torten

- Weizenmehl, Backpulver und Natron in eine Schüssel sieben, mit einer Gabel Schokoladenlocken, Zucker, Salz und Vanille untermischen.
- Mandelmus, Öl, Zitronensaft und die Hälfte des Wassers in einer großen Rührschüssel verquirlen.
- Mehlmischung esslöffelweise über die Ölmischung sieben und mit dem Schneebesen oder Rührlöffel zu einer geschmeidigen weichen Masse verrühren und schlagen. Nach Bedarf esslöffelweise restliches Wasser abwechselnd mit der Mehlmischung zur Masse geben. Zügig mischen, die Masse sollte locker bleiben und zähflüssig vom Löffel fallen. Nicht schaumig schlagen.
- Masse in die festgezogene Springform füllen, glatt streichen und zum Springformrand etwas hochstreichen.
- Kuchen 35 bis 40 Minuten backen (Hölzchenprobe, siehe Seite 36).
- Aus dem Ofen nehmen, kurz abdampfen lassen, aus der Form lösen, auf ein Kuchengitter stürzen und das Backpapier vorsichtig abziehen.
- Marzipanrohmasse **für die Füllung** und den Belag mit etwas Rosenwasser glattkneten. Marzipanmasse halbieren und jede Hälfte zwischen zwei Lagen Backpapier zu einer runden Platte von 26 Zentimeter Durchmesser ausrollen.
- Tofu fein pürieren, durch ein Sieb streichen oder mit einer Gabel zerdrücken, dabei Öl und Zitronensaft unterrühren. Zucker, Vanille und Salz geschmeidig in die Tofucreme rühren. So lange rühren, bis der Zucker gelöst und eine gleichmäßige Konsistenz erreicht ist. Mandelmus unterrühren. Creme im Kühlschrank durchziehen lassen.
- Abgekühlten Kuchen mit einem großen Messer quer halbieren.
- Aprikosenkonfitüre erwärmen, glatt rühren und die Hälfte der Konfitüre auf die untere Kuchenlage streichen. Eine Marzipanplatte auflegen und mit einem Drittel der Vanillecreme bestreichen. Obere Kuchenlage auflegen, mit der restlichen Aprikosenkonfitüre bestreichen und die zweite Marzipanplatte auf die Konfitüre legen. Mit der restlichen Creme bestreichen.
- Kuchen mit Kakao besieben.

Andere geschichtete Torten

Bienenstichtorte mit Puddingfüllung

Für den Belag:
150 g Mandeln
100 g Vollrohrzucker, fein gemahlen und gesiebt
60 g Sonnenblumenöl
50 g Haferdrink
½ TL gemahlene Vanille

Für den Rührknetteig:
150 g geschälte reife Banane
10 g Zitronensaft (1 EL)
60 – 90 g Haferdrink
80 g Sonnenblumenöl
80 g Agavendicksaft
½ TL gemahlene Vanille
300 g Weizenvollkornmehl, fein gemahlen
½ TL gemahlener Zimt
4 TL Weinsteinbackpulver
¼ TL feines Meersalz

Für die Füllung:
150 g Hirsevollkornmehl, sehr fein gemahlen, oder Hirseflocken
¼ TL feines Meersalz
500 g Haferdrink
40 g Reissirup (2 ½ EL)
1 TL gemahlene Vanille

Kokos- oder Palmkernfett für die Springform (26 cm Durchmesser)

- Ring einer Springform einfetten und den Springformboden mit Backpapier belegen.
- **Für den Belag** Mandeln blättrig schneiden.
- Zucker mit Öl und Haferdrink in einem Topf auflösen, erhitzen und kurz aufkochen lassen. Mandeln und Vanille in die Mischung rühren, leise köcheln lassen, bis die Masse etwas glasig aussieht, und vom Feuer nehmen. Nicht bräunen lassen.
- Banane **für den Teig** mit einer Gabel fein zerdrücken oder pürieren.

Andere geschichtete Torten

- Zitronensaft, Haferdrink, Öl, Dicksaft und Gewürze mit dem Bananenmus cremig verrühren.
- Backofen auf 180 °C vorheizen.
- Die Hälfte des Mehls über die Bananencreme sieben und mit dem Rührlöffel oder den Knethacken des Handrührgerätes verrühren.
- Restliches Mehl mit Backpulver und Salz mischen und mit den Händen unter den Teig kneten, bis der Teig eine glatte geschmeidige Konsistenz hat. Zu einem Teigkloß formen.
- Teigkloß in die Mitte der festgezogenen Springform legen, etwas flachdrücken, so gut wie möglich ausrollen und mit den Händen an den Rand der Form drücken.
- Warme Mandelmasse gleichmäßig auf dem Teig verteilen – sollte sie zu fest sein, etwas Haferdrink unterrühren und nochmals erwärmen.
- Kuchen 35 bis 45 Minuten backen.
- Aus dem Ofen nehmen, kurz abdampfen lassen, vorsichtig aus der Form lösen, Backpapier abziehen und auf einem Kuchengitter auskühlen lassen.
- **Für die Füllung** Mehl und Salz klümpchenfrei in den kalten Haferdrink rühren und unter Rühren erwärmen. Aufkochen und drei bis vier Minuten köcheln lassen, dabei umrühren. Sirup und Vanille in die warme Masse rühren und nachquellen lassen.
- Abgekühlten Kuchen mit einem großen Messer quer halbieren.
- Kuchendeckel mit einem scharfen Messer in Tortenstücke schneiden.
- Puddingfüllung auf die untere Kuchenhälfte streichen und die Tortenstücke auf die Füllung legen. Kühl stellen.

Kalter Hund

Für den Mürbeteig:

80 g Haselnüsse
250 g Weizenvollkornmehl, sehr fein gemahlen
¼ TL Weinsteinbackpulver
50 g Vollrohrzucker, fein gemahlen und gesiebt
½ TL abgeriebene Zitronenschale
½ TL gemahlene Vanille
¼ TL feines Meersalz
130 g kaltes Kokosfett, Kokosöl oder Palmöl (oder kaltes Sonnenblumenöl)
20 g Zitronensaft (2 EL)
50 – 80 g kaltes Wasser

Für die Füllung:

250 g Kokosfett, Kokosöl oder Palmöl
50 g Kakaopulver
100 g Agavendicksaft

Für die Glasur:

100 g Bitterschokolade
25 g Kokosfett, Kokosöl oder Palmöl (1 ½ EL)

Kokos- oder Palmkernfett für das Backblech

- Backblech einfetten.
- Haselnüsse **für den Teig** ohne Fett in einer Pfanne rösten, bis sie duften. Abkühlen lassen und fein mahlen.
- Die Zutaten für den Mürbeteig sollten gut gekühlt sein.
- Mehl mit Haselnüssen und Backpulver mischen und auf das Backbrett oder in eine weite Rührschüssel sieben. Zucker, Gewürze und Salz mit einer Gabel unter das Mehl mengen. Das gekühlte Kokosfett, Kokosöl oder Palmöl grob reiben oder zerkrümeln und über das Mehl geben. Bei Sonnenblumenöl dieses über das Mehl träufeln. Mehl und Fett mit einer Teigkarte zu einer krümeligen Masse hacken oder mit einer Gabel rasch zu feinen Krümeln verreiben. Zitronensaft und nach Bedarf teelöffelweise Wasser zu den Krümeln geben und möglichst rasch zu einem festen geschmeidigen Teig verarbeiten. Dabei nicht kneten. Der Teig darf nicht klebrig sein, deshalb nicht zu viel Flüssigkeit zuge-

Andere geschichtete Torten

ben. Teig zu einem flachen Kloß formen und luftdicht verpackt mindestens eine halbe Stunde in den Kühlschrank stellen.

- Backofen auf 190 °C vorheizen.
- Gekühlten Teig zwischen zwei Lagen Backpapier keksdünn ausrollen. Obere Papierlage abziehen und die Platte in streichholzschachtelgroße Kekse schneiden.
- Kekse auf das Backblech legen und zehn Minuten goldbraun backen. Auskühlen lassen.
- Eine Kastenform mit Backpapier auslegen und eine Schicht Kekse auf den Boden der Form legen.
- **Für die Füllung** das Kokosfett in einem Topf schmelzen, vom Feuer nehmen und etwas abkühlen lassen.
- Kakao mit etwas Dicksaft anrühren und mit dem restlichen Dicksaft mischen. Kakaomischung nach und nach gut in das Fett rühren.
- Die Kekse in der Kastenform mit etwas Kakaocreme bestreichen. Eine Schicht Kekse darüberlegen und weiter abwechselnd Kakaocreme und Kekse einschichten. Mit einer Kekslage abschließen. Die Form einen Tag im Kühlschrank ruhen lassen.
- **Für die Glasur** die Schokolade mit dem Kokosfett im heißen Wasserbad schmelzen.
- Den Kalten Hund aus der Form stürzen und mit der Schokoladenglasur überziehen. Fest werden lassen und kühl stellen.

167

Blechkuchen

Blechkuchen

Getränkter Zitronenkuchen

Für die Rührmasse:
200 g Dinkelvollkornmehl, fein gemahlen
100 g Hirsevollkornmehl, fein gemahlen
30 g Pfeilwurzelmehl (3 ½ EL)
3 TL Weinsteinbackpulver
½ TL Natron
2 TL abgeriebene Zitronenschale
½ TL feines Meersalz
200 (– 300) g Wasser (eventuell etwas weniger oder mehr)
20 g Zitronensaft (2 EL)
100 g Agavendicksaft
90 g Sonnenblumenöl

Für den Belag:
50 g Mandeln

Für den Sirup:
80 g Zitronensaft
75 g Agavendicksaft

Kokos- oder Palmkernfett für das Backblech

- Backblech einfetten.
- Mandeln **für den Belag** hacken.
- Backofen auf 185 °C vorheizen.
- Die Zutaten **für die Rührmasse** sollten Raumtemperatur haben.
- Dinkel- und Hirsemehl, Pfeilwurzelmehl, Backpulver und Natron in eine Schüssel sieben, mit einer Gabel Zitronenschale und Salz untermischen.
- Die Hälfte des Wassers, Zitronensaft, Dicksaft und Öl in einer großen Rührschüssel verquirlen.
- Mehlmischung esslöffelweise über die Ölmischung sieben und mit dem Schneebesen oder Rührlöffel zu einer geschmeidigen weichen Masse verrühren und schlagen. Nach Bedarf esslöffelweise restliches Wasser abwechselnd mit der Mehlmischung zur Masse geben. Zügig mischen, die Masse sollte locker bleiben und zähflüssig vom Löffel fallen. Nicht schaumig schlagen.
- Teig auf das Backblech streichen und mit den gehackten Mandeln bestreuen.
- Kuchen etwa 30 Minuten backen (Hölzchenprobe, siehe Seite 36).

170

- Aus dem Ofen nehmen und mit einem Holzstäbchen oder einer Gabel mehrfach einstechen.
- **Für den Sirup** Zitronensaft mit Agavendicksaft mischen.
- Zitronensirup über den heißen Kuchen träufeln. Kuchen zwanzig Minuten auf dem Blech durchziehen lassen, in rechteckige Stücke schneiden und auf einem Kuchengitter auskühlen lassen.

Blechkuchen

Bittersüßer Mandelkuchen

Für den Hefeteig:
20 g frische Hefe
300 g lauwarmes Wasser
50 g Ahornsirup
500 g Weizenvollkornmehl, fein gemahlen
50 g Sonnenblumenöl
½ TL feines Meersalz

Für den Belag:
200 g Mandeln
5 Bittermandeln
80 g Vollrohrzucker
40 g Ahornsirup (2 ½ EL)
90 g Sonnenblumenöl
70 g Haferdrink
1 TL abgeriebene Zitronenschale
1 EL gemahlener Zimt

Kokos- oder Palmkernfett für das Backblech

- Backblech einfetten.
- Die Zutaten **für den Teig** sollten Raumtemperatur haben.
- In einer großen Rührschüssel die Hefe in etwas lauwarmem Wasser auflösen, mit dem restlichen Wasser, etwas Sirup und 200 Gramm Mehl zu einem Vorteig verrühren. Vorteig mit etwas Mehl bestäuben und mit einem Küchentuch bedeckt 20 bis 30 Minuten an einem warmen Ort gehen lassen.
- Restliches Mehl über den Vorteig sieben, restlichen Sirup, Öl und Salz dazugeben und verrühren. Den Teig auf der Arbeitsfläche kräftig mit den Händen kneten, bis er nicht mehr klebrig ist und sich glatt und geschmeidig von der Arbeitsfläche löst.
- Teig zu einem Kloß formen und in der Schüssel mit einem Küchentuch bedeckt an einem warmen Ort etwa 30 Minuten gehen lassen, bis sich das Volumen verdoppelt hat und sich Poren an der Oberfläche zeigen.
- Kurz durchkneten, damit die Gase entweichen, und ein weiteres Mal etwa 30 Minuten gehen lassen.
- Abschließend nochmals kurz und kräftig durchkneten.

Blechkuchen

- Teig auf der bemehlten Arbeitsfläche ausrollen und auf das Backblech legen. Am Rand etwas hochdrücken.
- Mandeln **für den Belag** grob hacken.
- Backofen auf 190 °C vorheizen.
- Zucker, Sirup, Öl und Haferdrink in einem Topf erhitzen und kurz aufkochen lassen. Mandeln unterrühren, leise köcheln lassen, bis die Masse etwas glasig aussieht, und vom Feuer nehmen. Nicht bräunen lassen. Gewürze in die noch heiße Masse rühren.
- Hefeteig mehrmals mit einer Gabel einstechen, heiße Mandelmasse auf den Hefeteig streichen und den Kuchen vor dem Backen noch einige Minuten ruhen lassen.
- Kuchen 30 bis 40 Minuten backen.
- Aus dem Ofen nehmen, kurz abkühlen lassen, in Stücke schneiden und auf einem Kuchengitter auskühlen lassen.

Bittermandeln
Die ätherischen Öle der Bittermandel verleihen vielen Backwaren ihr charakteristisches Marzipan ähnliches Aroma. Bittermandeln sind meist etwas kleiner und unregelmäßiger geformt als ihre süßen Verwandten. Roh verzehrt schmecken sie so bitter und herb, dass es im Fall versehentlichen Rohverzehrs bei einer einzigen Bittermandel bleiben wird. Und das ist gut so, weil rohe Bittermandeln giftige *Blausäure* enthalten – wer mehr als fünf rohe Bittermandeln isst, bringt sein Leben in Gefahr. Beim Erhitzen – Backen oder Kochen – zersetzt sich die Blausäure und die Bittermandeln werden genießbar.
Aufgrund ihres Blausäuregehaltes sind Bittermandeln hierzulande nur in Kleinstpackungen erhältlich. Obwohl man bei gesundem Geschmacksempfinden eine schädliche Menge kaum essen wird und der Verzehr einer einzigen rohen Bittermandel kein Grund zur Sorge ist, sollten Sie Bittermandeln getrennt von süßen Mandeln und außer Reichweite von Kindern aufbewahren. Wer keine Bittermandeln verwenden möchte, lässt sie einfach weg.

Blechkuchen

Kokosettekuchen

Für den Rührknetteig:
100 g Kokosnuss
200 g Tofu, gut abgetropft
100 g geschälte reife Banane
20 g Zitronensaft (2 EL)
70 g Kokosöl
50 g Vollrohrzucker, fein gemahlen und gesiebt
1 TL abgeriebene Zitronenschale
½ TL gemahlene Vanille
½ TL feines Meersalz
300 g Dinkelvollkornmehl, fein gemahlen
3 TL Weinsteinbackpulver
½ TL Natron
Kokosmilch nach Bedarf (siehe Seite 22)

Für den Belag:
200 g getrocknete Kokosraspel
100 g Haferdrink
100 g Vollrohrzucker, fein gemahlen und gesiebt
3 TL gemahlener Zimt
80 g Kokosöl

Kokos- oder Palmkernfett für das Backblech

- Backblech einfetten.
- Kokosraspel für den Belag ohne Fett in einer Pfanne hell rösten, bis sie duften. Aus der Pfanne nehmen und abkühlen lassen.
- Kokosnuss **für den Teig** fein raspeln.
- Tofu cremig pürieren, mit einer Gabel fein zerdrücken oder durch ein Sieb streichen.
- Banane mit einer Gabel fein zerdrücken und das Bananenmus, die frischen Kokosraspel und den Zitronensaft in die Tofucreme rühren.
- Kokosöl schmelzen, den Zucker darin auflösen, etwas abkühlen lassen und mit den Gewürzen und dem Salz geschmeidig in die Tofucreme rühren.
- Die Hälfte des Mehls über die Tofucreme sieben und mit dem Rührlöffel oder den Knethacken des Handrührgerätes verrühren.
- Backofen auf 190 °C vorheizen.

174

- Das restliche Mehl mit dem Backpulver und dem Natron mischen, über den Teig sieben und mit den Händen unterkneten, bis der Teig eine glatte geschmeidige Konsistenz hat. Wenn der Teig zu fest sein sollte, etwas Kokosmilch unterkneten. Zu einem Teigkloß formen.
- Teigkloß in die Mitte des Backbleches legen, etwas flachdrücken, so gut wie möglich ausrollen und mit den Händen an die Kanten und in die Ecken des Bleches drücken.
- **Für den Belag** mit dem Rührlöffelstiel oder den Fingern kleine Vertiefungen in den Teig drücken und den Teig mit dem Haferdrink bestreichen. Zucker mit Zimt mischen und über den Teig sieben. Kokosöl in Flöckchen in die Teigvertiefungen geben und die gerösteten Kokosraspel gleichmäßig auf dem Teig verteilen.
- Kuchen 25 bis 30 Minuten backen.
- Aus dem Ofen nehmen, kurz abdampfen lassen, in Stücke schneiden und auf einem Kuchengitter auskühlen lassen.

Blechkuchen

Rosinen-Zimtzucker-Kuchen

Für den Hefeteig:
350 g Kartoffeln
200 g Sultaninen
30 g frische Hefe
300 g Haferdrink
100 g Vollrohrzucker, fein gemahlen und gesiebt
350 g Weizenvollkornmehl, fein gemahlen
40 g Sonnenblumenöl (2 ½ EL)
1 TL gemahlene Vanille
1 TL abgeriebene Zitronenschale
½ TL feines Meersalz

Für den Belag:
90 g Sonnenblumenöl
200 g Vollrohrzucker, fein gemahlen und gesiebt
3 TL gemahlener Zimt

Kokos- oder Palmkernfett für das Backblech

- Kartoffeln garen, pellen und mit dem Kartoffelstampfer zerdrücken.
- In einer Schüssel bedeckt **über Nacht** stehen lassen.
- Backblech einfetten.
- Sultaninen **für den Teig** heiß waschen und abtropfen lassen.
- Die Zutaten für den Teig sollten Raumtemperatur haben.
- In einer großen Rührschüssel die Hefe in etwas lauwarmem Haferdrink auflösen, mit dem restlichen Haferdrink, etwas Zucker und 100 Gramm Mehl zu einem Vorteig verrühren. Vorteig mit etwas Mehl bestäuben und mit einem Küchentuch bedeckt 20 bis 30 Minuten an einem warmen Ort gehen lassen.
- Restliches Mehl über den Vorteig sieben. Restlichen Zucker, Öl, Gewürze und Salz dazugeben und verrühren. Den Teig auf der Arbeitsfläche kräftig mit den Händen kneten, bis er sich von der Arbeitsfläche löst. Kartoffelpüree unterarbeiten.
- Teig zu einem Kloß formen und in der Schüssel mit einem Küchentuch bedeckt an einem warmen Ort etwa 30 Minuten gehen lassen, bis sich das Volumen verdoppelt hat und sich Poren an der Oberfläche zeigen.
- Kurz durchkneten, damit die Gase entweichen, Sultaninen unterarbeiten und ein weiteres Mal etwa 30 Minuten gehen lassen.

176

Blechkuchen

- Abschließend nochmals kurz und kräftig durchkneten.
- Teig auf der bemehlten Arbeitsfläche ausrollen und auf das Backblech legen. Am Rand etwas hochdrücken.
- Backofen auf 200 °C vorheizen.
- Teig mehrmals mit einer Gabel einstechen, mit dem Rührlöffelstiel oder den Fingern kleine Vertiefungen **für den Belag** hineindrücken und die Hälfte des Öls auf den Teig streichen.
- Zucker mit Zimt mischen und über den Kuchen sieben.
- Kuchen 20 bis 30 Minuten backen. Kurz vor dem Ende der Backzeit restliches Öl über den Kuchen geben.
- Aus dem Ofen nehmen, kurz abdampfen lassen, in Stücke schneiden und auf einem Kuchengitter auskühlen lassen.

Blechkuchen

Streuselkuchen

Für den Hefeteig:
20 g frische Hefe
250 g lauwarmer Haferdrink
50 g Agavendicksaft
400 g Dinkelvollkornmehl, fein gemahlen
50 g Sonnenblumenöl
½ TL gemahlene Vanille
2 TL abgeriebene Zitronenschale
¼ TL feines Meersalz

Für die Streusel:
100 g Mandeln
200 g Weizenvollkornmehl, sehr fein gemahlen
180 g Vollrohrzucker, fein gemahlen und gesiebt
2 TL gemahlener Zimt
¼ TL feines Meersalz
200 g Sonnenblumenöl

Kokos- oder Palmkernfett für das Backblech

- Backblech einfetten.
- Die Zutaten **für den Teig** sollten Raumtemperatur haben.
- In einer großen Rührschüssel die Hefe in etwas lauwarmem Haferdrink auflösen, mit dem restlichen Haferdrink, etwas Dicksaft und 120 Gramm Mehl zu einem Vorteig verrühren. Vorteig mit etwas Mehl bestäuben und mit einem Küchentuch bedeckt 20 bis 30 Minuten an einem warmen Ort gehen lassen.
- Restliches Mehl über den Vorteig sieben, restlichen Dicksaft, Öl, Gewürze und Salz dazugeben und verrühren. Den Teig auf der Arbeitsfläche kräftig mit den Händen kneten, bis er nicht mehr klebrig ist und sich glatt und geschmeidig von der Arbeitsfläche löst.
- Teig zu einem Kloß formen und in der Schüssel mit einem Küchentuch bedeckt an einem warmen Ort etwa 30 Minuten gehen lassen, bis sich das Volumen verdoppelt hat und sich Poren an der Oberfläche zeigen.
- Kurz durchkneten, damit die Gase entweichen, und ein weiteres Mal etwa 30 Minuten gehen lassen.
- Abschließend nochmals kurz und kräftig durchkneten.

- Teig auf der bemehlten Arbeitsfläche ausrollen und auf das Backblech legen. Am Rand etwas hochdrücken.
- Backofen auf 200 °C vorheizen.
- Mandeln **für die Streusel** fein mahlen.
- Mandeln, Mehl, Zucker, Zimt und Salz in einer Schüssel mischen, das Öl bis auf einen kleinen Rest über die Mischung träufeln und alles mit den Fingern zu beliebig großen Streuseln verkneten. Streusel bis zur Verwendung in den Kühlschrank stellen.
- Teig mehrmals mit einer Gabel einstechen, mit etwas restlichem Öl bepinseln und die Streusel gleichmäßig auf dem Hefeteig verteilen.
- Kuchen 25 bis 35 Minuten backen. Nicht zu lange backen, weil der Kuchen sonst trocken wird.
- Aus dem Ofen nehmen, kurz abdampfen lassen, in Stücke schneiden und auf einem Kuchengitter auskühlen lassen.

Streuselkuchen
Blechkuchen wie Streuselkuchen, Schecke, Mohnkuchen, Bienenstich oder Obstkuchen werden teilweise schon ***seit Jahrhunderten*** gebacken. In seiner einfachsten Variante besteht der Teig nur aus Mehl, Wasser und Hefe und kann mit dem belegt werden, worüber man im Garten und auf dem Feld gerade verfügt. Die dünnen Kuchen wurden nach dem Brot in der Nachwärme des Ofens gebacken. Sie sind rasch fertig, können beinahe sofort gegessen werden und machen auch eine Großfamilie satt.

Blechkuchen

Gefüllter Bienenstich

Für den Hefeteig:
20 g frische Hefe
300 g lauwarmer Haferdrink
50 g Agavendicksaft
500 g Weizenvollkornmehl, fein gemahlen
30 g Sonnenblumenöl (2 EL)
1 TL abgeriebene Zitronenschale
½ TL feines Meersalz

Für den Belag:
200 g Mandeln
100 g Vollrohrzucker, fein gemahlen und gesiebt
40 g Agavendicksaft (2 ½ EL)
80 g Sonnenblumenöl
60 g Haferdrink
1 TL gemahlene Vanille

Für die Füllung:
150 g Hirsevollkornmehl, sehr fein gemahlen, oder Hirseflocken
¼ TL feines Meersalz
500 g Reisdrink
50 g Ahornsirup
40 g Kokosnusscreme (2 ½ EL)
1 TL gemahlene Vanille

Kokos- oder Palmkernfett für das Backblech

- Backblech einfetten.
- Die Zutaten **für den Teig** sollten Raumtemperatur haben.
- In einer großen Rührschüssel die Hefe in etwas lauwarmem Haferdrink auflösen, mit dem restlichen Haferdrink, etwas Dicksaft und 125 Gramm Mehl zu einem Vorteig verrühren. Vorteig mit etwas Mehl bestäuben und mit einem Küchentuch bedeckt 20 bis 30 Minuten an einem warmen Ort gehen lassen.
- Restliches Mehl über den Vorteig sieben, restlichen Dicksaft, Öl, Zitronenschale und Salz dazugeben und verrühren. Den Teig auf der Arbeitsfläche kräftig mit den Händen kneten, bis er nicht mehr klebrig ist und sich glatt und geschmeidig von der Arbeitsfläche löst.

180

Blechkuchen

- Teig zu einem Kloß formen und in der Schüssel mit einem Küchentuch bedeckt an einem warmen Ort etwa 30 Minuten gehen lassen, bis sich das Volumen verdoppelt hat und sich Poren an der Oberfläche zeigen.
- Kurz durchkneten, damit die Gase entweichen, und ein weiteres Mal etwa 30 Minuten gehen lassen.
- Abschließend nochmals kurz und kräftig durchkneten.
- Teig auf der bemehlten Arbeitsfläche ausrollen und auf das Backblech legen. Am Rand etwas hochdrücken.
- Backofen auf 200 °C vorheizen.
- **Für den Belag** Mandeln blättrig schneiden.
- Zucker, Dicksaft, Öl und Haferdrink in einem Topf erhitzen und kurz aufkochen lassen. Mandeln dazugeben, leise köcheln lassen, bis die Masse etwas glasig aussieht. Nicht bräunen lassen. Vom Feuer nehmen und Vanille unterrühren.
- Hefeteig mehrmals mit einer Gabel einstechen und die warme Mandelmasse glatt auf dem Teig verstreichen.
- Kuchen 25 bis 35 Minuten backen.
- Aus dem Ofen nehmen und auf einem Kuchengitter auskühlen lassen.
- **Für die Füllung** das Hirsemehl oder die Hirseflocken mit dem Salz klümpchenfrei in den kalten Reisdrink rühren und unter Rühren erwärmen. Aufkochen und fünf Minuten köcheln lassen, dabei umrühren. Sirup, Kokonussscreme und Vanille in die warme Masse rühren und nachquellen lassen.
- Abgekühlten Kuchen mit einem großen Messer quer halbieren. Kuchendeckel mit einem scharfen Messer in rechteckige Stücke schneiden. Füllung auf die untere Kuchenhälfte streichen und die Kuchendeckelstücke an ihrer ursprünglichen Stelle auf die Füllung legen. Kuchen entlang der vorgegebenen Stücke schneiden. Kühl stellen.

Blechkuchen

Schecke

Für den Hefeteig:
20 g frische Hefe
300 g lauwarmer Reisdrink
50 g Agavendicksaft
500 g Weizenvollkornmehl, fein gemahlen
40 g Sonnenblumenöl (2 ½ EL)
1 TL abgeriebene Zitronenschale
¼ TL feines Meersalz

Für den Cremebelag:
100 g Sultaninen
1 kg Tofu, gut abgetropft
500 g geschälte reife Banane
20 g Zitronensaft (2 EL)
60 g Agavendicksaft
40 g Sonnenblumenöl (2 ½ EL)
1 TL abgeriebene Zitronenschale
30 g Pfeilwurzelmehl (3 ½ EL)

Für den Puddingbelag:
120 g Reisvollkornmehl, sehr fein gemahlen, oder Reisflocken
¼ TL feines Meersalz
500 g Reisdrink
50 g Agavendicksaft
40 g Kokosöl (2 ½ EL)
1 TL gemahlene Vanille

Kokos- oder Palmkernfett für das Backblech mit hohem Rand

- Backblech einfetten.
- Die Zutaten **für den Teig** sollten Raumtemperatur haben.
- In einer großen Rührschüssel die Hefe in etwas lauwarmem Reisdrink auflösen, mit dem restlichen Reisdrink, etwas Dicksaft und 125 Gramm Mehl zu einem Vorteig verrühren. Vorteig mit etwas Mehl bestäuben und mit einem Küchentuch bedeckt 20 bis 30 Minuten an einem warmen Ort gehen lassen.
- Restliches Mehl über den Vorteig sieben, restlichen Dicksaft, Öl, Zitronenschale und Salz dazugeben und verrühren. Den Teig auf der Arbeitsfläche kräftig

182

mit den Händen kneten, bis er nicht mehr klebrig ist und sich glatt und geschmeidig von der Arbeitsfläche löst.

- Teig zu einem Kloß formen und in der Schüssel mit einem Küchentuch bedeckt an einem warmen Ort etwa 30 Minuten gehen lassen, bis sich das Volumen verdoppelt hat und sich Poren an der Oberfläche zeigen.
- Kurz durchkneten, damit die Gase entweichen, und ein weiteres Mal etwa 30 Minuten gehen lassen.
- Abschließend nochmals kurz und kräftig durchkneten.
- Teig auf der bemehlten Arbeitsfläche ausrollen und auf das Backblech legen. Am Rand hochdrücken.
- Sultaninen **für den Cremebelag** heiß waschen und abtropfen lassen.
- Tofu cremig pürieren, mit einer Gabel fein zerdrücken oder durch ein Sieb streichen.
- Bananen mit einer Gabel fein zerdrücken oder pürieren, Zitronensaft unter das Bananenmus rühren und das Mus mit der Tofucreme mischen.
- Dicksaft, Öl und Zitronenschale geschmeidig in die Tofucreme rühren. Pfeilwurzelmehl über die Creme sieben und glatt unterziehen. Zum Schluss Sultaninen einarbeiten.
- Backofen auf 200 °C vorheizen.
- **Für den Puddingbelag** das Reismehl oder die Reisflocken mit dem Salz klümpchenfrei in den kalten Reisdrink rühren und unter Rühren erwärmen. Aufkochen und zwei bis drei Minuten köcheln lassen, dabei umrühren. Dicksaft, Kokosöl und Vanille in die warme Masse rühren und nachquellen lassen.
- Hefeteig mehrmals mit einer Gabel einstechen, Cremebelag auf dem Teig und Puddingbelag auf dem Cremebelag glatt verstreichen.
- Kuchen 30 bis 45 Minuten backen. Der Belag wird schneller braun, als der Kuchen in der Mitte durchgebacken ist – deshalb den Kuchen nach der Hälfte der Backzeit mit Backpapier bedecken.
- Fertig gebackenen Kuchen aus dem Ofen nehmen, kurz abdampfen und auf einem Kuchengitter auskühlen lassen. Abgekühlten Kuchen in Stücke schneiden.

Blechkuchen

Kleckselkuchen

Für den Hefeteig:
20 g frische Hefe
300 g lauwarmer Haferdrink
20 g Agavendicksaft (1 – 2 EL)
500 g Weizenvollkornmehl, fein gemahlen
40 g Sonnenblumenöl (2 ½ EL)
½ TL gemahlene Vanille
¼ TL feines Meersalz

Für den schwarzen Belag:
40 g Sultaninen
200 g Mohn
200 g Haferdrink
100 g Vollrohrzucker, fein gemahlen und gesiebt
60 g Vollkornsemmelbrösel
½ TL gemahlener Zimt

Für den weißen Belag:
200 g Tofu, gut abgetropft
300 g geschälte reife Banane
20 g Zitronensaft (2 EL)
1 TL abgeriebene Zitronenschale
30 g Pfeilwurzelmehl (3 ½ EL)

Für den roten Belag:
250 g dick eingekochte Preiselbeeren oder Preiselbeerkonfitüre

Für die Streusel:
200 g Weizenvollkornmehl, sehr fein gemahlen
120 g Vollrohrzucker, fein gemahlen und gesiebt
½ TL gemahlener Zimt
90 g Sonnenblumenöl

Kokos- oder Palmkernfett für das Backblech

- Backblech einfetten.
- Die Zutaten **für den Teig** sollten Raumtemperatur haben.

184

Blechkuchen

- In einer großen Rührschüssel die Hefe in etwas lauwarmem Haferdrink auflösen, mit dem restlichen Haferdrink, dem Dicksaft und 125 Gramm Mehl zu einem Vorteig verrühren. Vorteig mit etwas Mehl bestäuben und mit einem Küchentuch bedeckt 20 bis 30 Minuten an einem warmen Ort gehen lassen.
- Restliches Mehl über den Vorteig sieben, Öl, Vanille und Salz dazugeben und verrühren. Den Teig auf der Arbeitsfläche kräftig mit den Händen kneten, bis er nicht mehr klebrig ist und sich glatt und geschmeidig von der Arbeitsfläche löst.
- Teig zu einem Kloß formen und in der Schüssel mit einem Küchentuch bedeckt an einem warmen Ort etwa 30 Minuten gehen lassen, bis sich das Volumen verdoppelt hat und sich Poren an der Oberfläche zeigen.
- Kurz durchkneten, damit die Gase entweichen, und ein weiteres Mal etwa 30 Minuten gehen lassen.
- Abschließend nochmals kurz und kräftig durchkneten.
- Teig auf der bemehlten Arbeitsfläche ausrollen und auf das Backblech legen. Am Rand etwas hochdrücken.
- **Für die Streusel** Weizenmehl, Zucker und Zimt in einer Schüssel mischen, das Öl über die Mischung träufeln und alles mit den Fingern zu beliebig großen Streuseln verkneten. Streusel bis zur Verwendung in den Kühlschrank stellen.
- Sultaninen **für den schwarzen Belag** heiß waschen und abtropfen lassen.
- Mohn mahlen.
- Haferdrink erwärmen, Mohn und Zucker einstreuen und unter Rühren fünf Minuten bei mittlerer Hitze köcheln lassen. Brösel, Sultaninen und Zimt in die Mohnmasse rühren und vom Feuer nehmen.
- Backofen auf 200 °C vorheizen
- **Für den weißen Belag** den Tofu cremig pürieren, mit einer Gabel fein zerdrücken oder durch ein Sieb streichen.
- Bananen mit einer Gabel fein zerdrücken oder pürieren und Zitronensaft und Zitronenschale unter das Bananenmus mischen.
- Bananenmus geschmeidig in die Tofucreme rühren. Pfeilwurzelmehl über die Creme sieben und glatt einarbeiten.
- Preiselbeeren oder Preiselbeerkonfitüre **für den roten Belag** leicht erwärmen und glatt rühren.
- Hefeteig mehrmals mit einer Gabel einstechen. Esslöffelweise schwarzen, weißen und roten Belag beliebig auf dem Teig verteilen und glätten. Gekühlte Streusel gleichmäßig auf dem Belag verteilen.
- Kuchen 25 bis 35 Minuten backen.
- Aus dem Ofen nehmen, kurz abdampfen lassen und auf einem Kuchengitter auskühlen lassen. Abgekühlten Kuchen in Stücke schneiden.

Blechkuchen

Schlesische Mohnplatte

Für den Hefeteig:
20 g frische Hefe
300 g lauwarmer Haferdrink
30 g Agavendicksaft (2 EL)
500 g Weizenvollkornmehl, fein gemahlen
40 g Mohnöl (2 ½ EL)
¼ TL feines Meersalz

Für den Belag:
100 g Mandeln
400 g Mohn
100 g Sultaninen
800 g Wasser
60 g Mohnöl
90 g Weizenvollkorngrieß
150 g Vollrohrzucker, fein gemahlen und gesiebt
¼ TL feines Meersalz
1 TL gemahlene Vanille
2 TL abgeriebene Zitronenschale

Für die Streusel:
400 g Weizenvollkornmehl, fein gemahlen
250 g Vollrohrzucker, fein gemahlen und gesiebt
2 TL gemahlener Zimt
220 g Sonnenblumenöl

Kokos- oder Palmkernfett für das Backblech

- Backblech einfetten.
- Die Zutaten **für den Teig** sollten Raumtemperatur haben.
- In einer großen Rührschüssel die Hefe in etwas lauwarmem Haferdrink auflösen, mit dem restlichen Haferdrink, dem Dicksaft und 120 Gramm Mehl zu einem Vorteig verrühren. Vorteig mit etwas Mehl bestäuben und mit einem Küchentuch bedeckt 20 bis 30 Minuten an einem warmen Ort gehen lassen.
- Restliches Mehl über den Vorteig sieben, Öl und Salz dazugeben und verrühren. Den Teig auf der Arbeitsfläche kräftig mit den Händen kneten, bis er nicht mehr klebrig ist und sich glatt und geschmeidig von der Arbeitsfläche löst.

186

- Teig zu einem Kloß formen und in der Schüssel mit einem Küchentuch bedeckt an einem warmen Ort etwa 30 Minuten gehen lassen, bis sich das Volumen verdoppelt hat und sich Poren an der Oberfläche zeigen.
- Kurz durchkneten, damit die Gase entweichen, und ein weiteres Mal etwa 30 Minuten gehen lassen.
- Abschließend nochmals kurz und kräftig durchkneten.
- Teig auf der bemehlten Arbeitsfläche ausrollen und auf das Backblech legen. Am Rand etwas hochdrücken.
- **Für die Streusel** Weizenmehl, Zucker und Zimt in einer Schüssel mischen, das Öl über die Mischung träufeln und alles mit den Fingern zu beliebig großen Streuseln verkneten. Streusel bis zur Verwendung in den Kühlschrank stellen.
- Mandeln **für den Belag** grob hacken.
- Mohn mahlen.
- Sultaninen heiß waschen und abtropfen lassen.
- Backofen auf 190 °C vorheizen.
- Wasser zusammen mit dem Öl erhitzen, Mohn, Grieß, Zucker und Salz einstreuen, aufkochen und einige Minuten leise köcheln lassen. Sultaninen einrühren und vom Feuer nehmen. Mandeln und Gewürze dazugeben und unter gelegentlichem Rühren etwas abkühlen lassen.
- Hefeteig mehrmals mit einer Gabel einstechen. Warme Mohnmasse auf dem Teig glatt verstreichen. Gekühlte Streusel gleichmäßig über die Mohnmasse streuen.
- Kuchen 40 bis 50 Minuten backen.
- Aus dem Ofen nehmen und auf einem Kuchengitter auskühlen lassen. Abgekühlten Kuchen in Stücke schneiden.

Blechkuchen

Böhmischer Mohnzopf

Für den Hefeteig:
20 g frische Hefe
300 g lauwarmer Haferdrink
50 g Agavendicksaft
500 g Dinkelvollkornmehl, fein gemahlen
40 g Mohnöl (2 ½ EL)
¼ TL feines Meersalz

Für die Füllung:
100 g Sultaninen
30 g roter Traubensaft (3 EL)
250 g Mohn
50 g Walnüsse
50 g Bitterschokolade
250 g Haferdrink
50 g Agavendicksaft
75 g Vollkornsemmelbrösel
50 g Vollrohrzucker, fein gemahlen und gesiebt
¼ TL feines Meersalz
2 TL abgeriebene Zitronenschale

Zum Bestreichen:
60 g Aprikosenkonfitüre

Kokos- oder Palmkernfett für das Backblech

- Backblech einfetten.
- Die Zutaten **für den Teig** sollten Raumtemperatur haben.
- In einer großen Rührschüssel die Hefe in etwas lauwarmem Haferdrink auflösen, mit dem restlichen Haferdrink, etwas Dicksaft und 120 Gramm Mehl zu einem Vorteig verrühren. Vorteig mit etwas Mehl bestäuben und mit einem Küchentuch bedeckt 20 bis 30 Minuten an einem warmen Ort gehen lassen.
- Restliches Mehl über den Vorteig sieben, restlichen Dicksaft, Öl und Salz dazugeben und verrühren. Den Teig auf der Arbeitsfläche kräftig mit den Händen kneten, bis er nicht mehr klebrig ist und sich glatt und geschmeidig von der Arbeitsfläche löst.

188

Blechkuchen

- Teig zu einem Kloß formen und in der Schüssel mit einem Küchentuch bedeckt an einem warmen Ort etwa 30 Minuten gehen lassen, bis sich das Volumen verdoppelt hat und sich Poren an der Oberfläche zeigen.
- Kurz durchkneten, damit die Gase entweichen, und ein weiteres Mal etwa 30 Minuten gehen lassen.
- Abschließend nochmals kurz und kräftig durchkneten und auf der bemehlten Arbeitsfläche zu einem Quadrat mit 35 Zentimeter Seitenlänge ausrollen.
- Sultaninen **für die Füllung** heiß waschen, abtropfen lassen und im Traubensaft einweichen.
- Mohn mahlen.
- Walnüsse grob hacken.
- Schokolade hochkant mit einem Messer in schmale Streifen schneiden, sodass bröckelige Schokoladenlocken entstehen.
- Haferdrink mit Dicksaft erhitzen, Mohn, Brösel, Zucker und Salz einstreuen, aufkochen und kurz köcheln lassen. Sultaninen mit dem Saft einrühren und vom Feuer nehmen. Walnüsse, Schokoladenlocken und Zitronenschale dazugeben und unter gelegentlichem Rühren etwas abkühlen lassen.
- Hefeteig mehrmals mit einer Gabel einstechen. Warme Mohnmasse auf dem Teig glatt verstreichen, dabei einen zwei Zentimeter breiten Randstreifen unbedeckt lassen.
- Teigplatte aufrollen und die Rolle längs halbieren. Die beiden Teigstränge umeinanderflechten, sodass die Schnittflächen nach innen und oben zeigen. Zopf mit der geschlossenen Seite nach unten auf das Backblech legen, Zopfenden knapp unter den Zopf ziehen und Zopf mit einem Küchentuch bedeckt etwa 20 Minuten gehen lassen.
- Backofen auf 190 °C vorheizen.
- Zopf etwa 45 Minuten backen.
- Aus dem Ofen nehmen und auf einem Kuchengitter auskühlen lassen.
- Aprikosenkonfitüre leicht erwärmen, glatt rühren und den noch heißen Zopf mit der Konfitüre bepinseln.

189

Blechkuchen

Drillingshefezopf

Für den Hefeteig:
30 g frische Hefe
400 g lauwarmer Haferdrink
150 g Vollrohrzucker, fein gemahlen und gesiebt
750 g Dinkelmehl, fein gemahlen
100 g Sonnenblumenöl
2 TL abgeriebene Zitronenschale
½ TL feines Meersalz

Zum Bestreichen und Bestreuen:
50 g Mandeln
etwas lauwarmer Haferdrink
50 g Vollrohrzucker, fein gemahlen und gesiebt

Kokos- oder Palmkernfett für das Backblech

- Backblech einfetten.
- Die Zutaten **für den Teig** sollten Raumtemperatur haben.
- In einer großen Rührschüssel die Hefe in etwas lauwarmem Haferdrink auflösen, mit dem restlichen Haferdrink, etwas Zucker und 250 Gramm Mehl zu einem Vorteig verrühren. Vorteig mit etwas Mehl bestäuben und mit einem Küchentuch bedeckt 20 bis 30 Minuten an einem warmen Ort gehen lassen.
- Restliches Mehl und restlichen Zucker über den Vorteig sieben. Öl, Zitronenschale und Salz dazugeben und verrühren. Den Teig auf der Arbeitsfläche kräftig mit den Händen kneten, bis er nicht mehr klebrig ist und sich glatt und geschmeidig von der Arbeitsfläche löst.
- Teig zu einem Kloß formen und in der Schüssel mit einem Küchentuch bedeckt an einem warmen Ort etwa 40 Minuten gehen lassen, bis sich das Volumen verdoppelt hat und sich Poren an der Oberfläche zeigen.
- Kurz durchkneten, damit die Gase entweichen, und ein weiteres Mal etwa 30 Minuten gehen lassen.
- Teig nochmals kräftig durchkneten, in neun Teile teilen und jeden Teil zu einer etwa 30 Zentimeter langen Rolle formen.
- Aus vier der Rollen einen viersträngigen Zopf, aus drei weiteren Rollen einen dreisträngigen Zopf flechten. Die letzen zwei Rollen als Strang zusammendrehen. Die Zopfenden jeweils knapp unter die Zöpfe ziehen.
- Mandeln **zum Bestreuen** blättrig schneiden.

190

- Backofen auf 190 °C vorheizen.
- Vierlingszopf auf das Blech legen, mit etwas Haferdrink bepinseln und mit einem Drittel des Zuckers und einem Drittel der Mandeln bestreuen. Drillingszopf auf den Vierlingszopf legen, mit etwas Haferdrink bepinseln und mit der Hälfte des übrigen Zuckers und der Mandeln bestreuen. Zwilling etwas in die Länge ziehen und so auf den Drilling legen, dass die Zwillingsenden die Zopfenden überdecken.
- Zopf mit einem Küchentuch bedecken und etwa 20 Minuten gehen lassen.
- Zwilling mit etwas Haferdrink bepinseln und mit dem restlichen Zucker und den restlichen Mandeln bestreuen.
- Zopf je nach Dicke 50 bis 75 Minuten backen.
- Aus dem Ofen nehmen und auf einem Kuchengitter auskühlen lassen.

Blechkuchen

Rosinenstollen

Für den Hefeteig:
50 g kandierte Orangenschale
50 g kandierte Zitronenschale
120 g Mandeln
4 Bittermandeln (siehe Seite 173)
80 g frische Hefe
300 g Haferdrink
80 g Vollrohrzucker, fein gemahlen und gesiebt
550 g Weizenvollkornmehl, fein gemahlen
80 g Kokosfett oder Palmöl
150 g Sonnenblumenöl
½ TL gemahlene Muskatblüte
1 TL gemahlene Vanille
1 TL abgeriebene Zitronenschale
1 TL feines Meersalz
250 g Sultaninen
250 g Korinthen
50 g Rum

Zum Bestreichen und Bestreuen:
100 g Mandelöl
80 g Vollrohrzucker, fein gemahlen und gesiebt

Pappe und Backpapier für das Backblech

- Orangen- und Zitronenschale fein hacken.
- Mandeln fein hacken.
- Die Zutaten **für den Teig** sollten Raumtemperatur haben.
- In einer großen Rührschüssel die Hefe in etwas Haferdrink auflösen, mit dem restlichen Haferdrink, etwas Zucker und 180 Gramm Mehl zu einem Vorteig verrühren. Vorteig mit etwas Mehl bestäuben und mit einem Küchentuch bedeckt 20 bis 30 Minuten gehen lassen.
- Kokosfett oder Palmöl bei niedriger Temperatur schmelzen, vom Feuer nehmen, Sonnenblumenöl zum flüssigen Fett geben und auf Handwärme abkühlen lassen.
- Restliches Mehl und restlichen Zucker über den Vorteig sieben. Ölmischung, Gewürze und Salz dazugeben und verrühren. Den Teig auf der Arbeitsfläche

192

Blechkuchen

kräftig mit den Händen kneten, bis er nicht mehr klebrig ist und sich glatt und geschmeidig von der Arbeitsfläche löst.

- Mandeln, Orangen- und Zitronenschale einarbeiten, Teig zu einem Kloß formen und in der Schüssel bedeckt kühl gehen lassen, bis sich das Volumen verdoppelt hat und sich Poren an der Oberfläche zeigen – am besten **über Nacht.**
- Sultaninen und Korinthen heiß waschen, gut abtropfen lassen, in eine Schüssel geben, mit dem Rum begießen und **über Nacht** einweichen lassen.
- Gegangenen Teig leicht durchkneten. Sultaninen und Korinthen mit Rum einarbeiten.
- Teig nochmals etwa 30 Minuten gehen lassen.
- Backblech mit Pappe belegen und darauf eine Lage Backpapier legen.
- Backofen auf 190 °C vorheizen.
- Teig kurz durchkneten und einen 40 Zentimeter langen Laib daraus formen. Laib etwas flach rollen, in der Mitte etwas flacher. Die eine Längsseite zur Mitte klappen.
- Stollen auf das Backblech legen, einen Streifen Backpapier als Kragen eng um den Stollen legen und die Papierenden fest miteinander verbinden. Mit einem Küchentuch bedecken und etwa zehn Minuten gehen lassen.
- Stollen 20 Minuten backen, Temperatur auf 180 °C reduzieren und den Stollen weitere 30 bis 40 Minuten backen.
- Aus dem Ofen nehmen und auf einem Kuchengitter auskühlen lassen.
- Stollen mit Öl bepinseln und mit Zucker besieben.
- Stollen in Backpapier einschlagen und in einer gut schließenden Dose aufbewahren. Am besten schmeckt er, wenn er vor dem Anschneiden mindestens eine Woche lang durchziehen konnte.

Orangeat und Zitronat

Orangeat ist die kandierte Schale der Bitterorange, auch Pomeranze genannt, inklusive der weißen Innenhaut. Zitronat ist eine ebensolche Süßigkeit aus der Schale der Zitronatzitrone. Das beste Aroma haben *große Schalenstücke,* die man erst kurz vor der Verwendung in kleine Stückchen schneidet. Geschützt vor Feuchtigkeit, Wärme, Luft und Licht halten sich Orangeat und Zitronat monatelang.

Rohe Pomeranzen und Zitronatzitronen sind so sauer und bitter, dass man sie nicht essen sollte. Die kandierten Schalen jedoch haben ein ausgezeichnetes Aroma. Bevor man die Schalen dem mehrstufigen Prozess des Zuckerns unterzieht, kocht man sie in Salzwasser weich und wässert sie einen Tag. Immer stärker konzentrierte Zuckerlösungen, in welche man die Schalen einlegt, ersetzen in der Folge das Zellwasser durch Zucker.

Blechkuchen

Haferflockenschnitten

Für die Rührmasse:
200 g Datteln
400 g Sonnenblumenöl
250 g Ahornsirup
1 TL gemahlener Zimt
1 TL gemahlene Vanille
½ TL feines Meersalz
650 g feine Haferflocken
200 g Weizenvollkornmehl, fein gemahlen

Kokos- oder Palmkernfett für das Backblech

- Backblech einfetten.
- Datteln entkernen und klein schneiden.
- Öl und Datteln in einem großen Topf erwärmen, Sirup einrühren und kurz aufkochen lassen. Vom Feuer nehmen, Gewürze und Salz untermischen und etwas abkühlen lassen.
- Backofen auf 220 °C vorheizen.
- Haferflocken in die noch warme Dattelmasse rühren, Mehl darübersieben und einarbeiten.
- Masse auf das Backblech streichen und glätten.
- Kuchen 15 bis 20 Minuten backen.
- Aus dem Ofen nehmen, kurz abkühlen lassen, in Stücke schneiden und auf einem Kuchengitter auskühlen lassen.

Trockene Kuchen aus der Form

Marmorkuchen

Für die Rührmasse:
200 g Weizenvollkornmehl, fein gemahlen
250 g Dinkelvollkornmehl, fein gemahlen
40 g Pfeilwurzelmehl (4 ½ EL)
2 ½ EL Weinsteinbackpulver
1 TL Natron
½ TL gemahlene Vanille
2 TL abgeriebene Zitronenschale
¼ TL feines Meersalz
380 (– 500) g Haferdrink (eventuell etwas weniger oder mehr)
20 g Zitronensaft (2 EL)
150 g Agavendicksaft
180 g Sonnenblumenöl

Zusätzlich für die dunkle Masse:
30 g Kakaopulver (4 ¼ EL)
40 g Haferdrink (4 EL)

Kokos- oder Palmkernfett für die Gugelhupfform (24 cm Durchmesser)
Vollkornsemmelbrösel für die Gugelhupfform

- Gugelhupfform gut einfetten und mit Bröseln ausstreuen.
- Backofen auf 180 °C vorheizen.
- Die Zutaten **für die Rührmasse** sollten Raumtemperatur haben.
- Weizen- und Dinkelmehl, Pfeilwurzelmehl, Backpulver und Natron in eine Schüssel sieben, mit einer Gabel Gewürze und Salz untermischen.
- Die Hälfte des Haferdrinks, Zitronensaft, Dicksaft und Öl in einer großen Rührschüssel verquirlen.
- Mehlmischung esslöffelweise über die Ölmischung sieben und mit dem Schneebesen oder Rührlöffel zu einer geschmeidigen weichen Masse verrühren und schlagen. Nach Bedarf esslöffelweise restlichen Haferdrink abwechselnd mit der Mehlmischung zur Masse geben. Zügig mischen, die Masse sollte locker bleiben und zähflüssig vom Löffel fallen. Nicht schaumig schlagen.
- Zwei Drittel der Masse in die Gugelhupfform füllen.
- **Für die dunkle Masse** den Kakao mit dem Haferdrink anrühren und in den restlichen Teig mischen. Etwas Haferdrink dazugeben, wenn die Masse sehr zäh sein sollte.

Trockene Kuchen aus der Form

- Die dunkle Masse auf die helle Masse in die Kuchenform geben und die beiden Massen mit einer Gabel spiralförmig leicht mischen. Oberfläche glätten.
- Kuchen 60 bis 70 Minuten backen (Hölzchenprobe, siehe Seite 36).
- Aus dem Ofen nehmen, zehn Minuten in der Form abdampfen lassen, vorsichtig auf ein Kuchengitter stürzen und abkühlen lassen.

Orangen und Zitronen abreiben

Das fruchtig bittere Aroma einer Orangen- oder Zitronenschale passt ausgezeichnet zu süßem Gebäck, es betont die milde Süße von Weizen, Dinkel oder Hirse, verleiht kühlem Tofu einen Hauch südländische Wärme und rundet das Aroma anderer Gewürze sehr dezent ab.

Am intensivsten würzt die **frisch abgeriebene Orangen- oder Zitronenschale.** Verwenden Sie stets unbehandelte Früchte und waschen Sie diese kurz unter heißem Wasser ab, bevor Sie die Schale beispielsweise mit einer kleinen Reibe abreiben.

Getrocknete und anschließend gemörserte Zitrusschalen eignen sich ebenso gut zum Backen. Getrocknete Zitrusschalen können Sie einfach selbst herstellen, indem Sie Orangen oder Zitronen, deren Saft Sie in der Küche verwenden, vor dem Entsaften oder Weiterverarbeiten mit einem Schälmesser dünn abschälen. Lassen Sie die Schalen an der Luft oder in der Nachwärme des Backofens trocknen, bis sie brüchig sind, und zerkleinern Sie die Schalen dann im Mörser. In einem verschlossenen Gewürzglas hält sich das Pulver mehrere Monate.

Mohn-Haselnuss-Marmorkuchen

Für die Rührmasse:
100 g Haselnüsse
300 g Weizenvollkornmehl, fein gemahlen
40 g Pfeilwurzelmehl (4 ½ EL)
2 EL Weinsteinbackpulver
1 TL Natron
½ TL gemahlene Vanille
¼ TL feines Meersalz
300 (– 400) g Haferdrink (eventuell etwas weniger oder mehr)
10 g Zitronensaft (1 EL)
150 g Agavendicksaft
50 g Mohnöl
100 g Sonnenblumenöl

Zusätzlich für die Mohnmasse:
150 g Mohn
10 g Kakaopulver (1 ½ EL)
½ TL gemahlener Zimt
10 g Rosenwasser (1 EL)
20 g Zitronensaft (2 EL)

Für die Glasur und zum Bestreuen:
40 g Aprikosenkonfitüre (3 EL)
20 g Mohn (2 EL)

Kokos- oder Palmkernfett für die Gugelhupfform (24 cm Durchmesser)
Vollkornsemmelbrösel für die Gugelhupfform

- Gugelhupfform gut einfetten und mit Bröseln ausstreuen.
- Haselnüsse ohne Fett in einer Pfanne rösten, bis sie duften. Abkühlen lassen und fein mahlen.
- Mohn für die Mohnmasse mahlen.
- Backofen auf 180 °C vorheizen.
- Die Zutaten **für die Rührmasse** sollten Raumtemperatur haben.
- Weizenmehl, Pfeilwurzelmehl, Backpulver und Natron in eine Schüssel sieben, mit einer Gabel Haselnüsse, Vanille und Salz untermischen.

Trockene Kuchen aus der Form

- Die Hälfte des Haferdrinks, Zitronensaft, Dicksaft und Öle in einer großen Rührschüssel verquirlen.
- Mehlmischung esslöffelweise über die Ölmischung sieben und mit dem Schneebesen oder Rührlöffel zu einer geschmeidigen weichen Masse verrühren und schlagen. Nach Bedarf esslöffelweise restlichen Haferdrink abwechselnd mit der Mehlmischung zur Masse geben. Zügig mischen, die Masse sollte locker bleiben und zähflüssig vom Löffel fallen. Nicht schaumig schlagen.
- Zwei Drittel der Masse in die Gugelhupfform füllen.
- **Für die Mohnmasse** den Kakao mit Zimt, Rosenwasser und Zitronensaft anrühren, mit dem Mohn unter die restliche Masse mischen. Etwas Haferdrink dazugeben, wenn die Masse sehr zäh sein sollte.
- Die dunkle Masse auf die helle Masse in die Kuchenform geben und die beiden Massen mit einer Gabel spiralförmig leicht mischen. Oberfläche glätten.
- Kuchen 60 bis 70 Minuten backen (Hölzchenprobe, siehe Seite 36).
- Aus dem Ofen nehmen, zehn Minuten in der Form abdampfen lassen, vorsichtig auf ein Kuchengitter stürzen und abkühlen lassen.
- Aprikosenkonfitüre **für die Glasur** leicht erwärmen, glatt rühren und den noch heißen Kuchen mit der Konfitüre bepinseln.
- Ungemahlenen Mohn über den Kuchen streuen.

Trockene Kuchen aus der Form

Rosinen-Zitronen-Kuchen

Für die Rührmasse:
150 g Sultaninen
20 g Rum (2 EL)
100 g Mandeln
150 g Dinkelvollkornmehl, fein gemahlen
50 g Pfeilwurzelmehl
1 ½ EL Weinsteinbackpulver
½ TL Natron
1 TL abgeriebene Zitronenschale
1 TL abgeriebene Orangenschale
¼ TL feines Meersalz
200 (– 250) g Apfelsaft (eventuell etwas weniger oder mehr)
20 g Zitronensaft (2 EL)
100 g Agavendicksaft
80 g Sonnenblumenöl

Für die Glasur:
30 g Zitronensaft (3 EL)
30 g Agavendicksaft (2 EL)

Kokos- oder Palmkernfett für die Gugelhupfform (22 cm Durchmesser)
Vollkornsemmelbrösel für die Gugelhupfform

- Gugelhupfform gut einfetten und mit Bröseln ausstreuen.
- Sultaninen heiß waschen, sehr gut abtropfen lassen und mit Rum einweichen.
- Mandeln fein mahlen.
- Backofen auf 180 °C vorheizen.
- Die Zutaten **für die Rührmasse** sollten Raumtemperatur haben.
- Dinkelmehl, Pfeilwurzelmehl, Backpulver und Natron in eine Schüssel sieben, mit einer Gabel Mandeln, Gewürze und Salz untermischen.
- Sultaninen abgießen – dabei den Rum auffangen – und mit etwas Mehl bestäuben.
- Die Hälfte des Apfelsaftes, aufgefangenen Rum, Zitronensaft, Dicksaft und Öl in einer großen Rührschüssel verquirlen.
- Mehlmischung esslöffelweise über die Ölmischung sieben und mit dem Schneebesen oder Rührlöffel zu einer geschmeidigen weichen Masse verrühren und schlagen. Nach Bedarf esslöffelweise restlichen Apfelsaft abwechselnd mit der

200

Mehlmischung zur Masse geben. Zügig mischen, die Masse sollte locker bleiben und zähflüssig vom Löffel fallen. Nicht schaumig schlagen. Zum Schluss Sultaninen vorsichtig in die Masse rühren.
- Masse in die Gugelhupfform füllen und Oberfläche glätten.
- Kuchen 50 bis 60 Minuten backen (Hölzchenprobe, siehe Seite 36).
- Aus dem Ofen nehmen, zehn Minuten in der Form abdampfen lassen, vorsichtig aus der Form auf ein Kuchengitter stürzen und abkühlen lassen.
- **Für die Glasur** Zitronensaft mit Dicksaft mischen, leicht erwärmen und den noch warmen Kuchen mit der Mischung bepinseln.

Mehlpuder für Trockenfrüchte

Unsere Großmütter lehrten, dass Sultaninen und Korinthen mit etwas Mehl zu bestäuben seien, damit sie sich gleichmäßig im Kuchen verteilten und sich kein Stelldichein auf dem Kuchenboden gäben. Manchmal tun sie es trotzdem – was sich liebt, findet zusammen, wie unsere Großmütter ebenfalls wussten.

Heiß abgewaschene, eventuell eingeweichte und anschließend abgetupfte Sultaninen, Korinthen und andere klein geschnittene Trockenfrüchte lassen sich am einfachsten bestäuben, wenn man die Früchte zusammen **mit etwas Mehl in einem Sieb** leicht schüttelt – das Mehl fällt durch das Sieb und die Früchte sind rundum bestäubt.

Trockene Kuchen aus der Form

Nusskuchen

Für die Rührmasse:
100 g Haselnüsse
100 g Mandeln
50 g Walnüsse
250 g Weizenvollkornmehl, fein gemahlen
2 ½ EL Weinsteinbackpulver
½ TL Natron
1 TL gemahlene Vanille
¼ TL feines Meersalz
340 (– 400) g Reisdrink (eventuell etwas weniger oder mehr)
20 g Zitronensaft (2 EL)
100 g Ahornsirup
160 g Sonnenblumenöl

Für die Glasur:
30 g Haselnüsse
170 g Bitterschokolade
100 g Reisdrink
15 g Kokosöl (1 EL)

Kokos- oder Palmkernfett für die Springform (26 cm Durchmesser)

- Ring einer Springform einfetten und den Springformboden mit Backpapier belegen.
- Haselnüsse für Teig und Glasur ohne Fett in einer Pfanne rösten, bis sie duften. Abkühlen lassen. Haselnüsse für den Teig fein mahlen, Haselnüsse für die Glasur grob hacken.
- Mandeln fein mahlen, Walnüsse fein hacken.
- Backofen auf 190 °C vorheizen.
- Die Zutaten **für die Rührmasse** sollten Raumtemperatur haben.
- Weizenmehl, Backpulver und Natron in eine Schüssel sieben, mit einer Gabel Mandeln, Haselnüsse, Walnüsse, Vanille und Salz untermischen.
- Die Hälfte des Reisdrinks, Zitronensaft, Sirup und Öl in einer großen Rührschüssel verquirlen.
- Mehlmischung esslöffelweise über die Ölmischung sieben und mit dem Schneebesen oder Rührlöffel zu einer geschmeidigen weichen Masse verrühren und schlagen. Nach Bedarf esslöffelweise restlichen Reisdrink abwechselnd mit der

Mehlmischung zur Masse geben. Zügig mischen, die Masse sollte locker bleiben und zähflüssig vom Löffel fallen. Nicht schaumig schlagen.
- Masse in die festgezogene Springform füllen und Oberfläche glätten.
- Kuchen 50 Minuten backen (Hölzchenprobe, siehe Seite 36).
- Aus dem Ofen nehmen, fünf Minuten in der Form abdampfen lassen, vorsichtig auf ein Kuchengitter stürzen, Papier abziehen, umdrehen und abkühlen lassen.
- Schokolade **für die Glasur** in Stücke brechen und in eine Schüssel füllen. Reisdrink erhitzen, über die Schokolade gießen und vorsichtig rühren, bis die Schokolade geschmolzen ist. Öl unterrühren und die noch warme Glasur auf den Kuchen streichen.
- Glasierten Kuchen mit den gehackten Haselnüssen bestreuen.

Traubenrolle

Für den Hefeteig:
100 g Sultaninen
50 g Walnüsse
20 g frische Hefe
200 g lauwarmer Haferdrink
40 g Ahornsirup (2 ½ EL)
300 g Weizenvollkornmehl, fein gemahlen
40 g Sonnenblumenöl (2 ½ EL)
¼ TL gemahlene Muskatblüte
½ TL gemahlene Vanille
¼ TL feines Meersalz
400 g große Weintrauben

Zum Bestreichen:
80 g Ahornsirup

Kokos- oder Palmkernfett für die Gugelhupfform
  (24 cm bis 28 cm Durchmesser)
Vollkornsemmelbrösel für die Gugelhupfform

- Gugelhupfform gut einfetten und mit Bröseln ausstreuen.
- Sultaninen heiß waschen und abtropfen lassen.
- Walnüsse grob hacken.
- Die Zutaten **für den Teig** sollten Raumtemperatur haben.
- In einer großen Rührschüssel die Hefe in etwas lauwarmem Haferdrink auflösen, mit dem restlichen Haferdrink, etwas Sirup und 100 Gramm Mehl zu einem Vorteig verrühren. Vorteig mit etwas Mehl bestäuben und mit einem Küchentuch bedeckt 20 bis 30 Minuten an einem warmen Ort gehen lassen.
- Restliches Mehl über den Vorteig sieben, restlichen Sirup, Öl, Gewürze und Salz dazugeben und verrühren. Den Teig auf der Arbeitsfläche kräftig mit den Händen kneten, bis er nicht mehr klebrig ist und sich glatt und geschmeidig von der Arbeitsfläche löst.
- Teig zu einem Kloß formen und in der Schüssel mit einem Küchentuch bedeckt etwa 30 Minuten an einem warmen Ort gehen lassen, bis sich das Volumen verdoppelt hat und sich Poren an der Oberfläche zeigen.
- Kurz durchkneten, damit die Gase entweichen, und ein weiteres Mal etwa 30 Minuten gehen lassen.

- Abschließend nochmals kurz und kräftig durchkneten.
- Teig auf der bemehlten Arbeitsfläche zu einem Rechteck von 50 mal 25 Zentimeter Größe ausrollen.
- Trauben putzen, halbieren und nach Belieben entkernen.
- Teig mit einer Gabel mehrmals einstechen. Sultaninen, Walnüsse und Trauben gleichmäßig auf dem Teig verteilen. Teig von der Längsseite her aufrollen, mit dem Teigschluss nach oben in die Gugelhupfform legen und festdrücken. Teig mit Wasser benetzen, Form mit einem Küchentuch bedecken und die Teigrolle gehen lassen, bis sich ihr Volumen deutlich vergrößert hat.
- Backofen auf 190 °C vorheizen.
- Teigrolle mehrmals mit einem Holzstäbchen einstechen und den Kuchen 45 bis 55 Minuten backen. Kuchen mit Backpapier bedecken, wenn die Oberfläche zu braun wird.
- Aus dem Ofen nehmen und den Ahornsirup über den Kuchen gießen.
- In der Form abkühlen lassen. Abgekühlten Kuchen auf ein Kuchengitter stürzen.

Die Kuchenrolle schmeckt auch mit einer **Füllung aus Sultaninen und Walnüssen**.
Hierfür weicht man 250 g Sultaninen in 200 g Apfelsaft ein und hackt 150 g Walnüsse. Die Teigplatte wird mit etwa 100 g lauwarmem Haferdrink bepinselt. Dann verteilt man die Walnüsse und Sultaninen ohne Apfelsaft gleichmäßig auf dem Teig und siebt 100 g Vollrohrzucker, vermischt mit 2 TL gemahlenem Zimt, darüber. Der Teig wird fest aufgerollt, mit dem Teigschluss nach oben in die Gugelhupfform gelegt und wie die Traubenrolle gebacken.

Elsässer Gugelhupf

Für den Hefeteig:
60 g Mandeln
200 g Sultaninen
120 g Apfelsaft
30 g frische Hefe
500 g lauwarmer Haferdrink
85 g Agavendicksaft
750 g Weizenvollkornmehl, fein gemahlen
70 g Sonnenblumenöl
2 TL gemahlene Vanille
1 TL abgeriebene Zitronenschale
½ TL feines Meersalz

Zum Bestreichen:
30 g Sonnenblumenöl (2 EL)

Kokos- oder Palmkernfett für die Gugelhupfform
(26 cm bis 28 cm Durchmesser)
Weizenvollkornmehl für die Gugelhupfform

- Gugelhupfform gut einfetten und mit Mehl ausstreuen.
- In die Rillen auf dem Grund der Form jeweils eine Mandel legen.
- Sultaninen heiß waschen, abtropfen lassen und im Apfelsaft einweichen.
- Die Zutaten **für den Teig** sollten Raumtemperatur haben.
- In einer großen Rührschüssel die Hefe in etwas lauwarmem Haferdrink auflösen, mit dem restlichen Haferdrink, etwas Dicksaft und 250 Gramm Mehl zu einem Vorteig verrühren. Vorteig mit etwas Mehl bestäuben und mit einem Küchentuch bedeckt 20 bis 30 Minuten an einem warmen Ort gehen lassen.
- Restliches Mehl über den Vorteig sieben, restlichen Dicksaft, Öl, Gewürze und Salz dazugeben und verrühren. Den Teig auf der Arbeitsfläche kräftig mit den Händen kneten, bis er nicht mehr klebrig ist und sich glatt und geschmeidig von der Arbeitsfläche löst.
- Teig zu einem Kloß formen und in der Schüssel bedeckt etwa 45 Minuten an einem warmen Ort gehen lassen, bis sich das Volumen verdoppelt hat und sich Poren an der Oberfläche zeigen.
- Kurz durchkneten, damit die Gase entweichen, und ein weiteres Mal etwa 30 Minuten gehen lassen.

Trockene Kuchen aus der Form

- Eingeweichte Sultaninen abtropfen lassen und mit etwas Mehl bestäuben.
- Teig auf der bemehlten Arbeitsfläche nochmals kräftig durchkneten und die Sultaninen einarbeiten. Teig zu einem glatten Kloß rollen, in die Mitte des Teigkloßes ein Loch reißen, Teig in die Form setzen und festdrücken.
- Zwischen Form und Teig eine Reihe Mandeln setzen, Teig mit Wasser bepinseln, mit einem Küchentuch bedecken und gehen lassen, bis sich Poren an der Oberfläche zeigen.
- Backofen auf 190 °C vorheizen.
- Kuchen 50 bis 60 Minuten backen. Kuchen mit Backpapier bedecken, wenn die Oberfläche zu braun wird.
- Aus dem Ofen nehmen, zehn Minuten abdampfen lassen, auf ein Kuchengitter stürzen, mit Öl bepinseln und auskühlen lassen.

Trockene Kuchen aus der Form

Nussrolle

Für den Hefeteig:
20 g frische Hefe
160 g Haferdrink
40 g Vollrohrzucker, fein gemahlen und gesiebt (3 ½ EL)
240 g Dinkelvollkornmehl, fein gemahlen
60 g Mohnöl oder Sonnenblumenöl
¼ TL feines Meersalz

Für die Füllung:
150 g Sultaninen
100 g Haselnüsse
50 g Marzipanrohmasse
100 g Vollrohrzucker, fein gemahlen und gesiebt
20 g Dinkelvollkornmehl, fein gemahlen (3 EL)
30 g Weizenvollkorngrieß (2 EL)
50 g Vollkornsemmelbrösel
180 g Wasser
50 g Mohnöl oder Sonnenblumenöl
1 TL abgeriebene Zitronenschale

Zum Bestreichen und Bestreuen:
40 g Mohnöl (2 ½ EL)
50 g Vollrohrzucker, fein gemahlen und gesiebt

Kokos- oder Palmkernfett für die Kastenform (25 cm Länge)
Vollkornsemmelbrösel für die Kastenform

- Kastenform gut einfetten und mit Bröseln ausstreuen.
- Sultaninen heiß waschen und abtropfen lassen.
- Haselnüsse ohne Fett in einer Pfanne rösten, bis sie leicht duften. Abkühlen lassen und fein mahlen.
- Die Zutaten **für den Teig** sollten Raumtemperatur haben.
- In einer großen Rührschüssel die Hefe in etwas lauwarmem Haferdrink auflösen, mit dem restlichen Haferdrink, etwa Zucker und 60 Gramm Mehl zu einem Vorteig verrühren. Vorteig mit etwas Mehl bestäuben und mit einem Küchentuch bedeckt 20 bis 30 Minuten an einem warmen Ort gehen lassen.

208

- Restliches Mehl über den Vorteig sieben, restlichen Zucker, Öl und Salz dazugeben und verrühren. Den Teig auf der Arbeitsfläche kräftig mit den Händen kneten, bis er nicht mehr klebrig ist und sich glatt und geschmeidig von der Arbeitsfläche löst.
- Teig zu einem Kloß formen und in der Schüssel mit einem Küchentuch bedeckt etwa 30 Minuten an einem warmen Ort gehen lassen, bis sich das Volumen verdoppelt hat und sich Poren an der Oberfläche zeigen.
- Kurz durchkneten, damit die Gase entweichen, und ein weiteres Mal etwa 30 Minuten gehen lassen.
- Abschließend nochmals kurz und kräftig durchkneten.
- Teig auf der bemehlten Arbeitsfläche zu einem Quadrat mit 25 Zentimeter Seitenlänge ausrollen.
- **Für die Füllung** die Marzipanrohmasse fein reiben und in einer Schüssel mit den Haselnüssen, dem Zucker, Mehl und Grieß, den Bröseln und dem Wasser gut verrühren. Öl und Zitronenschale einarbeiten.
- Backofen auf 180 °C vorheizen.
- Teig mit einer Gabel mehrmals einstechen. Nussmasse gleichmäßig auf den Teig streichen und die Sultaninen auf die Nussmasse streuen.
- Teigplatte von der rechten und von der linken Seite gleichmäßig zur Mitte hin aufrollen. Teigrolle in die Kastenform legen.
- Kuchen etwa 50 Minuten backen.
- Aus dem Ofen nehmen und in der Form abkühlen lassen.
- Abgekühlte Nussrolle aus der Form nehmen. Öl leicht erwärmen, Rolle mit dem Öl bepinseln und mit dem Zucker besieben.

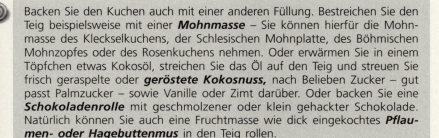

Backen Sie den Kuchen auch mit einer anderen Füllung. Bestreichen Sie den Teig beispielsweise mit einer **Mohnmasse** – Sie können hierfür die Mohnmasse des Klecselkuchens, der Schlesischen Mohnplatte, des Böhmischen Mohnzopfes oder des Rosenkuchens nehmen. Oder erwärmen Sie in einem Töpfchen etwas Kokosöl, streichen Sie das Öl auf den Teig und streuen Sie frisch geraspelte oder **geröstete Kokosnuss,** nach Belieben Zucker – gut passt Palmzucker – sowie Vanille oder Zimt darüber. Oder backen Sie eine **Schokoladenrolle** mit geschmolzener oder klein gehackter Schokolade. Natürlich können Sie auch eine Fruchtmasse wie dick eingekochtes **Pflaumen- oder Hagebuttenmus** in den Teig rollen.

Trockene Kuchen aus der Form

Gewürzkuchen

Für die Rührmasse:
100 g Sultaninen
100 g getrocknete Feigen
50 g Walnüsse
200 g Äpfel
20 g Zitronensaft (2 EL)
400 g Dinkelvollkornmehl, fein gemahlen
20 g Kakaopulver (3 EL)
20 g Pfeilwurzelmehl (2 ¼ EL)
2 ½ EL Weinsteinbackpulver
½ TL Natron
2 TL gemahlener Zimt
½ TL gemahlene Nelken
½ TL gemahlener Kardamom
¼ TL feines Meersalz
300 (– 400) g Apfelsaft (eventuell etwas weniger oder mehr)
200 g Vollrohrzucker, fein gemahlen und gesiebt
120 g Sonnenblumenöl

Kokos- oder Palmkernfett für die Gugelhupfform (24 cm Durchmesser)
Vollkornsemmelbrösel für die Gugelhupfform

- Gugelhupfform gut einfetten und mit Bröseln ausstreuen.
- Sultaninen heiß waschen und abtropfen lassen.
- Feigen klein schneiden.
- Walnüsse grob hacken.
- Äpfel raspeln und mit Zitronensaft mischen.
- Backofen auf 185 °C vorheizen.
- Die Zutaten **für die Rührmasse** sollten Raumtemperatur haben.
- Dinkelmehl in eine Schüssel sieben, mit Kakao, Pfeilwurzelmehl, Backpulver, Natron, Gewürzen und Salz mischen.
- Die Hälfte des Apfelsaftes, Sirup und Öl in einer großen Rührschüssel verquirlen.
- Mehlmischung abwechselnd mit den geraspelten Äpfeln esslöffelweise über die Ölmischung sieben beziehungsweise geben und mit dem Schneebesen oder Rührlöffel zu einer geschmeidigen weichen Masse verrühren und schlagen. Restlichen Apfelsaft nach Bedarf esslöffelweise abwechselnd mit Mehlmi-

schung und Äpfeln zur Masse geben. Die Masse sollte leicht zäh vom Löffel fließen und eine möglichst lockere cremige Konsistenz haben. Nicht zu lange und schaumig schlagen. Walnüsse, Feigen und Sultaninen zum Schluss untermischen.
- Masse in die Kuchenform füllen und Oberfläche glätten.
- Kuchen etwa 60 Minuten backen (Hölzchenprobe, siehe Seite 36).
- Aus dem Ofen nehmen, zehn Minuten in der Form abdampfen lassen, vorsichtig auf ein Kuchengitter stürzen und abkühlen lassen. Der Kuchen schmeckt am besten, wenn er vor dem Anschneiden zwei bis drei Tage – in Back- oder Wachspapier gewickelt – durchziehen konnte.

Mandel-Karotten-Kuchen

Für die Rührmasse:
50 g Kürbiskerne
200 g Mandeln
200 g Karotten
350 g Dinkelvollkornmehl, fein gemahlen
40 g Pfeilwurzelmehl (4 ½ EL)
2 ½ EL Weinsteinbackpulver
1 TL Natron
½ TL gemahlener Kardamom
½ TL gemahlene Muskatblüte
1 TL gemahlene Vanille
2 TL abgeriebene Zitronenschale
½ TL feines Meersalz
250 g Vollrohrzucker, fein gemahlen und gesiebt
350 (– 400) g Apfelsaft (eventuell etwas weniger oder mehr)
20 g Zitronensaft (2 EL)
180 g Sonnenblumenöl

Für die Glasur:
30 g rotes Johannisbeergelee (2 EL)
30 g Wasser (3 EL)

Kokos- oder Palmkernfett für die Springform (26 cm Durchmesser)

- Ring einer Springform einfetten und den Springformboden mit Backpapier belegen.
- Kürbiskerne ohne Fett in einer Pfanne rösten, bis sie duften. Abkühlen lassen und grob hacken.
- Mandeln fein mahlen. Karotten fein raspeln.
- Backofen auf 185 °C vorheizen.
- Die Zutaten **für die Rührmasse** sollten Raumtemperatur haben.
- Dinkelmehl, Pfeilwurzelmehl, Backpulver und Natron in eine Schüssel sieben, mit einer Gabel Zucker, Mandeln, Kürbiskerne, Gewürze und Salz untermischen.
- Die Hälfte des Apfelsaftes, Zitronensaft und Öl in einer großen Rührschüssel verquirlen.

- Mehlmischung abwechselnd mit den geraspelten Karotten esslöffelweise über die Ölmischung sieben beziehungsweise geben und mit dem Schneebesen oder Rührlöffel zu einer geschmeidigen weichen Masse verrühren und schlagen. Nach Bedarf esslöffelweise restlichen Apfelsaft abwechselnd mit Mehlmischung und Karotten zur Masse geben. Zügig mischen, die Masse sollte locker bleiben und zähflüssig vom Löffel fallen. Nicht schaumig schlagen.
- Masse in die Springform füllen und Oberfläche glätten.
- Kuchen 55 bis 65 Minuten backen (Hölzchenprobe, siehe Seite 36).
- Aus dem Ofen nehmen, fünf Minuten in der Form abdampfen lassen, vorsichtig auf ein Kuchengitter stürzen, Papier abziehen, umdrehen, mehrmals mit einer Gabel einstechen und abkühlen lassen.
- **Für die Glasur** Gelee und Wasser mischen, leicht erwärmen, glatt rühren und den noch warmen Kuchen mit der Glasur bepinseln.

Trockene Kuchen aus der Form

Rosenkuchen

Für den Hefeteig:
20 g frische Hefe
300 g lauwarmer Haferdrink
100 g Vollrohrzucker, fein gemahlen und gesiebt
500 g Weizenvollkornmehl, fein gemahlen
50 g Mohnöl oder Sonnenblumenöl
1 TL abgeriebene Zitronenschale
¼ TL feines Meersalz

Für die Füllung:
80 g Korinthen
30 g Apfelsaft (3 EL)
100 g Mandeln
10 Bittermandeln (siehe Seite 173)
300 g Mohn
60 g Vollrohrzucker, fein gemahlen und gesiebt
50 g Agavendicksaft
40 g Mohnöl oder Sonnenblumenöl (2 ½ EL)
200 g Haferdrink
25 g Weizenvollkorngrieß (2 EL)
1 TL abgeriebene Zitronenschale
1 TL gemahlener Zimt

Kokos- oder Palmkernfett für das Backblech und den Ring einer Springform
(26 cm Durchmesser)

- Backblech und den Ring einer Springform einfetten.
- Korinthen waschen, abtropfen lassen und im Apfelsaft einweichen.
- Die Zutaten **für den Teig** sollten Raumtemperatur haben.
- In einer großen Rührschüssel die Hefe in etwas lauwarmem Haferdrink auflösen, mit dem restlichen Haferdrink, etwas Zucker und 125 Gramm Mehl zu einem Vorteig verrühren. Vorteig mit etwas Mehl bestäuben und mit einem Küchentuch bedeckt 20 bis 30 Minuten an einem warmen Ort gehen lassen.
- Restliches Mehl und restlichen Zucker über den Vorteig sieben, Öl, Zitronenschale und Salz dazugeben und verrühren. Den Teig auf der Arbeitsfläche kräftig mit den Händen kneten, bis er nicht mehr klebrig ist und sich glatt und geschmeidig von der Arbeitsfläche löst.

Trockene Kuchen aus der Form

- Teig zu einem Kloß formen und in der Schüssel mit einem Küchentuch bedeckt an einem warmen Ort etwa 40 Minuten gehen lassen, bis sich das Volumen verdoppelt hat und sich Poren an der Oberfläche zeigen.
- Kurz durchkneten, damit die Gase entweichen, und ein weiteres Mal etwa 30 Minuten gehen lassen.
- Teig nochmals kräftig durchkneten und auf der bemehlten Arbeitsfläche zu einem Rechteck von 45 mal 40 Zentimeter Größe ausrollen.
- Mandeln **für die Füllung** fein mahlen.
- Mohn mahlen.
- In einem Topf Zucker mit Dicksaft, Öl und Haferdrink aufkochen, Mohn einstreuen und kurz köcheln lassen. Mandeln, Grieß, Gewürze und Korinthen mit Apfelsaft in die Mohnmasse rühren. Vom Feuer nehmen.
- Teig mehrmals mit einer Gabel einstechen. Mohnmasse gleichmäßig auf den Hefeteig streichen, dabei einen zwei Zentimeter breiten Teigstreifen an der oberen Längskante unbedeckt lassen.
- Teigplatte von der unteren Längsseite her aufrollen und den Teigschluss fest andrücken. Teigrolle in 15 Scheiben schneiden.
- Den Springformring auf das Backblech setzen und die Teigrollen mit den Schnittflächen nach oben eng nebeneinander in die Springform setzen.
- Kuchen mit einem Küchentuch bedecken und 20 Minuten gehen lassen.
- Backofen auf 190 °C vorheizen.
- Kuchen 40 bis 50 Minuten backen. Nach der Hälfte der Backzeit die Temperatur auf 180 °C reduzieren.
- Kuchen aus dem Ofen nehmen, fünf Minuten abdampfen lassen, Springformring lösen, Kuchen vorsichtig vom Blech auf ein Kuchengitter schieben und auskühlen lassen.

Trockene Kuchen aus der Form

Engelkuchen

Für die Rührmasse:
150 g Mandeln
100 g Korinthen
50 g getrocknete Kirschen oder Cranberrys
200 (– 250) g Rosenwasser
50 g kandierte Engelwurz
250 g Weizenvollkornmehl, fein gemahlen
40 g Pfeilwurzelmehl (4 ½ EL)
200 g Vollrohrzucker, fein gemahlen und gesiebt
2 ½ EL Weinsteinbackpulver
½ TL Natron
1 ½ TL gemahlene Vanille
½ TL abgeriebene Zitronenschale
¼ TL feines Meersalz
50 g Mandelmus
200 (– 250) g Wasser (eventuell etwas weniger oder mehr)
20 g Zitronensaft (2 EL)
½ TL frisch gemörserter Safran in 2 TL Wasser gelöst
120 g Sonnenblumenöl

Für die Glasur:
40 g rotes Johannisbeergelee (3 EL)
30 g Wasser (3 EL)

Kokos- oder Palmkernfett für die Gugelhupfform (24 cm Durchmesser)
Vollkornsemmelbrösel für die Gugelhupfform

- Gugelhupfform gut einfetten und mit Bröseln ausstreuen.
- Mandeln fein mahlen.
- Korinthen und Kirschen heiß waschen, abtropfen lassen und getrennt in etwas Rosenwasser einweichen.
- Engelwurz klein schneiden.
- Backofen auf 180 °C vorheizen.
- Die Zutaten **für die Rührmasse** sollten Raumtemperatur haben.
- Weizenmehl, Pfeilwurzelmehl, Zucker, Backpulver und Natron in eine Schüssel sieben, mit einer Gabel Mandeln, Vanille, Zitronenschale und Salz untermischen.

216

Trockene Kuchen aus der Form

- Korinthen und Kirschen abgießen, abtropfen lassen und mit etwas Mehl bestäuben.
- Mandelmus, jeweils die Hälfte des Wassers und des restlichen Rosenwassers, Zitronensaft, Safran und Öl in einer großen Rührschüssel verquirlen.
- Mehlmischung esslöffelweise über die Ölmischung sieben und mit dem Schneebesen oder Rührlöffel zu einer geschmeidigen weichen Masse verrühren und schlagen. Restliches Rosenwasser und Wasser nach Bedarf esslöffelweise abwechselnd mit der Mehlmischung zur Masse geben. Die Masse sollte leicht zäh vom Löffel fließen und eine möglichst lockere cremige Konsistenz haben. Nicht zu lange und schaumig schlagen. Zum Schluss vorsichtig Engelwurz, Kirschen und Korinthen unterrühren.
- Masse in die Kuchenform füllen und Oberfläche glätten.
- Kuchen 50 bis 60 Minuten backen (Hölzchenprobe, siehe Seite 36).
- Aus dem Ofen nehmen, zehn Minuten in der Form abdampfen lassen, vorsichtig auf ein Kuchengitter stürzen und abkühlen lassen.
- **Für die Glasur** Gelee und Wasser mischen, leicht erwärmen, glatt rühren und den noch warmen Kuchen mit der Glasur bepinseln.
- Der Kuchen schmeckt am besten, wenn er vor dem Anschneiden etwas durchziehen konnte.

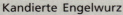

Kandierte Engelwurz
Seit Jahrhunderten dienen die erfrischend grünen, kandierten Blatt- und Blütenstiele der Engelwurz für Würz- und Dekorationszwecke in der süßen Backstube. In den ausgedehnten Feuchtgebieten Südfrankreichs trugen der Anbau ebenso wie das Sammeln der wild wachsenden Pflanzen entscheidend zum Lebensunterhalt der Menschen bei. Auch heute noch stammt ein Großteil der hierzulande angebotenen kandierten Engelwurz aus Südfrankreich.
Kandierte Engelwurz erhalten Sie in Confiserien.

Trockene Kuchen aus der Form

Nordseefrühstückskuchen

Für die Rührmasse:
100 g Sultaninen
50 g Kokosöl oder Sonnenblumenöl
200 g Agavendicksaft
100 g Reissirup
140 g Reisdrink (eventuell etwas mehr)
300 g Dinkelvollkornmehl, fein gemahlen
200 g Roggenvollkornmehl, fein gemahlen
2 EL Weinsteinbackpulver
1 TL Natron
½ TL gemahlener Zimt
½ TL geriebener Ingwer
½ TL abgeriebene Zitronenschale
½ TL feines Meersalz

Kokos- oder Palmkernfett für die Kastenform (25 bis 30 cm Länge)
Vollkornsemmelbrösel für die Kastenform

- Kastenform gut einfetten und mit Bröseln ausstreuen.
- Sultaninen heiß waschen und gut abtropfen lassen.
- Öl mit Dicksaft, Sirup und Reisdrink in einem Topf bei niedriger Hitze schmelzen, vom Feuer nehmen.
- Backofen auf 180 °C vorheizen.
- Die Zutaten **für die Rührmasse** sollten Raumtemperatur haben.
- Sultaninen mit etwas Dinkelmehr bestäuben. Restliches Dinkelmehl, Roggenmehl, Backpulver und Natron in eine große Rührschüssel sieben, mit einer Gabel Gewürze und Salz untermischen.
- Mehlmischung esslöffelweise über die Sirupmischung sieben und mit dem Schneebesen oder Rührlöffel zu einer geschmeidigen weichen Masse verrühren und schlagen. Wenn die Masse sehr fest ist, noch etwas Reisdrink dazugeben. Die Masse sollte leicht zäh vom Löffel fließen und eine möglichst lockere cremige Konsistenz haben. Nicht zu lange und schaumig schlagen. Zum Schluss vorsichtig Sultaninen unterheben.
- Masse in die Kuchenform füllen und Oberfläche glätten.
- Kuchen etwa 60 Minuten backen (Hölzchenprobe, siehe Seite 36).
- Aus dem Ofen nehmen, kurz abdampfen lassen und auf einem Kuchengitter auskühlen lassen.

Portionen und Portiönchen

Quittentaschen

Für den Hefeteig:
20 g frische Hefe
300 g lauwarmer Haferdrink
50 g Ahornsirup
500 g Dinkelvollkornmehl, fein gemahlen
30 g Sonnenblumenöl (2 EL)
¼ TL feines Meersalz

Für die Füllung:
1 kg vollreife Quitten
150 g Apfelsaft
80 g Ahornsirup
20 g Zitronensaft (2 EL)
250 g Tofu, gut abgetropft
1 TL abgeriebene Zitronenschale
½ TL gemahlene Vanille
40 g Mandeln

Zum Bestreichen und Bestreuen:
30 g Mandeln
etwas lauwarmer Haferdrink

Kokos- oder Palmkernfett für zwei Backbleche

- Backbleche einfetten.
- Die Zutaten **für den Teig** sollten Raumtemperatur haben.
- In einer großen Rührschüssel die Hefe in etwas lauwarmem Haferdrink auflösen, mit dem restlichen Haferdrink, etwas Sirup und 125 Gramm Mehl zu einem Vorteig verrühren. Vorteig mit etwas Mehl bestäuben und mit einem Küchentuch bedeckt 20 bis 30 Minuten an einem warmen Ort gehen lassen.
- Restliches Mehl über den Vorteig sieben, restlichen Sirup, Öl und Salz dazugeben und verrühren. Den Teig auf der Arbeitsfläche kräftig mit den Händen kneten, bis er nicht mehr klebrig ist und sich glatt und geschmeidig von der Arbeitsfläche löst.
- Teig zu einem Kloß formen und in der Schüssel mit einem Küchentuch bedeckt an einem warmen Ort etwa 30 Minuten gehen lassen, bis sich das Volumen verdoppelt hat und sich Poren an der Oberfläche zeigen.

- Kurz durchkneten, damit die Gase entweichen, und ein weiteres Mal etwa 30 Minuten gehen lassen.
- **Für die Füllung** Quitten abreiben, schälen, vierteln, entkernen und in kleine Würfelchen schneiden.
- Saft erhitzen, Quitten zugeben und zugedeckt bei milder Hitze garen, bis die Quitten weich sind. Garflüssigkeit abgießen – dabei auffangen – und die Quitten pürieren oder durch ein Sieb streichen. Quittenmus mit 50 Gramm Sirup und Zitronensaft mischen.
- Tofu cremig pürieren, mit einer Gabel fein zerdrücken oder durch ein Sieb streichen. Tofu mit 60 Gramm aufgefangenem Quittensaft, restlichem Sirup und Gewürzen verrühren.
- Mandeln für die Füllung fein mahlen.
- Backofen auf 180 °C vorheizen.
- Hefeteig nochmals kurz und kräftig durchkneten, zu einer Rolle formen und in 16 gleich große Stücke teilen. Teigstücke zu Kugeln formen und zu runden Teigplatten mit 16 Zentimeter Durchmesser ausrollen.
- Jeweils mit etwas Quittensaft bepinseln. Auf jedes Teigstück ein bis zwei Esslöffel Tofumasse, etwas gemahlene Mandeln und ein bis zwei Esslöffel Quittenmus geben und die Teiglinge zu halbmondförmigen Taschen zusammenklappen. Teigränder mit den Zinken einer Gabel gut zusammendrücken.
- Taschen auf die Bleche legen und etwa 30 Minuten gehen lassen, bis sie sich etwas vergrößert haben.
- Mandeln zum Bestreuen blättrig schneiden.
- Teigtaschen mehrmals mit einer Gabel einstechen, mit dem Haferdrink bepinseln und mit den blättrigen Mandeln bestreuen.
- Taschen 25 bis 30 Minuten hellbraun backen.
- Aus dem Ofen nehmen und auf einem Kuchengitter auskühlen lassen.

Apfeltaschen

Für den Hefeteig:
20 g frische Hefe
300 g lauwarmes Wasser
30 g Agavendicksaft (2 EL)
500 g Weizenvollkornmehl, fein gemahlen
40 g Sonnenblumenöl (2 ½ EL)
¼ TL feines Meersalz

Für die Füllung:
80 g Haselnüsse
80 g Sultaninen
500 g Äpfel
1 TL gemahlener Zimt

Zum Bestreichen:
etwas lauwarmer Haferdrink

Kokos- oder Palmkernfett für zwei Backbleche

- Backbleche einfetten.
- Die Zutaten **für den Teig** sollten Raumtemperatur haben.
- In einer großen Rührschüssel die Hefe in etwas lauwarmem Wasser auflösen, mit dem restlichen Wasser, dem Dicksaft und 125 Gramm Mehl zu einem Vorteig verrühren. Vorteig mit etwas Mehl bestäuben und mit einem Küchentuch bedeckt 20 bis 30 Minuten an einem warmen Ort gehen lassen.
- Restliches Mehl über den Vorteig sieben, Öl und Salz dazugeben und verrühren. Den Teig auf der Arbeitsfläche kräftig mit den Händen kneten, bis er nicht mehr klebrig ist und sich glatt und geschmeidig von der Arbeitsfläche löst.
- Teig zu einem Kloß formen und in der Schüssel mit einem Küchentuch bedeckt an einem warmen Ort etwa 30 Minuten gehen lassen, bis sich das Volumen verdoppelt hat und sich Poren an der Oberfläche zeigen.
- Kurz durchkneten, damit die Gase entweichen, und ein weiteres Mal etwa 30 Minuten gehen lassen.
- **Für die Füllung** Haselnüsse ohne Fett in einer Pfanne rösten, bis sie duften. Abkühlen lassen und grob hacken.
- Sultaninen heiß waschen und abtropfen lassen.
- Äpfel grob raspeln und mit Nüssen, Sultaninen und Zimt mischen.

Portionen und Portiönchen

- Backofen auf 190 °C vorheizen.
- Hefeteig nochmals kurz und kräftig durchkneten und auf einem bemehlten Küchentuch zu einem Quadrat, einen halben Zentimeter dick, ausrollen. Platte in sechzehn Quadrate schneiden.
- Quadrate mit etwas Haferdrink bestreichen und die Apfelmasse jeweils als Häufchen auf die Quadrate verteilen. Teigstücke zu Dreiecken zusammenklappen. Teigränder gut mit den Zinken einer Gabel zusammendrücken.
- Taschen auf die Bleche legen und etwa 30 Minuten gehen lassen, bis sie sich etwas vergrößert haben.
- Mehrmals mit einer Gabel einstechen, mit etwas Haferdrink bepinseln und 25 bis 30 Minuten hellbraun backen.
- Aus dem Ofen nehmen und auf einem Kuchengitter auskühlen lassen.

Erdbeer-Pudding-Taschen

Für den Hefeteig:
20 g frische Hefe
300 g lauwarmer Reisdrink
30 g Agavendicksaft (2 EL)
500 g Weizenvollkornmehl, fein gemahlen
50 g Sonnenblumenöl
½ TL gemahlene Vanille
¼ TL feines Meersalz

Für die Füllung:
150 g Hirsevollkornmehl, sehr fein gemahlen, oder Hirseflocken
¼ TL feines Meersalz
400 g Reisdrink
60 g Agavendicksaft
1 TL abgeriebene Zitronenschale
½ TL gemahlene Vanille
300 g geschälte reife Banane
200 g Erdbeeren

Kokos- oder Palmkernfett für zwei Backbleche

- Backbleche einfetten.
- Die Zutaten **für den Teig** sollten Raumtemperatur haben.
- In einer großen Rührschüssel die Hefe in etwas lauwarmem Reisdrink auflösen, mit dem restlichen Reisdrink, dem Dicksaft und 125 Gramm Mehl zu einem Vorteig verrühren. Vorteig mit etwas Mehl bestäuben und mit einem Küchentuch bedeckt 20 bis 30 Minuten an einem warmen Ort gehen lassen.
- Restliches Mehl über den Vorteig sieben, Öl, Vanille und Salz dazugeben und verrühren. Den Teig auf der Arbeitsfläche kräftig mit den Händen kneten, bis er nicht mehr klebrig ist und sich glatt und geschmeidig von der Arbeitsfläche löst.
- Teig zu einem Kloß formen und in der Schüssel mit einem Küchentuch bedeckt an einem warmen Ort etwa 30 Minuten gehen lassen, bis sich das Volumen verdoppelt hat und sich Poren an der Oberfläche zeigen.
- Kurz durchkneten, damit die Gase entweichen, und ein weiteres Mal etwa 30 Minuten gehen lassen.

Portionen und Portiönchen

- **Für die Füllung** das Hirsemehl oder die Hirseflocken mit dem Salz klümpchenfrei in den kalten Reisdrink rühren und unter Rühren erwärmen. Aufkochen lassen und etwa zwei Minuten köcheln lassen. Dabei umrühren.
- Dicksaft und Gewürze in die warme Masse rühren und nachquellen lassen.
- Bananen mit einer Gabel fein zerdrücken oder pürieren.
- Erdbeeren vierteln oder in Scheibchen schneiden.
- Backofen auf 190 °C vorheizen und eine feuerfeste Schale mit Wasser in den Backofen stellen.
- Hefeteig nochmals kurz und kräftig durchkneten und auf einem bemehlten Küchentuch zu einem Quadrat, einen halben Zentimeter dick, ausrollen. Platte in sechzehn Quadrate schneiden.
- Bananenmus und Erdbeeren unter die Hirsecreme rühren.
- Jedes Quadrat zur Hälfte mit jeweils einem Teil der Creme bestreichen und die freie Teigfläche über die Füllung klappen. Teigränder gut mit den Zinken einer Gabel zusammendrücken.
- Taschen auf die Bleche legen und etwa 30 Minuten gehen lassen, bis sie sich etwas vergrößert haben.
- Mehrmals mit einer Gabel einstechen, Wasserschale aus dem Ofen nehmen und Taschen 25 bis 30 Minuten hellbraun backen.
- Aus dem Ofen nehmen und auf einem Kuchengitter auskühlen lassen.

225

Tofublätterteig mit Haselnussfülle

Für den Tofublätterteig:
50 g Mandeln
200 g Dinkelvollkornmehl, fein gemahlen
10 g Sojamehl (1 EL)
1 TL Weinsteinbackpulver
½ TL gemahlener Anis
½ TL gemahlener Kardamom
¼ TL feines Meersalz
250 g Tofu, gut abgetropft
180 g Sonnenblumenöl
40 g Ahornsirup (2 ½ EL)
20 g Zitronensaft (2 EL)
gegebenenfalls Wasser

Für die Füllung:
50 g Korinthen
Wasser zum Einweichen der Korinthen
200 g Haselnüsse
50 g geschälte reife Banane
80 g Ahornsirup
30 g starker schwarzer Kaffee (3 EL)
20 g Zitronensaft (2 EL)
20 g Kakaopulver (3 EL)
½ TL gemahlene Vanille
½ TL gemahlener Zimt

Zum Bestreichen:
etwas Haferdrink

Kokos- oder Palmkernfett für das Backblech

- Mandeln **für den Teig** fein mahlen.
- Dinkelmehl, Sojamehl und Backpulver in eine Schüssel sieben, mit einer Gabel Mandeln, Gewürze und Salz untermischen.
- Tofu cremig pürieren, fein mit einer Gabel zerdrücken oder durch ein Sieb streichen. Mit Öl, Sirup und Zitronensaft geschmeidig verrühren.

Portionen und Portiönchen

- Mehlmischung über die Tofucreme sieben und zu einem geschmeidigen Teig verrühren und schlagen. Sollte der Teig sehr fest sein, etwas Wasser unterrühren. Den weichen Teig – luftdicht in Backpapier verpackt oder in einer bedeckten Schüssel – mindestens sechs Stunden im Kühlschrank ruhen lassen.
- Backblech einfetten.
- **Für die Füllung** Korinthen heiß waschen, knapp mit Wasser bedecken und einweichen lassen.
- Haselnüsse ohne Fett in einer Pfanne rösten, bis sie duften. Abkühlen lassen und sehr fein mahlen.
- Banane mit einer Gabel fein zerdrücken.
- Sirup mit Bananenmus, Kaffee und Zitronensaft verquirlen. Kakao und Gewürze über die Sirupmischung sieben und klümpchenfrei einrühren. Haselnussmehl und gequollene Korinthen in die Sirupmischung rühren.
- Tofublätterteig zwischen zwei Lagen Backpapier oder bemehlt auf der Arbeitsfläche dünn ausrollen. Runde Plätzchen von acht Zentimeter Durchmesser ausstechen. Gegebenenfalls verwendetes Streumehl von den Plätzchen abkehren.
- Backofen auf 220 °C vorheizen.
- Jedes zweite Plätzchen jeweils mittig mit etwas Nussmasse belegen und mit einem nicht belegten Plätzchen bedecken. Teigränder gut mit den Zinken einer Gabel zusammendrücken.
- Plätzchen auf das Blech legen und jeweils mit etwas Haferdrink bepinseln.
- Plätzchen 25 bis 30 Minuten backen.
- Aus dem Ofen nehmen und auf einem Kuchengitter auskühlen lassen.

Kirschtörtchen

Für den Mürbeteig:
200 g Mandeln
250 g Weizenvollkornmehl, sehr fein gemahlen
½ TL Weinsteinbackpulver
90 g Vollrohrzucker, fein gemahlen und gesiebt
¼ TL feines Meersalz
1 TL gemahlener Sternanis
1 TL abgeriebene Zitronenschale
170 g kaltes Kokosfett oder Palmöl (oder kaltes Sonnenblumenöl)
20 g Zitronensaft (2 EL)
60 – 120 g kaltes Rosenwasser oder Kirschsaft

Für die Füllung:
350 g getrocknete Sauerkirschen
400 g Kirschsaft

Zum Bestreichen:
etwas Haferdrink

Kokos- oder Palmkernfett für die Förmchen
(Schiffchen, tiefe Tortelette- oder Pieförmchen)

- Förmchen einfetten.
- Getrocknete Kirschen bei niedriger Temperatur im Kirschsaft aufkochen, etwas köcheln lassen, vom Feuer nehmen und ziehen lassen.
- Die Zutaten **für den Mürbeteig** sollten gut gekühlt sein.
- Mandeln sehr fein mahlen.
- Mehl mit Mandeln und Backpulver mischen und auf das Backbrett oder in eine weite Rührschüssel sieben. Zucker, Salz und Gewürze mit einer Gabel unter das Mehl mengen. Das gekühlte Kokosfett oder Palmöl grob reiben oder zerkrümeln und über das Mehl geben. Bei Sonnenblumenöl dieses über das Mehl träufeln. Mehl und Fett mit einer Teigkarte zu einer krümeligen Masse hacken oder mit einer Gabel rasch zu feinen Krümeln verreiben. Zitronensaft und nach Bedarf teelöffelweise Rosenwasser oder Saft zu den Krümeln geben und möglichst rasch zu einem festen geschmeidigen Teig verarbeiten. Dabei nicht kneten. Der Teig darf nicht klebrig sein, deshalb nicht zu viel Flüssigkeit zugeben.

- Etwas mehr als die Hälfte des Teiges zu einem flachen Kloß formen und zwischen zwei Lagen Backpapier zu einer drei Millimeter dicken Platte ausrollen. Obere Papierlage abziehen, Teigplatte entsprechend der Förmchen in Stücke schneiden und die Förmchen mit den Teigstücken ausfüttern. Förmchen zusammen mit dem restlichen Teig mindestens eine halbe Stunde in den Kühlschrank stellen.
- **Für die Füllung** die Kirschen mit dem Saft mittelfein pürieren oder durch ein Sieb streichen.
- Restlichen Teig zu einem flachen Kloß formen und zwischen zwei Lagen Backpapier zu einer drei Millimeter dicken Platte ausrolle. Obere Papierlage abziehen und je nach Form und Größe der Förmchen Törtchendeckel aus der Platte ausschneiden oder ausstechen.
- Backofen auf 185 °C vorheizen.
- Törtchendeckel mehrmals mit einer Gabel einstechen.
- In jedes Förmchen etwas Kirschmasse geben, die Füllung jeweils mit einem Deckel belegen und den Deckel mit etwas Haferdrink einpinseln.
- Törtchen je nach Größe 15 bis 25 Minuten backen.
- Aus dem Ofen nehmen, vorsichtig aus den Formen lösen und auf einem Kuchengitter auskühlen lassen.

Portionen und Portiönchen

Brownies

Für die Rührmasse:
80 g getrocknete Aprikosen
100 g Wasser (eventuell etwas mehr)
40 g Walnüsse
50 g Bitterschokolade
150 g Weizenvollkornmehl, fein gemahlen
60 g Kakaopulver
20 g Pfeilwurzelmehl (2 ½ EL)
1 TL Weinsteinbackpulver
½ TL Natron
1 TL gemahlene Vanille
80 g Vollrohrzucker, fein gemahlen und gesiebt
½ TL feines Meersalz
20 g Wasser (2 EL)
300 g Agavendicksaft
40 g Sonnenblumenöl (2 ½ EL)

Kokos- oder Palmkernfett für die Auflaufform (normale Größe)
Vollkornsemmelbrösel für die Auflaufform

- Auflaufform einfetten und mit Bröseln ausstreuen.
- Aprikosen in einem Topf mit dem Wasser bedecken, bei mittlerer Hitze aufkochen, zehn Minuten köcheln lassen, vom Feuer nehmen und quellen lassen. Weiche Aprikosen mit dem Einweichwasser cremig pürieren oder durch ein Sieb streichen. Wenn die Masse zu zäh sein sollte, noch etwas Wasser dazugeben.
- Walnüsse grob hacken.
- Schokolade hochkant mit einem Messer in schmale Streifen schneiden, sodass bröckelige Schokoladenlocken entstehen.
- Backofen auf 175 °C vorheizen.
- Die Zutaten **für die Rührmasse** sollten Raumtemperatur haben.
- Weizenmehl, Kakao, Pfeilwurzelmehl, Backpulver und Natron in eine Schüssel sieben, mit einer Gabel Vanille, Zucker und Salz untermischen.
- Aprikosenmus, Wasser, Dicksaft und Öl in einer großen Rührschüssel verquirlen.
- Mehlmischung esslöffelweise über die Dicksaftmischung sieben und mit dem Schneebesen oder Rührlöffel zu einer geschmeidigen weichen Masse verrüh-

230

ren und schlagen. Zum Schluss Schokoladenlocken und Walnüsse unterrühren. Die Masse sollte zäh reißend vom Löffel fallen. Nicht zu lange und schaumig schlagen.
- Masse zwei bis drei Zentimeter hoch in die Auflaufform füllen, glätten und 20 bis 25 Minuten backen.
- Aus dem Ofen nehmen und in der Form abkühlen lassen.
- Abgekühlten Kuchen in beliebig große Rechtecke schneiden.

Portionen und Portiönchen

Konfitüretörtchen

Für die Rührmasse:
50 g Sultaninen
60 g Haferflocken
30 g Sesam (3 EL)
160 g geschälte reife Banane
20 g Zitronensaft (2 EL)
150 g Dinkelvollkornmehl, fein gemahlen
2 ½ TL Weinsteinbackpulver
½ TL Natron
1 ½ TL gemahlener Zimt
½ TL gemahlene Vanille
20 g Vollrohrzucker, fein gemahlen und gesiebt (2 EL)
¼ TL feines Meersalz
220 (– 250) g Haferdrink (eventuell etwas weniger oder mehr)
100 g Ahornsirup
30 g Sonnenblumenöl (2 EL)

Für die Füllung:
100 g Lieblingskonfitüre

Kokos- oder Palmkernfett für zwei Muffinbleche
(jeweils 6 Förmchen, Standardgröße)

- Muffinbleche einfetten und nach Belieben mit Papierförmchen bestücken.
- Sultaninen heiß waschen und abtropfen lassen.
- Haferflocken und Sesam getrennt voneinander ohne Fett in einer Pfanne rösten, bis sie duften. Vom Feuer nehmen und abkühlen lassen.
- Banane mit einer Gabel fein zerdrücken oder pürieren, dabei den Zitronensaft unterrühren.
- Backofen auf 190 °C vorheizen.
- Die Zutaten **für die Rührmasse** sollten Raumtemperatur haben.
- Dinkelmehl, Backpulver und Natron in eine Schüssel sieben, mit einer Gabel Gewürze, Zucker und Salz untermischen.
- Haferflocken und Sesam in die Mehlmischung rühren.
- Bananenmus, Haferdrink, Sirup und Öl in einer großen Rührschüssel verquirlen.

232

Portionen und Portiönchen

- Mehlmischung zur Ölmischung geben und mit dem Schneebesen oder Rührlöffel möglichst kurz verrühren. Die Masse sollte nur gleichmäßig durchfeuchtet sein.
- Jeweils drei Viertel eines Förmchens mit Rührmasse füllen, in die Mitte jedes Törtchens eine kleine Vertiefung drücken und einen halben Teelöffel oder etwas mehr Konfitüre hineingeben.
- Törtchen 20 bis 25 Minuten backen.
- Aus dem Ofen nehmen und zehn Minuten abdampfen lassen. Aus den Formen lösen und auf einem Kuchengitter abkühlen lassen.

Das nächste Mal wird alles besser ...

... wenn die Törtchen nicht aufgehen: Das kann passieren, wenn die Backtemperatur zu niedrig oder zu hoch ist oder der Ofen nicht vorgeheizt wurde. Auch wer die Ofentür zu früh öffnet – um zu gucken, ob die Törtchen schon fertig sind – hindert diese am Wachsen. Vielleicht war auch das Backpulver zu alt oder die Rührmasse stand vor dem Backen zu lange bei Raumtemperatur herum.

... wenn die Törtchen wieder zusammensinken: Nicht nur die falsche Temperatur oder ein zu frühes Öffnen der Ofentüre können die Törtchen zu Fall bringen. Auch eine sehr feuchte Masse – durch zu viel Flüssigkeit, Sirup oder Öl – sinkt nach dem Backen manchmal wieder zusammen. Die Zugabe von Obst wie Bananen – auch geraspelten Äpfeln oder Karotten – bedeutet ebenfalls mehr Feuchtigkeit. Geben Sie noch etwas Mehl zu einer sehr feuchten Masse oder verwenden Sie eine Winzigkeit mehr Backpulver oder Natron.

Orangenpuddingtörtchen

Für die Rührmasse:
160 g Dinkelvollkornmehl, fein gemahlen
1 TL Weinsteinbackpulver
½ TL Natron
1 TL abgeriebene Orangenschale
¼ TL feines Meersalz
40 (– 80) g Reisdrink (eventuell etwas weniger oder mehr)
40 g Orangensaft (4 EL)
60 g Agavendicksaft
100 g Sonnenblumenöl

Für die Füllung:
50 g Pfeilwurzelmehl
180 g Reisdrink
120 g Orangensaft
½ TL gemahlene Vanille
½ TL abgeriebene Orangenschale
Agavendicksaft nach Belieben

Für den Belag:
100 g Bitterschokolade
60 g Reisdrink
20 g Agavendicksaft (1 –2 EL)
100 g Orangenkonfitüre

Kokos- oder Palmkernfett für zwei Muffinbleche
   (jeweils 6 Förmchen, Standardgröße)

- Muffinbleche einfetten und nach Belieben mit Papierförmchen bestücken.
- **Für die Füllung** Pfeilwurzelmehl mit etwas Reisdrink anrühren.
- Restlichen Reisdrink und Orangensaft in einem Topf mischen, zum Kochen bringen und das angerührte Pfeilwurzelmehl einrühren. Aufkochen lassen und bei mittlerer Temperatur kurz köcheln lassen, dabei umrühren. Wenn die Masse eindickt, vom Feuer nehmen und Gewürze und nach Belieben Dicksaft einrühren.
- Backofen auf 190 °C vorheizen.
- Die Zutaten **für die Rührmasse** sollten Raumtemperatur haben.

Portionen und Portiönchen

- Dinkelmehl, Backpulver und Natron in eine Schüssel sieben, mit einer Gabel Orangenschale und Salz untermischen.
- Die Hälfte des Reisdrinks, Orangensaft, Dicksaft und Öl in einer großen Rührschüssel verquirlen.
- Mehlmischung esslöffelweise über die Ölmischung sieben und mit dem Schneebesen oder Rührlöffel zu einer geschmeidigen weichen Masse verrühren und schlagen. Restlichen Reisdrink nach Bedarf teelöffelweise abwechselnd mit der Mehlmischung zur Masse geben. Die Masse sollte leicht zäh vom Löffel fließen und eine möglichst lockere cremige Konsistenz haben. Nicht zu lange und schaumig schlagen.
- Jeweils zwei Drittel eines Förmchens mit Rührmasse füllen.
- Törtchen 20 bis 25 Minuten backen.
- Aus dem Ofen nehmen und zehn Minuten abdampfen lassen. Aus den Formen lösen und auf einem Kuchengitter abkühlen lassen.
- Schokolade **für den Belag** in Stücke brechen und in eine Schüssel füllen.
- Reisdrink zum Kochen bringen und über die Schokolade gießen. Schokolade unter Rühren im heißen Reisdrink schmelzen. Dicksaft unterrühren und auf Raumtemperatur abkühlen lassen.
- Orangenkonfitüre erwärmen und geschmeidig rühren.
- Orangenpudding in einen Spritzbeutel mit weiter Spritztülle füllen.
- In jedes Törtchen von oben ein Loch bohren und jeweils möglichst viel Pudding in ein Törtchen füllen.
- Jedes Törtchen mit etwas Konfitüre bestreichen und jeweils einen Teelöffel Schokoladenglasur darübergeben. Glasur fest werden lassen.

Ausgezeichnet schmecken die Törtchen auch mit *Vanillecremefüllung.* Bringen Sie hierfür 80 g Reisdrink zum Kochen. Rühren Sie ½ TL Agar-Agar mit 2 EL Reisdrink an und geben Sie das angerührte Agar-Agar in den kochenden Reisdrink. Lassen Sie das Ganze etwa drei Minuten unter Rühren köcheln. Rühren Sie 4 TL Pfeilwurzelmehl mit 2 EL Reisdrink an und geben Sie das angerührte Pfeilwurzelmehl unter Rühren in die köchelnde Agar-Agar-Mischung. Einmal aufkochen lassen, vom Feuer nehmen und abkühlen lassen.
Streichen Sie 150 g weichen Seidentofu durch ein Sieb und rühren Sie ihn mit 60 g fein geriebenem Vollrohrzucker, etwas Meersalz und 1 ½ TL gemahlener Vanille cremig. Mischen Sie Tofu- und Reisdrinkcreme, lassen Sie die Creme im Kühlschrank etwas fest werden und füllen Sie die abgekühlten Törtchen mit der Creme.
Glasieren Sie die Törtchen *mit Sacherglasur oder Kuvertüre.*

Nuss-Rosinen-Schnecken

Für den Hefeteig:
20 g frische Hefe
300 g lauwarmer Haferdrink
50 g Agavendicksaft
500 g Weizenvollkornmehl
40 g Sonnenblumenöl (2 ½ EL)
1 TL abgeriebene Zitronenschale
½ TL feines Meersalz

Für die Füllung:
100 g Sultaninen
Wasser zum Einweichen der Sultaninen
100 g Haselnüsse
100 g Mandeln
200 g Haferdrink
60 g Vollrohrzucker, fein gemahlen und gesiebt
20 g Agavendicksaft (1 – 2 EL)
70 g Vollkornsemmelbrösel
1 TL abgeriebene Zitronenschale
1 TL gemahlener Zimt

Für die Glasur:
100 g Aprikosenkonfitüre

Kokos- oder Palmkernfett für zwei Backbleche

- Backbleche einfetten.
- Sultaninen **für die Füllung** heiß waschen und mit Wasser bedeckt quellen lassen.
- Haselnüsse ohne Fett in einer Pfanne rösten, bis sie duften. Abkühlen lassen und fein mahlen.
- Mandeln fein mahlen.
- Haferdrink mit Zucker und Dicksaft aufkochen. Mandeln, Nüsse und Brösel einrühren und etwas abkühlen lassen. Gewürze in die Nussmasse rühren.
- Die Zutaten **für den Teig** sollten Raumtemperatur haben.
- In einer großen Rührschüssel die Hefe in etwas lauwarmem Haferdrink auflösen, mit dem restlichen Haferdrink, etwas Dicksaft und 125 Gramm Mehl zu

Portionen und Portiönchen

einem Vorteig verrühren. Vorteig mit etwas Mehl bestäuben und mit einem Küchentuch bedeckt 20 bis 30 Minuten an einem warmen Ort gehen lassen.

- Restliches Mehl über den Vorteig sieben, restlichen Dicksaft, Öl, Zitronenschale und Salz dazugeben und verrühren. Den Teig auf der Arbeitsfläche kräftig mit den Händen kneten, bis er nicht mehr klebrig ist und sich glatt und geschmeidig von der Arbeitsfläche löst.
- Teig zu einem Kloß formen und in der Schüssel mit einem Küchentuch bedeckt an einem warmen Ort etwa 30 Minuten gehen lassen, bis sich das Volumen verdoppelt hat und sich Poren an der Oberfläche zeigen.
- Kurz durchkneten, damit die Gase entweichen, und ein weiteres Mal etwa 30 Minuten gehen lassen.
- Teig nochmals kräftig durchkneten und auf der bemehlten Arbeitsfläche zu einem Rechteck von etwa 45 mal 40 Zentimeter Größe und einer Dicke von einem halben Zentimeter ausrollen.
- Teig mehrmals mit einer Gabel einstechen. Nussmasse gleichmäßig auf den Teig streichen, abgetropfte Sultaninen darüberstreuen und die Teigplatte von der kürzeren Seite her aufrollen.
- Teigrolle in zwei Zentimeter dicke Scheiben schneiden. Scheiben auf die Backbleche legen, dabei die Teigenden jeweils knapp unter die Scheiben ziehen.
- Die Schnecken sollten vor dem Backen nochmals kurz gehen.
- Backofen auf 190 °C vorheizen.
- Schnecken 25 bis 30 Minuten backen.
- Aus dem Ofen nehmen und auf einem Kuchengitter auskühlen lassen.
- Aprikosenkonfitüre **für die Glasur** erwärmen, glatt rühren und die noch heißen Schnecken mit der Konfitüre bepinseln.

Portionen und Portiönchen

Krapfen

Für den Hefeteig:
30 g frische Hefe
300 g lauwarmer Haferdrink
50 g Vollrohrzucker, fein gemahlen und gesiebt
500 g Weizenvollkornmehl, fein gemahlen
20 g Rum (2 EL)
70 g Sonnenblumenöl
¼ TL feines Meersalz
½ TL gemahlene Vanille
½ TL abgeriebene Zitronenschale

Für die Füllung:
250 g dick eingekochte Hagebuttenkonfitüre

500 g Kokosfett oder Erdnussöl zum Ausbacken

- Die Zutaten **für den Teig** sollten Raumtemperatur haben.
- In einer großen Rührschüssel die Hefe in etwas lauwarmem Haferdrink auflösen, mit dem restlichen Haferdrink, etwas Zucker und 125 Gramm Mehl zu einem Vorteig verrühren. Vorteig mit etwas Mehl bestäuben und mit einem Küchentuch bedeckt 20 bis 30 Minuten an einem warmen Ort gehen lassen.
- Restliches Mehl und restlichen Zucker über den Vorteig sieben, Rum, Öl, Salz und Gewürze dazugeben und den Teig mit einem Rührlöffel gut durchschlagen, bis er glänzt, nicht mehr klebrig ist und sich glatt und geschmeidig vom Schüsselrand löst.
- Teig zu einem Kloß formen und in der Schüssel mit einem Küchentuch bedeckt an einem warmen Ort etwa 30 Minuten gehen lassen, bis sich das Volumen verdoppelt hat und sich Poren an der Oberfläche zeigen.
- Kurz durchkneten, damit die Gase entweichen, und ein weiteres Mal etwa 30 Minuten gehen lassen.
- Abschließend nochmals kurz und kräftig durchkneten. Teig auf der bemehlten Arbeitsfläche etwa 1,5 Zentimeter dick ausrollen. Mit einem Teigausstecher von sechs bis acht Zentimeter Durchmesser auf der einen Hälfte der Teigplatte Ringe markieren.
- Jeweils in die Mitte eines Ringes einen knappen Teelöffel Hagebuttenkonfitüre geben – nicht zu viel, weil die Krapfen sonst zu schwer werden –, die andere Hälfte der Teigplatte über die belegte Hälfte schlagen, Teig rund um die Füllungen etwas andrücken und mit dem Teigausstecher Krapfen ausstechen.

Portionen und Portiönchen

- Krapfen formen, auf ein bemehltes Küchentuch legen, mit einem angewärmten Kuchentuch zudecken und gehen lassen, bis sie sich jeweils um ein Drittel bis maximal die Hälfte vergrößert haben.
- In einem Topf das Backfett erhitzen. Das Fett sollte mindestens fünf Zentimeter hoch im Topf stehen. Der Topf sollte je nach seiner Größe maximal halb mit Fett gefüllt sein. Die günstigste Temperatur zum Ausbacken ist erreicht, wenn am hölzernen Rührlöffelstiel, den man in das Fett taucht, kleine Bläschen aufsteigen. Verstärkt rauchendes Fett ist zu heiß und kann brennen.
- Weil die genaue Backzeit stark von der Temperatur des Backfettes abhängt, ist es hilfreich einen Probekrapfen zu backen.
- Streumehl von den gegangenen Krapfen sorgfältig abkehren. Krapfen mit der Oberseite nach unten mit einem Schaumlöffel vorsichtig in das heiße Fett legen, Deckel auf den Topf legen und zwei bis vier Minuten backen. Deckel abnehmen, Krapfen wenden und im offenen Topf drei bis vier Minuten fertig backen.
- Krapfen nochmals umdrehen, kurz untertauchen, mit dem Schaumlöffel aus dem Fett heben, in einem Sieb oder auf Krepp gut abtropfen lassen – nicht aufeinander legen – und auskühlen lassen.

Rösche Krapfen
Krapfenbacken ist ein Erlebnis – auch ohne offenen Herd und prasselndes Feuer, Krapfenpfanne und Krapfengabel.
Hinweise zum Kräpfeln am heimischen Herd:
Krapfenbacken braucht seine Zeit, heißes Fett eine ruhige Hand.
Niemals Wasser auf heißes Fett! Es spritzt!
Der Rum im Krapfenteig verhindert, dass der Teig beim Backen zu viel Fett aufnimmt. Jeder andere hochprozentige Brand ist ebenfalls geeignet.
Krapfen dürfen klein sein: Formen Sie kleine Krapfen, wenn Sie keinen großen Topf zum Backen haben. Auch im hohen Wok können Sie Krapfen backen.
Achten Sie auf die richtige Backtemperatur. Ist die Temperatur zu niedrig, saugen die Krapfen zu viel Fett auf, ist sie zu hoch, wird es den Krapfen zu heiß, sie gehen nicht auf, werden sehr braun und bekommen Risse, das Fett zersetzt sich und wird ungenießbar.
Halten Sie den Topf anfangs geschlossen, damit der Krapfen schön aufgeht. Die Backzeit hängt von Temperatur und Frische des Fetts ebenso ab wie von der Größe des Krapfens. Ein großer Krapfen braucht länger, bis er fertig ist. Konfitürekrapfen sind nur eine Variante aus dem hundertfachen Himmelreich der süßen Fettgebäcke: Probieren Sie statt Konfitüre gemahlenen Mohn mit etwas Ahornsirup und Zimt, Aniskrapfen, gefüllt mit Anissamen und Agavensirup, oder eine Fülle aus gleichen Teilen Kastanienmehl und getrockneten Feigen mit etwas gemahlenem Mohn.

239

Brioches

Für den Hefeteig:
20 g frische Hefe
300 g Wasser
40 g Agavendicksaft (3 EL)
500 g Weizenvollkornmehl, fein gemahlen
150 g Sonnenblumenöl
½ TL frisch gemörserter Safran in 2 TL Wasser gelöst
1 TL gemahlene Vanille
½ TL feines Meersalz

Zum Bestreichen:
etwas lauwarmer Haferdrink

Kokos- oder Palmkernfett für zwei Backbleche

- In einer großen Rührschüssel die Hefe **für den Teig** in etwas Wasser auflösen, mit dem restlichen Wasser, etwas Dicksaft und 125 Gramm Mehl zu einem Vorteig verrühren. Vorteig mit etwas Mehl bestäuben und mit einem Küchentuch bedeckt 20 bis 30 Minuten an einem warmen Ort gehen lassen.
- Restliches Mehl über den Vorteig sieben, restlichen Dicksaft, Öl, Gewürze und Salz dazugeben und verrühren. Den Teig auf der Arbeitsfläche kräftig mit den Händen kneten, bis er nicht mehr klebrig ist und sich glatt und geschmeidig von der Arbeitsfläche löst.
- Teig zu einem Kloß formen und in der Schüssel mit einem Küchentuch bedeckt **über Nacht** im Kühlschrank gehen lassen.
- Backbleche einfetten.
- Teig gut durchkneten, damit die Gase entweichen.
- Teig in zwölf Stücke teilen, von jedem Stück ein Viertel abnehmen und jeweils zu einer Kugel rollen. Die Reste der Teigstücke ebenfalls zu Kugeln rollen.
- Große Kugeln auf die Backbleche setzen und jeweils eine kleine Kugel auf eine große Kugel drücken. Teigstücke mit einem Küchentuch bedeckt an einem warmen Ort etwa eine Stunde gehen lassen.
- Backofen auf 190 °C vorheizen.
- Teigstücke mit Haferdrink bepinseln und 15 bis 20 Minuten goldbraun backen.
- Aus dem Ofen nehmen und möglichst frisch – nach Belieben mit Konfitüre – verzehren.

Portionen und Portiönchen

Florentiner

Für die Röstmasse:
120 g kandierte Orangenschale
200 g Mandeln
220 g Vollrohrzucker, fein gemahlen und gesiebt
50 g Agavendicksaft
40 g Sonnenblumenöl (2 ½ EL)
220 g Hafersahne

Für die Glasur:
200 g Bitterkuvertüre

Backpapier für zwei Backbleche

- Backofen auf 190 °C vorheizen.
- Zwei Backbleche mit Backpapier belegen.
- Orangenschale **für die Röstmasse** fein hacken.
- Mandeln blättrig schneiden.
- In einem großen Topf Zucker, Dicksaft, Öl und Hafersahne langsam zum Kochen bringen, einmal aufkochen lassen und vom Feuer nehmen. Der Zucker muss sich vollständig gelöst haben.
- Mandeln und Orangenschale in die heiße Zuckerlösung rühren.
- Mandelmasse als jeweils drei bis fünf Millimeter dicke Fladen portionsweise auf die Bleche geben.
- Florentiner etwa 15 Minuten backen, bis sie goldgelb sind. Nach der Hälfte der Backzeit mit einem mit Wasser benetztem runden Ausstecher auf die gewünschte Größe zusammenschieben.
- Fertig gebackene Florentiner sofort von den Blechen lösen und abkühlen lassen.
- **Für die Glasur** die Kuvertüre im heißen Wasserbad schmelzen. Abkühlen lassen, bis sie beginnt, fest zu werden. Erneut auf Handwärme bringen.
- Die Unterseiten der Florentiner jeweils mit etwas Kuvertüre dünn bestreichen, Kuvertüre kurz antrocknen lassen, nochmals mit etwas Kuvertüre dünn bestreichen, mit einer Gabel oder einem Florentinerkamm wellige Linien in die Kuvertüre zeichnen und fest werden lassen.

241

Portionen und Portiönchen

Kokosecken

Für den Mürbeteig:
250 g Weizenvollkornmehl, sehr fein gemahlen
¼ TL Weinsteinbackpulver
60 g Vollrohrzucker, fein gemahlen und gesiebt
¼ TL feines Meersalz
90 g kaltes Kokosöl (oder kaltes Sonnenblumenöl)
10 g Zitronensaft (1 EL)
20 – 40 g kaltes Wasser (2 – 4 EL)

Für den Belag:
300 g Vollrohrzucker, fein gemahlen und gesiebt
120 g Agavendicksaft
150 g Kokosmilch (siehe Seite 22)
220 g Kokosöl
420 g getrocknete feine Kokosraspel
1 TL gemahlene Vanille
60 g Aprikosenkonfitüre

Für die Glasur:
200 – 400 g Bitterkuvertüre

Kokos- oder Palmkernfett für das Backblech

- Backblech einfetten.
- Die Zutaten **für den Mürbeteig** sollten gut gekühlt sein.
- Mehl mit Backpulver mischen und auf das Backbrett oder in eine weite Rührschüssel sieben. Zucker und Salz mit einer Gabel unter das Mehl mengen. Das gekühlte Kokosöl in kleinen Flöckchen über das Mehl geben. Bei Sonnenblumenöl dieses über das Mehl träufeln. Mehl und Fett mit einer Teigkarte zu einer krümeligen Masse hacken oder mit einer Gabel rasch zu feinen Krümeln verreiben.
- Zitronensaft und nach Bedarf teelöffelweise Wasser zu den Krümeln geben und möglichst rasch zu einem festen geschmeidigen Teig verarbeiten. Dabei nicht kneten. Der Teig darf nicht klebrig sein, deshalb nicht zu viel Flüssigkeit zugeben.
- Mürbeteig zwischen zwei Lagen Backpapier auf Blechgröße ausrollen und auf ein zweites Backblech ziehen. Obere Papierlage abziehen. Das gefettete Back-

242

blech über die Teigplatte stülpen und zusammen mit dem zweiten Blech umdrehen. Der Teig liegt jetzt auf dem gefetteten Blech. Für das Transferieren der Teigplatte auf das Backblech eignet sich auch ein großes Küchentuch, das man statt des zweiten Backbleches nach dem Ausrollen unter den Teig zieht – dann fortfahren wie bei Verwendung des Bleches.

- Teig bis zur weiteren Verwendung möglichst kalt stellen.
- Backofen auf 190 °C vorheizen.
- Papier vom Mürbeteig abziehen und den Teig mit einer Gabel mehrmals einstechen.
- Teig zehn bis 15 Minuten vorbacken und aus dem Ofen nehmen. Temperatur auf 175 °C reduzieren.
- **Für den Belag** in einem großen Topf Zucker, Dicksaft, Kokosmilch und Öl bei mittlerer Hitze langsam zum Kochen bringen und einmal aufkochen lassen. Dabei umrühren. Der Zucker muss sich vollständig gelöst haben. Zuckerlösung vom Feuer nehmen.
- Kokosraspel und Vanille in die Zuckerlösung rühren.
- Aprikosenkonfitüre leicht erwärmen, glatt rühren und auf den vorgebackenen Mürbeteig streichen.
- Kokosmasse gleichmäßig auf der Konfitüre verstreichen.
- Kuchen 15 bis 20 Minuten backen.
- Aus dem Ofen nehmen und auf einem Kuchengitter auskühlen lassen.
- Abgekühlten Kuchen in Quadrate mit acht Zentimeter Seitenlänge schneiden. Quadrate diagonal halbieren.
- **Für die Glasur** die Kuvertüre im heißen Wasserbad schmelzen. Abkühlen lassen, bis sie beginnt, fest zu werden. Erneut auf Handwärme bringen.
- Spitzen oder Schnittflächen der Kokosecken in die Kuvertüre tunken und Kuvertüre fest werden lassen.

Portionen und Portiönchen

Dominosteine

Für den Lebkuchenteig:
50 g Mandeln
25 g Kokosfett oder Palmöl (1 ½ – 2 EL)
125 g Vollrohrzucker, fein gemahlen und gesiebt
125 g Reissirup
200 g Weizenvollkornmehl, fein gemahlen
150 g Roggenvollkornmehl, fein gemahlen
50 g Wasser
½ TL Ammonium
10 g Wasser (1 EL)
½ TL feines Meersalz
½ TL gemahlener Zimt
½ TL gemahlener Anis
½ TL gemahlener Fenchel
½ TL gemahlener Koriander
¼ TL gemahlene Nelke
¼ TL geriebener Ingwer
¼ TL gemahlene Muskatblüte
½ TL abgeriebene Zitronenschale

Für die Füllung:
200 g Marzipanrohmasse
etwas Rosenwasser
300 g rotes Johannisbeergelee
10 g Agar-Agar (1 EL)
10 g Wasser (1 EL)

Für die Glasur:
300 g Bitterkuvertüre

Kokos- oder Palmkernfett für das Backblech

- Mandeln **für den Lebkuchenteig** fein mahlen.
- Kokosfett oder Palmöl in einem Topf erhitzen. Zucker und Sirup im Fett verflüssigen und die Mischung etwas abkühlen lassen.
- Weizen- und Roggenmehl in eine große Schüssel sieben. Mit einer Gabel Mandeln untermischen.

244

Portionen und Portiönchen

- Sirupmischung und Wasser zur Mehlmischung geben und zu einem festen Teig verarbeiten.
- Teig zu einem Kloß formen und in der Schüssel mit einem Küchentuch bedeckt bei Raumtemperatur mindestens **zwei Tage ruhen lassen.**
- Backblech einfetten.
- Backofen auf 180 °C vorheizen.
- Ammonium mit dem Wasser verrühren und zusammen mit Salz und Gewürzen gründlich in den Teig einarbeiten.
- Teig auf der sparsam bemehlten Arbeitsfläche zu einer Platte mit einer Dicke von einem Zentimeter ausrollen, Streumehl abkehren und die Lebkuchenplatte auf das Backblech legen.
- Lebkuchen mehrmals mit einer Gabel einstechen, mit etwas Wasser einpinseln und 15 bis 20 Minuten backen, bis die Oberfläche gebräunt ist.
- Kuchen aus dem Ofen nehmen und auf einem Kuchengitter auskühlen lassen.
- **Für die Füllung** die Marzipanrohmasse mit etwas Rosenwasser geschmeidig kneten und zwischen zwei Lagen Backpapier auf die Größe der Lebkuchenplatte ausrollen.
- Johannisbeergelee in einem Topf bei schwacher Hitze unter gelegentlichem Rühren aufkochen lassen.
- Agar-Agar mit dem Wasser anrühren, in das heiße Gelee rühren und etwa zwei Minuten köcheln lassen. Gelee vom Feuer nehmen.
- Einen verstellbaren Backrahmen um die Lebkuchenplatte stellen. Ersatz für den Backrahmen kann ein Backpapierstreifen sein, der etwa einen Zentimeter höher als die Kuchenplatte ist und um diese gefaltet wird.
- Johannisbeergelee gleichmäßig auf der Platte verstreichen und an einem kühlen Ort fest werden lassen.
- Marzipanplatte auf die Geleeschicht legen, Rahmen oder Backpapierstreifen entfernen und den Kuchen in Würfel von drei mal drei Zentimeter Größe schneiden.
- **Für die Glasur** die Kuvertüre im heißen Wasserbad schmelzen. Abkühlen lassen, bis sie beginnt, fest zu werden. Erneut auf Handwärme bringen.
- Kuchenwürfel mit der Kuvertüre überziehen und Kuvertüre fest werden lassen.

Lebkuchenherzen

Für den Lebkuchengrundteig:
40 g kandierte Orangenschale
40 g kandierte Zitronenschale
50 g Kokosfett oder Palmöl
60 g Vollrohrzucker, fein gemahlen und gesiebt
250 g Reissirup
200 g Roggenvollkornmehl, fein gemahlen
100 g Weizenvollkornmehl, fein gemahlen
60 g Wasser

Für den Lebkuchengewürzteig:
200 g Mandeln
40 g Vollrohrzucker, fein gemahlen und gesiebt (3 ½ EL)
½ TL feines Meersalz
1 TL gemahlener Zimt
1 TL gemahlener Anis
1 TL gemahlener Fenchel
1 TL gemahlener Koriander
½ TL gemahlene Nelke
½ TL geriebener Ingwer
½ TL gemahlene Muskatblüte
100 g Wasser
1 knapper TL Pottasche
2 knappe TL Ammonium
20 g Wasser (2 EL)

Für den Belag:
200 g Mandeln

Für die Glasur:
etwa 20 g Pfeilwurzelmehl (2 – 3 EL)
250 g Wasser (eventuell etwas mehr)

Kokos- oder Palmkernfett für zwei Backbleche

- Orangen- und Zitronenschale **für den Lebkuchengrundteig** fein schneiden.
- Kokosfett oder Palmöl in einem Topf erhitzen. Zucker und Sirup im Fett verflüssigen und die Mischung etwas abkühlen lassen.

- Roggen- und Weizenmehl in eine große Schüssel sieben.
- Sirupmischung und Wasser zur Mehlmischung geben und zu einem festen Teig verkneten. Orangen- und Zitronenschale unterkneten.
- Teig zu einem Kloß formen und in der Schüssel mit einem Küchentuch bedeckt bei Raumtemperatur mindestens **zwei Tage ruhen lassen.**
- Backbleche einfetten.
- Mandeln **für den Belag** in heißem Wasser blanchieren, bis sich die Häute lösen lassen. Mandeln abziehen und trockenreiben.
- Mandeln **für den Lebkuchengewürzteig** fein mahlen, in eine Schüssel geben und mit einer Gabel Zucker, Salz und Gewürze untermischen.
- Wasser zur Mandelmischung geben und verkneten.
- Gewürzteig zum Grundteig geben und beide Teige gründlich miteinander verkneten.
- Pottasche und Ammonium getrennt mit jeweils einem Esslöffel Wasser anrühren, zum Teig geben und verkneten.
- Backofen auf 180 °C vorheizen.
- Teig auf der sparsam bemehlten Arbeitsfläche zu einer Platte von gut einem halben Zentimeter Dicke ausrollen, Streumehl abkehren und Herzen oder andere Figuren beliebiger Größe ausschneiden oder ausstechen.
- Lebkuchen auf die Backbleche legen, mit etwas Wasser bepinseln und mit den abgezogenen Mandeln belegen.
- Lebkuchen 10 bis 20 Minuten backen, bis die Oberflächen leicht gebräunt sind.
- **Für die Glasur** die Pfeilwurzelstärke ohne Fett in einer Pfanne leicht braun rösten. Wasser dazugeben und unter Rühren kochen lassen, bis sich eine Haut bildet. Sollte die Lösung zu dick werden, weiteres Wasser dazugeben.
- Lebkuchen aus dem Ofen nehmen, sofort mit der Glasur bepinseln und auf einem Kuchengitter auskühlen lassen.

Safran-Zimt-Küchlein

Für den Hefeteig:
60 g Sultaninen
20 g frische Hefe
125 g lauwarmer Haferdrink
½ TL frisch gemörserter Safran in 2 TL Wasser gelöst
20 g Agavendicksaft (1 –2 EL)
250 g Weizenvollkornmehl, fein gemahlen
¼ TL Meersalz
2 TL gemahlener Zimt

Zum Bestreichen:
etwas lauwarmer Haferdrink

Kokos- oder Palmkernfett für zwei Backbleche

- Backbleche einfetten.
- Sultaninen heiß waschen und gut abtropfen lassen.
- Die Zutaten **für den Teig** sollten Raumtemperatur haben.
- In einer großen Rührschüssel die Hefe in etwas lauwarmem Haferdrink auflösen, mit dem restlichen Haferdrink, dem gelösten Safran, dem Dicksaft und 100 Gramm Mehl zu einem Vorteig verrühren. Vorteig mit etwas Mehl bestäuben und mit einem Küchentuch bedeckt 20 bis 30 Minuten an einem warmen Ort gehen lassen.
- Sultaninen mit etwas Mehl bestäuben.
- Restliches Mehl über den Vorteig sieben, Salz und Zimt dazugeben und verrühren. Den Teig auf der Arbeitsfläche kräftig mit den Händen kneten, bis er nicht mehr klebrig ist und sich glatt und geschmeidig von der Arbeitsfläche löst.
- Teig zu einem Kloß formen und in der Schüssel mit einem Küchentuch bedeckt an einem warmen Ort etwa 30 Minuten gehen lassen, bis sich das Volumen verdoppelt hat und sich Poren an der Oberfläche zeigen.
- Kurz durchkneten, damit die Gase entweichen, Sultaninen unterkneten und ein weiteres Mal etwa 30 Minuten gehen lassen.
- Abschließend nochmals kurz und kräftig durchkneten, in zwölf Portionen teilen und jedes Teigstück zu einer glatten Kugel rollen.

Portionen und Portiönchen

- Kugeln auf die Backbleche legen, mit einem Küchentuch bedecken und zehn Minuten gehen lassen.
- Backofen auf 190 °C vorheizen.
- Kugeln mit etwas Haferdrink bepinseln und 15 bis 20 Minuten backen.
- Aus dem Ofen nehmen und auf einem Kuchengitter auskühlen lassen.

Die Autorin

Angelika Eckstein,
Jahrgang 1978, ist Diplom-Oekotrophologin. Sie arbeitet seit 2005 als Lektorin beim pala-verlag.

Rezepte von A bis Z

Apfelkuchen, glasiert 70
Apfelstreuselkuchen 52
Apfelstrudel 46
Apfeltaschen 222
Apfel-Tofu-Torte 118
Apfeltorte, gedeckt 100
Aprikosenkuchen mit Marzipan 56
Aprikosenkuchen mit Pistazien 88

Backpflaumen-Birnen-Strudel 48
Bananen-Haselnuss-Torte
  mit Sacherglasur 146
Bananen-Himbeer-Tarte 112
Bananen-Schokoladentofu-Tarte 152
Bananen-Schoko-Torte 134
Bienenstich 180
Bienenstichtorte
  mit Puddingfüllung 164
Birnen-Backpflaumen-Strudel 48
Birnenkuchen 92
Birnen-Schokopudding-Torte 144
Bittersüßer Mandelkuchen 172
Blätterteigtaschen
  mit Haselnussfülle 226
Böhmischer Mohnzopf 188
Brioches 240
Brombeeren im Puddingbett 76
Brombeertorte 138
Brownies 230

Dattel-Hirse-Torte 126
Dattel-Kaschu-Torte 160
Dominosteine 244
Drillingshefezopf 190

Elsässer Gugelhupf 206
Engadiner Nusstorte 132
Engelkuchen 216

Erdbeeren im Schnee 64
Erdbeer-Pudding-Taschen 224
Erdbeertorte 148

Florentiner 241
Frühstückskuchen 218

Gedeckte Apfeltorte 100
Gefüllte Kakaotorte 158
Gefüllter Bienenstich 180
Getränkter Zitronenkuchen 170
Gewürzkuchen 210
Glasierter Apfelkuchen 70
Gugelhupf 206

Haferflockenschnitten 194
Haselnuss-Bananen-Torte
  mit Sacherglasur 146
Haselnuss-Mohn-Marmorkuchen 198
Haselnuss-Tofublätterteigtaschen 226
Hefezopf 190
Heidelbeerkuchen 60
Heidelbeer-Mandel-Torte 140
Heidelbeerpie 106
Himbeer-Bananen-Tarte 112
Hirse-Dattel-Torte 126

Kakaotorte 158
Kalter Hund 166
Karamell-Quinoa-Torte 124
Karotten-Mandel-Kuchen 212
Kaschutorte mit Dattelfüllung 160
Kirschkuchen mit Guss 58
Kirschkuchen
  mit Schokolade 90
Kirschtörtchen 228
Kleckselkuchen 184
Kokosecken 242

252

Rezepte von A bis Z

Kokosettekuchen	174
Konfitüretörtchen	232
Krapfen	238
Krümeltorte	156
Kürbis-Mandel-Tarte	110

Lebkuchenherzen	246
Limettenkuchen	84
Linzer Torte	104

Mandel-Heidelbeer-Torte	140
Mandel-Karotten-Kuchen	212
Mandelkuchen	172
Mandel-Kürbis-Tarte	110
Mandeltarte	80
Mangotarte	116
Marillenstrudel	50
Marmorkuchen mit Mohn	198
Marmorkuchen	196
Maronenkuchen	130
Marzipan-Aprikosen-Kuchen	56
Marzipan-Vanille-Torte	162
Mirabellenstreusel	54
Mohn-Haselnuss-Marmorkuchen	198
Mohnplatte, schlesische Art	186
Mohn-Tofu-Torte	128
Mohnzopf, böhmische Art	188
Mürbeteig-Quitten-Torte	102

Nordseefrühstückskuchen	218
Nusskuchen	202
Nuss-Rhababer-Kuchen	96
Nussrolle	208
Nuss-Rosinen-Schnecken	236
Nusstorte	132

Obstkuchen	74
Odessatorte	142
Orangenpuddingtörtchen	234
Orangentarte	114

Pfirsichtarte	78
Pflaumen-Birnen-Strudel	48
Pistazien-Aprikosen-Kuchen	88
Pudding-Bienenstichtorte	164
Pudding-Brombeer-Kuchen	76
Pudding-Erdbeer-Taschen	224
Puddingtörtchen	234

Quinoa-Karamell-Torte	124
Quittenkuchen	86
Quittentarte	94
Quittentaschen	220
Quittentorte mit Mürbeteiggitter	102

Rhabarberkuchen mit Nussstreuseln	96
Rhabarberkuchen mit Vanillecreme	66
Rosenkuchen	214
Rosinen-Nuss-Schnecken	236
Rosinenstollen	192
Rosinen-Zimtzucker-Kuchen	176
Rosinen-Zitronen-Kuchen	200
Roter Birnenkuchen	92

Safran-Zimt-Küchlein	248
Schecke	182
Schlesische Mohnplatte	186
Schoko-Bananen-Torte	134
Schokoladen-Kirsch-Kuchen	90
Schokoladentofu-Bananen-Tarte	152
Schokopudding-Birnen-Torte	144
Schwarzplententorte	108
Streuselkuchen	178
Streusel-Zwetschgen-Kuchen	72

Tarte mit ganzen Mandeln	80
Tofu-Apfel-Torte	118
Tofublätterteig mit Haselnussfülle	226
Tofu-Mohn-Torte	128

253

Rezepte von A bis Z

Torte Roter Platz 120
Traubenpuddingtorte 82
Traubenrolle 204

Vanillecreme-Rhababer-Kuchen 66
Vanille-Marzipan-Torte 162
Versunkener Kirschkuchen
  mit Schokolade 90

Wiener Apfelstrudel 46

Zimt-Safran-Küchlein 248
Zimtzucker-Rosinen-Kuchen 176
Zitronen-Rosinen-Kuchen 200
Zitronenkuchen, getränkt 170
Zitronentarte 150
Zwetschgendatschi 62
Zwetschgenkuchen mit Streuseln 72

Kuchen von A bis Z

Apfelstreuselkuchen 52
Aprikosenkuchen mit Marzipan 56
Aprikosenkuchen mit Pistazien 88

Birnen-Backpflaumen-Strudel 48
Bittersüßer Mandelkuchen 172
Böhmischer Mohnzopf 188
Brombeeren im Puddingbett 76

Drillingshefezopf 190

Elsässer Gugelhupf 206
Engelkuchen 216
Erdbeeren im Schnee 64

Gefüllter Bienenstich 180
Getränkter Zitronenkuchen 170
Gewürzkuchen 210
Glasierter Apfelkuchen 70

Haferflockenschnitten 194
Heidelbeerkuchen 60

Kirschkuchen mit Guss 58
Klecckselkuchen 184
Kokosettekuchen 174

Limettenkuchen 84

Mandel-Karotten-Kuchen 212
Marillenstrudel 50
Marmorkuchen 196
Mirabellenstreusel 54

Mohn-Haselnuss-Marmorkuchen 198

Nordseefrühstückskuchen 218
Nusskuchen 202
Nussrolle 208

Obstkuchen 74

Quittenkuchen 86

Rhabarberkuchen
    mit Nussstreuseln 96
Rhabarberkuchen
    mit Vanillecreme 66
Rosenkuchen 214
Rosinenstollen 192
Rosinen-Zimtzucker-Kuchen 176
Rosinen-Zitronen-Kuchen 200
Roter Birnenkuchen 92

Schecke 182
Schlesische Mohnplatte 186
Streuselkuchen 178

Traubenrolle 204

Versunkener Kirschkuchen
    mit Schokolade 90

Wiener Apfelstrudel 46

Zwetschgendatschi 62
Zwetschgenkuchen mit Streuseln 72

Torten und Tartes von A bis Z

Apfel-Tofu-Torte 118

Bananen-Himbeer-Tarte 112
Bananen-Schokoladentofu-Tarte 152
Bananen-Schoko-Torte 134
Bienenstichtorte
mit Puddingfüllung 164
Birnen-Schokopudding-Torte 144
Brombeertorte 138

Dattel-Hirse-Torte 126

Engadiner Nusstorte 132
Erdbeertorte 148

Gedeckte Apfeltorte 100
Gefüllte Kakaotorte 158

Haselnuss-Bananen-Torte
mit Sacherglasur 146
Heidelbeer-Mandel-Torte 140
Heidelbeerpie 106

Kalter Hund 166
Kaschutorte
mit Dattelfüllung 160
Krümeltorte 156

Kürbis-Mandel-Tarte 110

Linzer Torte 104

Mangotarte 116
Maronenkuchen 130
Mohn-Tofu-Torte 128

Odessatorte 142
Orangentarte 114

Pfirsichtarte 78

Quinoa-Karamell-Torte 124
Quittentarte 94
Quittentorte
mit Mürbeteiggitter 102

Schwarzplententorte 108

Tarte mit ganzen Mandeln 80
Torte Roter Platz 120
Traubenpuddingtorte 82

Vanille-Marzipan-Torte 162

Zitronentarte 150

Rezepte von A bis Z

Kleingebäck und mehr von A bis Z

Apfeltaschen 222

Brioches 240
Brownies 230

Dominosteine 244

Erdbeer-Pudding-Taschen 224

Florentiner 241

Kirschtörtchen 228
Kokosecken 242
Konfitüretörtchen 232

Krapfen 238

Lebkuchenherzen 246

Nuss-Rosinen-Schnecken 236

Orangenpuddingtörtchen 234

Quittentaschen 220

Safran-Zimt-Küchlein 248

Tofublätterteig
mit Haselnussfülle 226

Vegane Köstlichkeiten

Heike Kügler-Anger:
Käse veganese
ISBN: 978-3-89566-237-9

Suzanne Barkawitz:
Vegan genießen
ISBN: 978-3-89566-137-2

Alexander Nabben:
Kochen und backen mit Tofu
ISBN: 978-3-89566-158-7

Abla Maalouf-Tamer:
Vegetarisch kochen – libanesisch
ISBN: 978-3-89566-203-4

Vollwertiges aus der Backstube

Claudia Schmidt:
Brot und Brötchen
ISBN: 978-3-89566-221-8

Herbert Walker:
Vollwertkuchen mit Pfiff
ISBN: 978-3-89566-217-1

Petra Skibbe / Joachim Skibbe:
**Backen nach Ayurveda
– Kuchen, Torten und Gebäck**
ISBN: 978-3-89566-178-5

Petra Skibbe / Joachim Skibbe:
**Backen nach Ayurveda
– Brot, Brötchen und Pikantes**
ISBN: 978-3-89566-166-2

Gesamtverzeichnis bei: pala-verlag, Rheinstraße 35, 64283 Darmstadt
www.pala-verlag.de, info@pala-verlag.de

ISBN: 978-3-89566-239-3
© 2008: pala-verlag,
Rheinstraße 35, 64283 Darmstadt
2. Auflage 2009
www.pala-verlag.de
Alle Rechte vorbehalten

Umschlag- und Innenillustrationen: Tatiana Mints
Lektorat: Wolfgang Hertling / Barbara Reis
Druck: fgb • freiburger graphische betriebe
www.fgb.de
Printed in Germany
Dieses Buch ist auf Papier aus 100 % Recyclingmaterial gedruckt.